经济学学术前沿书系

数字金融提升文化消费战略研究

王文姬◎著

江苏省社会科学基金后期资助项目
"金融提升文化消费战略研究"
（22HQB24）

经济日报出版社
北　京

图书在版编目（CIP）数据

数字金融提升文化消费战略研究 / 王文姬著. --
北京：经济日报出版社, 2024.8. -- ISBN 978-7-5196-
1500-0

Ⅰ.G124

中国国家版本馆 CIP 数据核字第 2024X69M38 号

数字金融提升文化消费战略研究
SHUZI JINRONG TISHENG WENHUA XIAOFEI ZHANLÜE YANJIU

王文姬　著

出　　版：	经济日报出版社
地　　址：	北京市西城区白纸坊东街 2 号院 6 号楼 710（邮编 100054）
经　　销：	全国新华书店
印　　刷：	北京建宏印刷有限公司
开　　本：	710mm×1000mm　1/16
印　　张：	15
字　　数：	227 千字
版　　次：	2024 年 8 月第 1 版
印　　次：	2024 年 8 月第 1 次印刷
定　　价：	68.00 元

本社网址：www.edpbook.com.cn，微信公众号：经济日报出版社
未经许可，不得以任何方式复制或抄袭本书的部分或全部内容，**版权所有，侵权必究**。
本社法律顾问：北京天驰君泰律师事务所，张杰律师　举报信箱：zhangjie@tiantailaw.com
举报电话：010-63567684
本书如有印装质量问题，请与本社总编室联系，联系电话：010-63567684

作者简介

王文姬，女，山东桓台人，南京大学应用经济学博士毕业，现任南京邮电大学管理学院副教授，兼任中国市场学会学术研究部副主任、南京大学长三角文化产业发展研究院特聘研究员，中国社会科学院财经战略研究院高级访问学者。主要研究领域为数字经济和文化产业，在 CSSCI 核心期刊发表学术论文和理论文章二十余篇，研究成果曾获江苏省文化产业学会科研优秀成果奖一等奖、二等奖。先后主持和参与多项国家和省部级课题。

目 录

第一篇 数字金融支持文化消费提升理论篇

第一章 研究缘起 …… 3
第一节 研究背景和意义 …… 4
第二节 研究目标 …… 8
第三节 研究方法与技术路线 …… 9
第四节 创新与不足之处 …… 11

第二章 文献回顾与研究评述 …… 13
第一节 数字金融、文化消费相关研究综述 …… 13
第二节 数字金融与文化消费关系的相关研究综述 …… 21
第三节 数字金融的其他经济效应研究综述 …… 25
第四节 研究评述与启示 …… 27

第三章 数字金融的特征及业务现状 …… 30
第一节 我国数字金融发展的历程 …… 30
第二节 我国数字金融发展的政策现状 …… 34
第三节 我国数字金融业务现状 …… 36

第四章 我国文化消费提升的内涵及发展演进 …… 44
第一节 我国文化消费的发展阶段及特征 …… 44
第二节 我国文化娱乐消费现状分析 …… 49

第三节　我国旅游消费现状分析 ························· 51
　　第四节　我国教育消费现状分析 ························· 53
第五章　数字金融影响文化消费提升的机理分析 ················· 57
　　第一节　相关理论基础 ································· 57
　　第二节　数字金融影响文化消费提升的理论模型 ··········· 65
　　第三节　数字金融影响文化消费水平和结构的机制分析 ····· 69
　　第四节　数字金融影响文化消费差距的机制分析 ··········· 76

第二篇　数字金融支持文化消费提升实证篇

第六章　数字金融与文化消费水平 ···························· 85
　　第一节　数字金融、文化消费指标的选取与分析 ··········· 85
　　第二节　数字金融影响文化消费水平的基本检验 ··········· 93
　　第三节　数字金融影响文化消费水平的机制和异质性检验 ··· 110
第七章　数字金融与文化消费结构 ···························· 132
　　第一节　数字金融影响文化消费结构的基本检验 ··········· 132
　　第二节　数字金融影响文化消费结构的机制检验 ··········· 141
第八章　数字金融与文化消费差距 ···························· 152
　　第一节　数字金融影响地区文化消费差距的实证检验 ······· 152
　　第二节　数字金融影响城乡文化消费差距的实证检验 ······· 163

第三篇　数字金融提升文化消费战略篇

第九章　数字金融提升文化消费战略的宏观背景 ················ 177
　　第一节　数字经济赋能高质量发展的新阶段 ··············· 177
　　第二节　消费升级与"双循环"新发展格局 ··············· 180
　　第三节　物质和精神共同富裕的新要求 ··················· 182
　　第四节　文化与科技融合发展的新时代 ··················· 184

第十章　数字金融提升文化消费的环境及案例分析 ……………… 186
　第一节　数字金融提升文化消费的SWOT分析 ……………… 186
　第二节　案例分析与总结 ……………………………………… 192
第十一章　数字金融提升文化消费的战略选择 ……………………… 195
　第一节　战略路径：完善—提升—跨越 ……………………… 195
　第二节　实施策略：创新—拓展—治理 ……………………… 197
参考文献 ………………………………………………………………… 200
附　　录 ………………………………………………………………… 216

第一篇 数字金融支持文化消费提升理论篇

第一章　研究缘起

百年变局加速演进，国外环境日趋复杂严峻，我国经济发展面临需求收缩、供给冲击、预期转弱的三重压力。2023年12月8日召开的中央政治局会议强调："要着力扩大国内需求，形成消费和投资相互促进的良性循环。"消费已然成为应对国际挑战、稳定国民经济、满足人民追求美好生活的关键，而经济效益和社会效益并存的文化消费作用将更加凸显，共同富裕是社会主义的本质要求，将为提升乡村居民文化消费、均衡地区文化消费增长提供基础性支撑，文化消费提升的内涵不再局限于文化消费水平的提高，还包含了文化消费均衡发展的思想。2019—2021年我国人均GDP连续三年超过1万美元，恩格尔系数不断下降，文化娱乐消费支出的比重不断提升，2020年占比达到9.57%，但与美、日等国相比，我国在消费率、文化消费占比上都还有很大差距，也有很大提升空间。同时，我国还面临人口老龄化严重、生育率下降、文化产品供需结构不平衡等问题，这些问题都会给文化消费市场带来不利影响。值得期待的是，随着数字经济的发展、数字金融的出现，文化消费模式业态迎来新一轮升级变革，为文化消费提供了新的增长动力，成为拉动消费市场的重要力量。如何更好地利用数字技术来赋能文化产业发展，拓展文化消费空间，助力经济发展、实现共同富裕成为当前值得关注的议题。

第一节 研究背景和意义

一、研究背景

(一) 文化消费是中国特色社会主义文化建设的重要部分

文化建设在推进社会主义现代化建设中发挥着重要作用。党的十九大报告确立了新时代文化建设的基本方略，包括文化建设的定位、目标、着力点和基本要求。在《中共中央关于制定国民经济和社会发展第十三个五年规划的建议》中也提出要完善公共文化服务体系、文化产业体系、文化市场体系，并强调对文化产业发展的认知要从只关注文化产业规模发展转向同时关注文化产业在质量上的内涵式发展，文化及文化产业发展要坚持双效统一。

《中共中央关于制定国民经济和社会发展第十四个五年规划和二〇三五年远景目标的建议》报告中，正文有108处提到"文化"，6处提到文物、1处提到博物馆、6处提到文化遗产、2处提到考古内容，还有革命文化、传统文化、传统村落等文化遗产保护相关内容。作为文化建设不可或缺的环节，文化产业发展的研究必然成为政府和学术界关注的热点问题。从更深远的层面和中国当下经济环境看，研究如何提升文化消费是重中之重，文化消费提升成为促进产业结构优化升级、弘扬和传承传统文化、提高居民幸福感、构建和谐社会建设的内生动力，有助于从根本上促进社会主义文化事业建设目标的实现。

(二) 文化消费成为促进经济高质量发展的重要推力

世界发展的历史轨迹表明，当一国经济达到一定水平时，文化消费在人们追求美好生活和国家经济高质量发展中发挥无可替代的作用。首先，文化消费是居民消费重要组成部分，文化消费的发展直接表现为对经济的拉动功能，是激活文化市场，推动文化市场机制有效发挥的源泉。其次，文化产业在我国属于新兴产业和先导产业，文化产业的发展顺应我国产业结构的转型和升级，文化消费的提升会从需求端和供给端不断优化文化产业结构，促进经济结构不断优化和经济高质量发展。最后，文化产业属于绿色朝阳产业，高附加值、高知识性、低污染和低耗能特征，符合我国当前绿色低碳的高质量发展理念，数字技术赋能文化消费新业态不仅成为我国经济新的增长点，也是助力实现"碳达峰"和"碳中和"目标的重要一环。

改革开放以来，我国最终消费支出对 GDP 增长的贡献率从 1978 年的 38.8%增长到 2019 年的 57.8%，消费对经济增长的贡献稳步提升。2021 年消费对经济增长贡献率达到 65.4%，拉动 GDP5.3 个百分点，我国经济已从出口和投资驱动转向消费驱动①。在消费规模持续扩大的同时，消费结构逐步优化和转型升级态势明显，居民基本生存型消费比重下降，而享受型与发展型消费所占比重增加，文化消费成为新的热点。

（三）文化消费成为提升国民幸福感的重要途径

新时期我国社会主要矛盾的变化反映出居民消费需求的深刻变化。人们的消费观随着收入水平和知识水平的提高发生了变化，对美好生活的追求已经突破物质上的满足，而趋向于追求生活品质的全面提升，更多地关注和追求内在的、精神层面的充实。由此可见，促进文化消费的发展不仅是构建现代文化产业体系和推动文化产业高质量发展的重要着力点，也是缓解社会主要矛盾和实现文化强国的重要途径。文化消费区别于其他消费的重要意义体现在文化消费不仅具有经济效应还兼具社会效益，对社会主义核心价值观的传播，建设社会主义精神文明起到重要作用。

文化消费是消费升级的重要体现，文化消费可以促进人的全面发展和国民素质的提高。当前，中国正处在新一轮消费升级的关键期，消费主体、消费模式和形态、消费观念等都在经历着革命性的变化。消费升级包含了社会发展中消费结构的变迁和优化，即不同消费类型的支出在居民总消费支出中占比的变化，当前消费结构的优化体现为享受型和发展型消费支出的占比在逐渐扩大。

---

① 数据来源：《2021 年国民经济和社会发展统计公报》。

（四）数字经济和数字金融发展引领消费变革

在经历了蒸汽技术革命和电力技术革命后，以原子能、电子计算机和空间技术为代表的新的科技革命极大推动了人类社会政治经济和文化领域的巨大变革，互联网的出现和发展带来了全球意义上的整体冲击（江小涓，2018）。互联网信息技术不仅改变了国家或地区宏观的生产方式和经济增长方式，也渗透到生活中的方方面面，改变着微观家庭和个体的生活和消费方式。"互联网+"的发展催生了一系列新的经济业态，数字经济的发展迎来了加速期，数字金融作为一种新的金融业态应运而生。H2Ventures 和毕马威联合发布的 2019 年全球金融科技 100 强中，中国的蚂蚁金服、京东数科、度小满金融和陆金所在前 12 强中占到了 4 个席位。在英国 Z/Yen 和中古深圳综合开发研究院发布的 2019 年全球金融中心指数报告里，北京、上海、广州、深圳和香港也占据了全球十大金融科技中心的半壁江山。数字金融的低门槛、低成本、高便捷性特点突破了传统金融的服务范围和界限，更多长尾客户享受到数字金融带来的便利和福利，具有相当的普及性和包容性。

2020 年以来，数字金融随着底层技术的不断迭代，加速了对上层业务深度融合的带动；数字金融覆盖广度在地区间差距明显减小，对农村地区的覆盖率提升明显，服务农村的数字金融产品更加精准；国家在数字金融风险防范方面出台了一系列政策措施，对金融科技监管更加全面、系统。从理论上讲，基于互联网技术和大数据发展起来的数字金融可能会对增加收入、提升支付便利性、缓解流动性约束、降低不确定性起到积极影响，从而助力文化消费的提升和消费升级。

二、研究意义

（一）理论意义

第一，本研究丰富和发展了消费的研究内容，完善了数字金融与文化消费的相关理论。自 2013 年 6 月余额宝上线被看作中国数字金融发展的元年以来，学者们对数字金融和消费关系的研究热情空前高涨，现有研究较多关注数字金融对消费水平的提升和消费结构升级的影响，但较少关注数字金融和文化消费的关系。本书从数字金融视角切入研究文化消费提升效应和传导机制等方面，丰富了消费研究的内容。并通过构建数字金融发展影响文化消费的理论模型和理论机制分析，给出了数字金融发展影响文化消费的科学理论解释。

第二，本研究重塑了文化消费提升的内涵。文化消费的提升不只是文化消费水平的提升，本书在构建文化消费提升内涵的时候，不仅考虑到文化消费扩容和文化消费在总消费中占比的结构性提升这样的增长性发展指标，还包含了地区文化消费差距的收敛、城乡文化消费差距收敛的均衡性发展指标。这体现了"共同富裕"视角下文化消费的高质量发展思路。

第三，本研究构建了较为全面完整的研究框架和体系。本书不仅从理论上厘清了数字金融影响文化消费的机制问题，还通过丰富的实证检验进行进一步的论证。首先，从宏观层面和微观层面实证探讨了数字金融发展对文化消费提升的影响效应、传导机制、异质性分析，得出了非常丰富的结论；其次，重点关注了数字金融的普惠性有无体现在文化消费上，通过文化消费收敛性检验，发现了一些有价值的结论。这些研究都弥补了现有研究在这方面的缺失。

（二）现实意义

第一，本书的研究对于政府部门和金融机构具有一定的参考价值。有助于决策部门从宏观层面制定总体政策和协调框架，为金融机构等开展城乡业务提供新的思考角度，帮助并引导家庭科学有效地通过数字金融提升家庭收入，进而促进消费升级。

第二，为文化企业进行产品创新和市场投放提供方向。文化产品和服务能否达到供需平衡，是衡量一个国家文化产业发展水平的重要标准。本书不仅对当下文化消费市场和数字金融发展现状进行了梳理和分析，还通过异质性分析阐述了数字金融影响文化消费在不同年龄、阶层、教育水平、地区具有的差别，帮助文化企业对消费市场更加全面地认知并发现市场潜力，从供给端进行文化产品的创新和优化，提高有效供给。

第二节　研究目标

第一，厘清数字金融影响文化消费提升的理论机制，梳理分析中国数字金融和文化消费发展现状。从理论上分析数字金融对文化消费水平、文化消费占比和文化消费差距影响的传导机制，并构建理论模型。

第二，探究数字金融对居民文化消费水平提高和文化消费占比提高的影响。本书研究的一个重要目标就是探究数字金融对居民文化消费会产生怎样的影响。大量实证研究也证实了数字金融能够促进消费、带动经济发展、缩小地区差距，对经济具有促进作用和普惠作用。

第三，实证检验数字金融影响居民文化消费水平和文化消费占比的作用机制。在检验判断了数字金融对居民文化消费的影响作用后，本书还要弄清楚的是这种影响效果是通过什么机制和路径来实现的，这种影响是否存在区域、年龄、学历、收入、资产等的异质性，厘清这些问题有助于更加全方位地把握数字金融对文化消费的影响，不只是因果关系上的评判，还要对影响的过程和不同特征加以阐释，有助于决策更加精准，产品供给更加有效，提高文化消费质量，提升文化消费满意度。

第四，检验数字金融对文化消费均衡性发展的影响。数字金融在提升金融普惠性方面的作用越来越重要，在缩小贫富差距等方面也有贡献，因此，检验数字金融是否缩小了地区文化消费增长差距和城乡文化消费差距，是否在促进文化消费的均衡发展和共同富裕方面有积极贡献成为本书研究的目标之一。

第五，提出数字金融提升文化消费发展战略。结合数字金融提升文化消费面临的优势、劣势、机遇和挑战，选取数字金融促进文化消费提升的案例，总结模式，最后提出数字金融提升文化消费的发展战略和路径选择。

第三节 研究方法与技术路线

一、研究方法

（一）文献梳理法

通过梳理国内外学者的研究成果可以发现，数字金融与居民消费的相关研究已经取得了一定的成果，也有一些关于文化消费的研究，但是缺乏数字金融普及程度对居民文化消费影响的研究。本书借鉴以往研究的理论成果，研究数字金融对文化消费的影响。

（二）理论与实证相结合的方法

本书以数字金融可以带来居民收入、提升支付便利性等理论为基础，以消费效用最大化与跨期消费模型为根本，建立数字金融下的居民文化消费研究模型，并利用微观数据库家庭追踪调查数据和宏观省级文化消费支出数据，辅以计量经济学的理论与方法，实证分析检验数字金融对居民文化消费的影响。因此，理论分析与实证检验相结合是本书开展研究的主要方法之一。

（三）微观视角与宏观视角相结合的方法

本书研究数字金融发展与居民文化消费行为之间的关系。在理论分析上，从宏观视角出发，探究数字金融对文化消费的各种效应。在实证研究上，既有微观的家庭调查数据，也使用宏观的省级文化消费支出数据，因此宏观和微观结合的方法也是本书的主要研究方法之一。

（四）案例分析法与大数据分析法

搜集和分析数字金融支持文化消费提升的相关数据信息，展开数字金融与文化消费实证研究。本书在战略篇着重选取典型案例进行分析，总结我国数字金融提升居民文化消费的模式。

二、研究技术路线

本书的研究技术路线如图1-1所示。

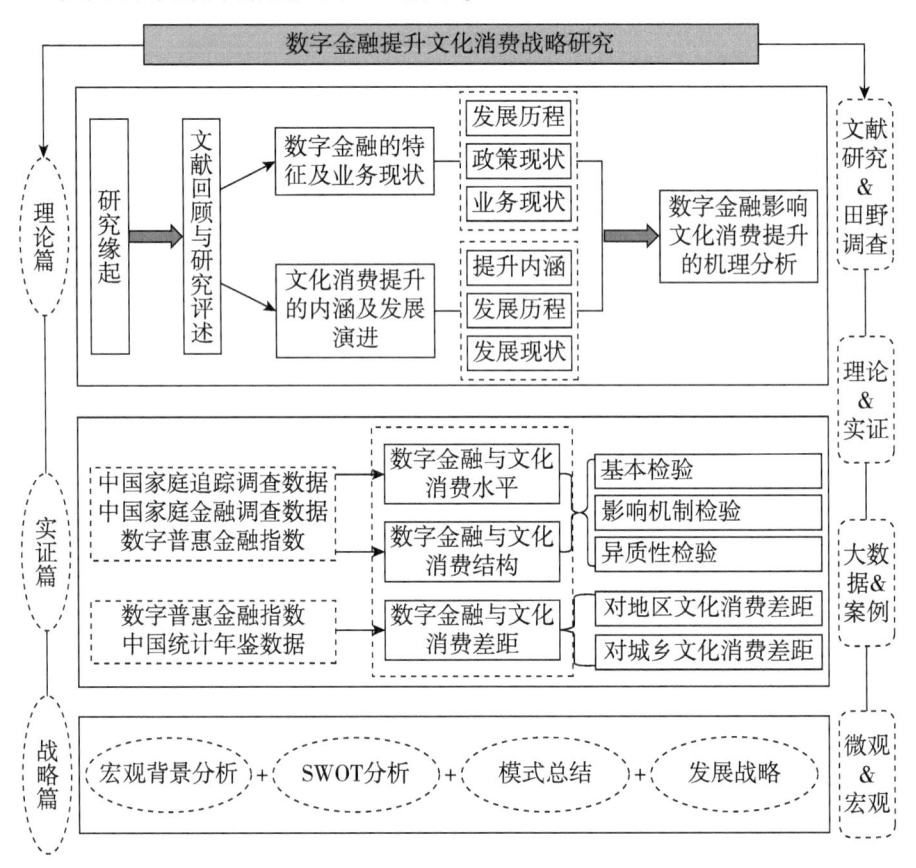

图1-1 研究技术路线图

第四节 创新与不足之处

一、创新之处

第一,目前数字金融和文化消费关系研究的相关文章比较少,对数字金融的研究大多集中于数字金融与经济增长、消费增长、消费升级、减贫效应、缩小城乡收入差距等方面。关于数字金融和文化消费这两者之间的关系研究自然就比较匮乏。本书从经济学角度出发,第一次比较全面地厘清了数字金融对文化消费提升的影响机制和效应。

第二,本书在研究数字金融发展与居民文化消费提升的关系时,特别注重内生性的问题。本书在实证研究中将内生性问题的处理贯穿整个研究,重点控制了可能引起文化消费提升的若干控制变量,克服了数字金融发展可能存在的内生性问题,以保证实证结果的可信性,这是本书实证方面的贡献。

第三,对文化消费提升研究内涵的扩展和丰富。本书认为,在消费升级背景和共同富裕目标下,文化消费提升不仅是文化消费绝对量的增长,还包含了文化消费平衡发展、共同发展的内涵。因此,本书重塑了文化消费提升的内涵,分为增长性发展和均衡性发展两部分。本书不仅研究了与文化消费水平绝对量的关系,还讨论了与文化消费占比的关系,以及文化消费增长的地区收敛性和文化消费城乡差距的收敛性,拓展了数字金融和消费关系研究的宽度和深度。

二、不足之处

第一,虽然本书研究既有微观数据又有宏观数据,但是因为隐私性保护的原因,家庭追踪调查数据只能获得家庭所在省份的地理信息,市区级的地理信息无法获得,这就会导致微观家庭追踪调查数据只能和宏观省级的数字金融指数相匹配进行回归分析,虽然回归后采取了内生性处理和稳健性检验,基本结论具有可信性，但会影响具体回归系数的准确性。

第二，对于数字金融发展的度量，本书选用的是北京大学数字金融普惠指数，虽然此指数作为衡量数字金融发展的替代指标具有权威性，但是此指数构建的基础数据仅包含支付宝体系内数据，数据量大但来源单一，如微信支付、京东白条、度小满等都没有包括在内，可能对数字普惠金融指数的测算产生影响。限于个人获得数据能力的有限性，本书没有单独构建数字金融发展的评价体系，也是一种遗憾。

第三，对文化消费提升内涵的理解，本书认为体现在文化消费绝对量的增加、文化消费占比的提高、文化消费增长的收敛和文化消费城乡差距的收敛。但是，文化消费提升还应该包含文化消费内部结构的优化，但是目前对文化消费内部结构的优化进行研究存在两个现实问题，一是对文化消费内部结构优化的定义尚无一个明确的认定，并不是说旅游消费或者文娱消费占比提升就可以代表结构优化，或者说线上文化消费占比高就是文化消费结构优化，对此学者还无一致的认定；二是有部分学者认为艺术型、发展型文化消费占比提高代表了文化消费结构优化，但是实证又难以实现数据的收集。因此，本书没有讨论文化消费内部结构优化的问题。

第二章 文献回顾与研究评述

本章通过对国内外学者的研究成果进行整理和分析[①]，对数字金融的概念特征、测度研究以及"数字鸿沟"等相关研究进行梳理，对文化消费相关的概念和影响因素、对以往关于数字金融与文化消费之间关系的文献进行总结，由于这方面的研究还比较匮乏，本书在围绕研究中心的同时外延到对数字金融和消费、数字金融其他经济效应的研究文献的分析，这些文献中的研究方法和研究结论都有助于更好地理解和分析数字金融对文化消费的影响效应，有值得借鉴之处。最后，本章通过对文献资料的整理分析，作出了相应的评述。为了使分析更为科学高效，本章在进行分析的同时结合使用了 CiteSpace 作为辅助分析工具（具体可视化结果见附录）。

第一节 数字金融、文化消费相关研究综述

一、数字金融相关研究综述

分析国内外文献发现，对数字金融本身的研究除了数字金融内涵特征、与传统金融的区别等研究外，还有两个方面内容的研究备受关注，一是数字金融发展的测度研究，二是数字金融鸿沟方面的研究。

---

① 国内学术文献主要来源于中国知网（CNKI），国外文献主要来源于 Web of Science（WOS），文献分析过程主要结合使用了 CiteSpace 软件进行辅助分析。

(一) 关于数字金融发展测度的研究

数字金融是伴随着互联网的产生而兴起，在"数字经济+金融产业"融合发展背景下产生，金融学、经济学对数字金融的研究不仅是内涵、发展模式等的探讨，更关注的是数字金融发展水平的度量以及数字金融经济效应的测算。理论上，数字金融是一个多维概念，度量需要涉及不同维度的多个指标。通过分析国内外对数字金融测度的研究可归纳为两种，一是学者个人构建的测度指标体系，二是学术研究机构构建的度量指标体系。

学者个人依据宏观数据构建指标体系的方法。张玉喜和张倩（2018）对区域科技金融生态系统评价进行了设计，评价分为两大子系统：科技金融生态群落和科技金融生态环境。其中，科技金融生态群落子系统包含3个二级指标：政府机构、科技创新企业和科技金融市场，科技金融外部环境子系统包括2个二级指标：基础支撑环境和科技资源环境。张琴韵（2019）按照"科技活动投入—产出"的思路构建两级科技金融发展的指标体系，分别从科技金融资源情况、科技金融经费支出情况、科技金融产出情况、科技金融贷款情况4个一级指标展开构架。张芷若（2019）构建了由科技金融资源、科技金融经费力度、科技金融融资规模、风险投资水平以及科技金融产出5个一级指标和25个二级指标来刻画我国科技金融发展水平。这些构建方法主要是依据宏观数据通过构建指标体系，用算术平均法或熵值法或突变级数法等进行测算，计算得出省级层面的指数。这些指数的测算主要依据于宏观数据，而且金融方面多以反映银行数据为主，非银行业务的金融服务数据很少加入，数据的不够全面导致不能够更充分地反映出创新型的数字金融发展情况及其普惠性的特点。

学者个人衡量数字金融发展的其他方法。还有一些学者既没有使用宏观数据也没有构建指标体系去衡量数字金融发展。例如，李春涛和闫续文（2020）运用文本挖掘法，提取了与金融科技相关的如 NFC 支付、大数据、第三方支付、数据挖掘、机器学习等共48个关键词，并使用百度新闻高级检索，运用网络爬虫技术，得到一个地区的总搜索量，取对数变换后作为该地金融科技发展水平的衡量指标。同样地，陈柱和迟云瑞（2021）也使用文本挖掘法，首先建立 25 个金融科技原始词库，并且在《中国重要报纸全文数据库》搜索这 25 个关键词，根据搜索词频结果计算得出数字金融发展指数。但文本挖掘法也有自身的局限性，在使用时往往需要结合文本分析、内容分析等其他研究方法。还有一些以微观数据为样本的论文中，对数字金融代理变量的选取主要来自问卷调查中某些问题的回答，比如尹志超和张号栋（2018）评价互联网金融指标时使用的是 CHFS 调查问卷中的一个问题，作者将选择"网上银行、支付宝、信用卡和财付通"定义为互联网金融家庭，回答"是"赋值为 1，"否"则为 0。

研究机构对数字金融发展的评价方法。除了学者自己构建评价指标体系外，还有一些机构会通过机构和企业合作优势获得海量底层数据，在更丰富的数据基础上构建评价指标体系进行测算，形成可以公开使用的数字金融评价指数。目前对数字金融发展测度研究最为丰富的是北京大学数字金融发展中心，该中心发布了 2011—2020 年省、市、县的数字普惠金融指数。该指数是通过构建指标体系，借鉴"层次分析法"最终形成了从覆盖广度、使用深度和数字化程度三个维度以及对应的 33 个具体指标体系，然后采用主观赋权与客观赋权相结合的方法来确定权重，最后求得总指数。该指数已经成为在中国金融科技、普惠金融的研究者中颇具影响力的数据产品。

（二）关于数字金融鸿沟的研究

大量文献基于跨国数据探讨了经济发展、国家知识发展、对外开放程度以及通信技术对数字鸿沟的影响（徐芳等，2020），国内外都非常重视对数字鸿沟的研究[①]。互联网的发展催生新兴业态出现的同时，也会催生新的不平等问题，使得居民之间无法均等地享受互联网经济所带来的红利，可能进一步加大贫富差距（D. Hoffman、T. Novak and A. Scholsser，2008）。Dijk 和 Hacker（2003）提出，信息通信技术在应用技术、所有权等方面所产生的数字鸿沟，会恶化收入分配，这是因为信息技术具有明显的技能偏向特征（宁光杰、林

---

① 截至 2021 年 12 月 31 日，在 CNKI 中以主题词"数字鸿沟"搜索出 1499 篇相关学术期刊（仅限 CSSCI 和北大核心期刊），而在 Web of Science 中搜索主题词"digital divide"得到 4198 篇学术期刊（仅限 SSCI 期刊）。

子亮，2014），会使那些具有信息处理优势的阶层更容易获得经济收益，从而扩大阶层间的收入差距；从地区差异看，东南沿海等相对发达的地区更容易从数字红利中获益，从而扩大地区收入差距（邱泽奇等，2016）；从年龄差异看，老年人在接近、使用新信息技术的机会与能力的差异造成老年数字鸿沟（黄晨熹，2020），不利于金融互联网业务发展及实现普惠金融的目标（赫国胜和柳如眉，2015）；分城乡比较看，数字金融在城市和农村应用也存在明显的数字鸿沟，但城乡数字鸿沟在考察阶段呈下降趋势，同时，在不同人群中城乡数字鸿沟呈现差异性，城乡数字鸿沟在老年人群体、收入和文化程度低的群体以及健康情况差的群体中表现更为明显（张家平等，2021）；从国家发展比较看，Charles Amo Yartey（2008）利用1990年至2003年期间76个新兴和发达国家的面板数据，发现金融发展是信息和通信技术传播的一个重要决定因素，而金融市场不发达的国家可能会进一步陷入全球数字鸿沟中。

有国外学者总结认为，数字接入鸿沟（一级数字鸿沟）是指家庭和学校在获取信息技术（IT）方面的不平等；数字能力鸿沟（二级数字鸿沟）是指由于一级数字鸿沟和其他相关因素而导致的利用能力的不平等；数字成果鸿沟（三级数字鸿沟）是指由于二级数字鸿沟和其他相关因素而产生的利用信息技术的成果（如学习和生产力）的不平等（Wei, KK et al., 2011）。除了发现"数字鸿沟"的问题，还有学者提出了相应的对策建议，胡鞍钢和周绍杰（2002）认为缩小"数字鸿沟"的战略意义在于促进中国实现由信息大国到信息强国的飞跃，逐步建立利用知识和信息促进发展的模式是中国追赶发达国家的重要途径。

二、文化消费相关研究综述

对文化消费的研究主要涉及经济学领域、社会学领域、心理学和文化学领域，本书则重点关注了经济学视角下文化消费的相关研究①。文化消费经济的相关研究起源较早，制度经济学鼻祖凡勃伦在1899年的著作《有闲阶级论》中将消费视为人与人之间差异化或社会竞争的体现，有闲阶级通过"炫耀性消费"和"炫耀性休闲"来体现其财力，并认为时尚最能体现有闲阶级炫耀性消费的准则，凡勃伦著作一问世便引起社会巨大轰动。此后，1966年Baumol和Bowen的著作《表演艺术：经济学的困境》被认为是艺术经济学研究的开山之作，不仅揭示艺术经济学的原貌还提出了著名的"鲍莫尔成本病"，成为文化经济学研究的开创人物，之后近50多年来，表演艺术消费的相关研究始终是国外文化消费经济学研究的热点和重点，沿着文化学、经济学和心理学三个理论视角，形成了一批卓有成效的理论成果，同时在文化消费的社会功能意涵以及文化消费的影响因素研究方面形成了大量成果。我国文化消费研究起步较晚，当代中国理论界比较明确地提出"文化消费"术语始于1985年的一次研讨会，开启了我国对文化消费相关领域的研究。通过梳理文化消费研究内容的变迁，围绕经济学方面的研究主要有两大研究内容，文化消费提升影响因素研究和文化消费新业态的研究。

（一）文化消费提升影响因素的研究

随着我国社会经济发展和人们消费水平的提高，居民文化消费支出持续上涨，文化消费的总体规模不断扩大。然而，我国文化消费发展过程中仍然存在许多问题。从国际经验来看，我国文化消费存在总量仍然偏低；居民文化消费在总消费中的占比偏低，且近些年来增长缓慢，明显落后于GDP增速；居民文化消费在总收入中的占比不高；居民文化消费的地区和城乡差距较大等问题。因此，影响居民文化消费提升的研究一直是文化消费领域研究的热点。

从供给端影响文化消费的分析。文化产业集聚可以通过集聚更多劳动力

---

① 在CNKI和WOS采用主题词"文化消费"和"cultural consumption"进行检索，检索文献类型分别为"CSSCI"和"SSCI"，检索时间设置为2013-01-01至2021-12-31，共检索到CSSCI论文1272篇，SSCI论文4188篇，由于国外对文化消费研究涉及学科比较广泛，为了使得论文选择更聚焦本书所需，对WOS样本里学科精选"business""sociology""cultural studies""economics"后共得到SSCI论文1502篇。

和提供就业，增加居民收入并降低文化产品价格，正向作用于文化消费水平的提高（任佳宝，2019），文化产业集聚可以促进城镇居民文化消费水平提升，且对中部和西部地区的促进作用相对于东部地区更明显（顾江和王文姬，2021）；车树林等（2017）实证研究发现，文化固定资产投资能够促进公共文化设施和服务建设进而激发居民文化消费意愿，提升文化消费。李天晖（2020）研究则发现，文化体育和娱乐固定资产投资促进了西部区域城镇居民文化消费的支出，但阻碍了东部和中部地区文化消费的支出；任文龙等（2019）的研究表明，文化产业固定投资增加能促进文化消费的增长，政府文化支出水平高的地区往往文化消费较高，但文化消费对价格弹性不敏感，也进一步说明了文化消费比普通商品消费更具有用户黏性。还有国外学者通过构建评价指标对表演艺术品的质量进行评价，并实证了文化产品与服务的质量会对文化消费产生影响，Camilo Herrera（2006）从经济学视角阐述了文化投资和经济增长的内在机理，认为农村文化产业建设和发展的重点在于认识到艺术家在社区基建中作为领导或艺术委员的积极作用。

从需求端影响文化消费的分析。收入一般是影响消费最重要的因素，文化消费较一般消费有其自身特性，但也具有消费的普遍共性，收入对城镇居民文化消费提升具有非线性的特征，对不同层次收入的城镇居民文化消费的促进作用是随着收入的增高呈现减弱的效应（吴甜甜，2016）；车树林和顾江（2018）的研究对前人非线性影响效应的结论做了深化，认为收入对城镇居民文化消费的影响呈现先增大后降低的"倒 U 型"特征，且城镇化程度可以通过调节城镇居民收入对文化消费产生影响；同时，收入对文化消费的影响具有区域一致性，对经济水平较高的东部地区和发展迅速的中部地区的促进作用更加明显（李天晖，2020）；也有学者专门对收入与农村文化消费关系做了研究，陆立新（2009）的研究发现，收入确实是影响文化消费的重要因素，但是对于农村居民而言，消费习惯的影响作用也不容忽视，特别是中部和西部农村居民消费习惯会对文化消费产生较大影响。除了收入对文化消费的影响外，消费者自身的年龄、性别、家庭结构、教育水平、社会阶层等都会对文化消费产生影响。顾江（2016）实证研究显示，少儿抚养比对居民文化消费影响呈现先促进后抑制的效应，而老年抚养比则阻碍了居民文化消费的增长；李志兰（2019）认为年龄越大在互联网文化消费支出上的时间和金钱就越少，特别是在网络游戏、网络视频和网络音乐上的消费支出；Frey，Bruno S. 和 Werner W. Pommerehne（1998）用实证方法证实了文化产品具有边际效用递增和外部经济性的特征，并认为教育对消费者的偏好有明显的影响；Erik Bihagen 和 Tally Katz-Gerro（2000）通过对瑞典的文化消费研究发现，不同于其他社会经济因素，性别在高端文化消费中突显了性别差异，女性比男性在高端文化消费品中的表现更积极；Tak Wing Chan 和 John H. Goldthorpe（2007）通过数据分析证实了社会分层和文化消费之间的关系，结论发现地位、受教育程度和阶层都会对音乐消费产生促进作用。

除了供给侧的投资、科技和人才以及需求侧的收入、人口结构、教育等方面对文化消费产生影响外，突发性的事件冲击对文化消费的影响也是巨大的。2020年新冠疫情对服务业的影响尤为严重，演出、影视、文旅行业类企业受冲击最大，小微文化企业受损严重（王文姬，2020），但疫情也促使了人们文化消费偏好的形成，数字文化消费成为新的消费热点，改变了消费结构和产业结构，线上娱乐、线上教育成为如今人们消费生活的常态。

（二）文化消费新业态的研究

我国在"十四五"期间关于实施推进社会主义文化强国建设的战略部署中，强调了实施文化产业数字化战略的重要性，指出需要加快发展新型文化企业、文化业态、文化消费模式，促进文化产业的数字化转型。顺应数字经济发展趋势，2021年3月，国家发展改革委、商务部等28个部门联合印发《加快培育新型消费实施方案》，也提到了需要大力发展基于数字文化和旅游的新型消费业态，并具体给出相应的24项举措。新冠疫情的暴发加速了产业的变革，文化消费新业态不断涌现，呈现出数字化、虚拟化、体验化、跨界化、分众化等重要特征，新型的消费内容、消费形式与消费场景构成了文化消费新生态。

一直以来，当科技发生进步和突破，文化产业都会迎来一次繁荣契机，以数字阅读、网络视听、动漫产业、电子竞技、艺术品交易等为代表的数字文化消费成为文化消费的重要组成部分。网络文学IP产生的粉丝效应加上资本溢出和互联网等要素的驱动，现已成为影视产业发展的重要内容来源（秦枫等，2017），网络文学改编是网络文学和影视产业融合的典范，体现着未来文化产业的发展，在改编过程中要特别注意在内容创意、资本收益和技术制作等方面的可行性（赖敏等，2018）；年轻消费者成为博物馆文创产品消费的主力军，随着 XR、数字孪生、区块链、人工智能等技术的不断突破，博物馆元宇宙场景的搭建正在加快布局，文化遗产以新的形式传承和传播，文创产品将以高科技、新时尚、多融合的产品形式吸引着文化消费者（周凯和杨婧言，2021）；王建磊（2020）以网络视听行业为例，探讨了资金值、用户量和政策之间的相互影响关系，并发现资本注入带来了产业活力从而促进用户规模的增长，而这种增长又反哺于资本的持续流动，两者形成相互影响的双螺旋互促关系；当下我国动漫消费呈现新的特征，消费群体由少年儿童向成年人扩展，消费偏好由国外产岛向国内产岛延展，消费特点由大众消费向圈层消费扩展（龚滔，2020），融入中国文化元素、构建动漫产业链和知识产权保护等是未来中国动漫产业发展的主要着力点（赵惠芳等，2021）；当前学者对电子竞技的独立研究较少，娄高阳等（2022）的研究表明电子竞技具有较高及较强的融合性并且电子竞技产业的发展能够促进经济发展。后疫情时代电子竞技体育化的发展趋势明显，电子竞技入奥是大趋势，而体育类电子竞技项目或将成为入奥的破冰点（郭琴，2021）；在我国艺术品行业难定价、难确权、难溯源、难变现给企业和消费者造成了很大损失，随着 NFT 的诞生，人们有史以来第一次获得了选择时代艺术家的权利，能在这些艺术家形成影响之前就接触他们的作品，当然艺术家也能够通过 NFT 产生规模效应和收入来源，NFT 的出现把更适合当下艺术品交易行业的应用场景和艺术品结合，使艺术品溯源防伪实现更加透明化的呈现，更加智能便捷的管理（胡淳仪，2022）。

数字文化产业是在数字经济时代下文化产业发展的新形态，数字文化产业的出现提供新供给，促生新消费增长极，也是推动经济转型升级的重要动能（韩若冰等，2020）。特别是在新冠疫情期间，线上数字文化产业发展迅速，人们在数字文化消费过程中获得的情感归属感和认同感凸显，甚至成为群体凝聚力的重要载体（孙艳阳，2020）。互联网高速发展的中国，数字文化消费市场前景广阔,但也应看到,数字文化消费领域还存在一些问题,同质化与低层次文化产品服务过剩、深度体验文化产品稀缺、服务质量参差不齐、价格高企等问题比较突出。

第二节 数字金融与文化消费关系的相关研究综述

数字金融与文化消费关系的研究发端于我国数字经济迅猛发展和消费升级的时代背景下,但相关研究论文匮乏。因此,在这里不局限于只关注数字金融与文化消费关系的研究文献综述,有必要扩展到数字金融与消费关系的研究。通过文献梳理发现,对数字金融和消费以及文化消费关系的研究主要集中于三大方面:数字金融与消费增长、数字金融与消费升级、数字金融与文化消费。

一、数字金融与消费增长

数字金融和消费的研究正是当下热点,其中易行健、张勋、邹新月等的相关论文在《金融研究》《管理世界》《金融经济学研究》上陆续发表,影响力较大。国外直接对数字金融与消费之间的研究较少涉及[①],相关研究主要集中在不确定性、信贷等与消费关系的研究(Brito,D. L. and Hartley,P. R.,1995)。相较于数字金融和文化消费关系研究,一开始有学者关注了互联网的发展影响文化消费的研究。通过研究发现,大学生更容易借助互联网实现文化消费,而且黏性更强,更看重文化消费中的价值认同感,互联网已成为助力文化消费升级的新引擎(赵娟,2018)。互联网普及的这些年对城乡文化消费的差距起到了收敛作用,但从时间趋势上看,这种收敛作用存在边际递减

---

① 以"数字金融消费"为篇名在 CNKI 中搜索北大核心期刊和 CSSCI,整理资料发现,数字金融和消费的关系研究起始于 2017 年 11 月山西大学的崔海燕发表于《经济研究参考》的论文《数字普惠金融对我国农村居民消费的影响研究》,而此后两年每年只有 1 篇,但 2020 年和 2021 年发文量已增加到 16 篇和 19 篇。以"digital financial consumption"在 WOS 里检索,发现涉及相关研究的学术成果较少而且基本都是中国作者。

的现象，且分区域来看存在互联网改善西部城乡居民文化消费差距的效果更明显（陈鑫等，2020）。

大量研究发现，数字金融的发展能够促进居民消费的增长，但对数字金融促进居民消费的影响机制的研究结论并不十分一致。张勋等（2020）通过构建一般均衡理论和实证分析，验证了数字金融通过支付便利性促进了居民消费水平的提升，但缓解流动性约束不是其影响机制。而易行健等（2018）利用中国家庭追踪调查数据研究得出不一样的结论，在研究样本期内，数字金融可以通过便利支付和缓解流动性约束促进居民消费。谢家智等（2020）基于中国家庭金融调查数据，通过构建代际交替模型和中介效应检验发现，数字金融可以缓解家庭信贷约束从而激励家庭消费。何宗樾和宋旭光（2020）认为数字金融的迅速崛起推动了消费方式的变革，基于北大数字普惠金融指数和中国家庭追踪调查数据进行实证分析，也得到了数字金融驱动居民消费的可能机制，一是居民支付的便利性加速消费决策，二是通过降低家庭面临的不确定性释放消费需求，促进消费的提升。纵观这些文献发现，学者们对作用机制的研究结论有些差别，但研究结论对数字金融确实能够提升居民消费的观点都是支持的。

数字金融促进消费增长还具有异质性特征。从分地区的层面看来，数字普惠金融对西部地区农村家庭消费支出的提升作用较东中部地区更为明显（郭华，2020）。谢家智（2020）的研究也作出了类似的结论，数字金融对低收入家庭、农村家庭消费的激励作用更明显，展现出数字金融的强普惠性，对乡村消费市场的开拓具有积极意义。当然，虽然研究均表明数字金融显著促进了城乡消费水平提升，但从数字普惠金融测度的不同维度指标看，覆盖广度和数字化程度的提高显著提升了城乡居民消费水平，而使用深度对城乡居民消费具有一定程度的抑制作用（肖远飞、张柯扬，2021）。王璇（2020）则利用空间计量分析方法，发现数字金融发展在缩小城乡居民消费差距方面存在空间异质性，同时对城乡居民消费差距的影响力有待释放。除了地区和城乡异质性的发现，易行健和周利（2018）的研究还提示了数字金融对消费的影响存在人力资本、消费类型和家庭债务收入比的异质性。

二、数字金融与消费升级

除了对数字金融促进消费的研究及其影响机制外，在我国消费升级背景下，还有学者关注了数字金融与消费升级之间的关系，尤其是实证研究数字金融与消费升级关系的研究。实证研究发现，数字金融及其三个子维度指标（数字覆盖广度、使用深度和数字化程度）在居民消费升级的进程上具有积极作用，但数字金融在促进农村地区和西部地区的消费升级上没有显著效应（杨伟明等，2021），张李义和涂奔（2017）的研究也得出同样结论，互联网金融发展对居民消费结构升级有着显著影响。但有些学者似乎得出了不太一样的结论，商海岩等（2021）认为数字普惠金融的发展能够刺激农村居民在服务性产品上的消费，通过提升服务消费在总消费中的占比改善农村消费结构，唐勇等（2021）通过面板数据和固定效应模型以及中介模型实证了数字普惠金融及其子维度指标在农村居民消费升级上展现了其普惠性的特质，积极作用于农村居民在非生存型的消费，且这种积极作用在中西部欠发达地区的农村居民中效应更强，研究还发现数字金融影响农村居民消费升级的主要机制之一为促进农村收入的增加。通过分析发现，出现研究结论相悖的主要原因是学者们在对消费升级的定义和测度存在不同所致。

除此之外，还有学者在对数字金融和消费升级关系的研究中得出了更加丰富的结论。颜建军（2021）等利用2000—2018年的省级面板数据，运用LASSO回归和面板模型实证研究发现，东部和西部地区的数字普惠金融和农村居民消费升级呈现正相关，但对城镇居民的消费升级没有显著影响，促进第三产业的发展是其中的传导机制。赵雪薇等（2021）使用2016年、2018年家庭追踪调查数据和中国数字普惠金融指数匹配，实证得出数字金融发展通过提高支付便利性显著促进城镇家庭消费升级，促进农村家庭、内陆地区家庭以及低收入家庭的消费升级，传导机制主要为缓解流动性约束。黄凯南和郝祥如（2021）利用2011—2018年宏观数据研究发现，数字金融发展能够通过降低流动性约束、优化支付环境、增加财产性收入和提升居民风险管理能力等四个渠道促进居民消费升级。

通过以上分析可以看出，学者们的研究结论存在一定差别，但是关于数字金融对消费及消费升级的积极作用是一致认可的。

三、数字金融与文化消费

文化创意与资本深度融合，不断催生新的经济增长点，"文化+金融"已成为文化产业高质量发展的重要推动力之一，成为社会和业界瞩目的热点问题，资本如何助力文化产业提质增效发展也引发学界关注（朔风，2021）。以往许多研究表明，金融支持对企业发展、居民消费都起到至关重要的作用。从需求端来说，银行向消费的居民提供贷款、保险等业务，并且通过构建消费场景拉动居民消费。而需求端的消费升级则意味着需要供给端更高质量的供给匹配，同理，更高质量的供给能够进一步刺激消费潜能。绝大多数为小微企业的文化企业在发展壮大中更依赖于金融的支持，但研究发现，我国文化企业目前面临融资渠道不顺畅、政府资金投入不足、文化企业缺乏专业化团队等问题，通过实证分析也得出金融支持力度、产业金融政策、产业环境对文化企业投融资的影响重大（陈国庆等，2016）。文化企业要在新的宏观环境下实现跨越式发展，实现企业转型升级和高质量发展必须解决文化企业融资难的问题，需要完善金融市场体系建设、丰富金融产品种类、构建融资担保体系（倪春蕾等，2016）。任文龙等也利用省级宏观面板数据证实了金融发展能够带来城乡文化消费差距的缩小，但从金融发展规模和效率分开看，金融发展规模并不能提升城乡文化消费提高，而金融发展效率的提高则能促进城乡文化消费的增长。虽然理论和实证研究都表明金融的引擎作用能够助力文化企业发展，从而提升文化产品供给数量和质量，扩大文化消费，但当下仍然存在金融对文化企业发展、文化消费提升影响作用受限的情况。

随着数字经济的发展，数字普惠金融逐渐普及，也有学者注意到了数字金融对文化产业发展可能带来的积极作用。首先，数字金融对文化消费供给端的研究。数字金融能够为文化企业的融资和创新带来空前利好，数字金融的出现恰到好处地解决了小微文化企业的融资瓶颈，利于小微文化企业更大程度去创新文化产品制造，激发文化消费市场活力。王琴等（2021）的研究发现数字金融的覆盖广度、使用深度和数字化程度都对乡村旅游产业创业起到了积极的促进作用，促进了乡村旅游产业创业机会均等化，加速了乡村文旅企业的成长，是实现乡村振兴的重要力量。但是，存在数字金融服务乡村文旅发展的纵深不够、与乡村文旅产业需求的适配度不高、助力乡村文旅发展的信用体系滞后以及金融风险不容忽视等诸多问题（王文姬，2022）。再者，数字金融对文化消费端的研究。我国数字金融发展水平和使用普及性走在世界前列，从旅游消费市场上看，数字金融对入境旅游者消费水平和停留时间都体现出显著正影响，加大对入境游客使用数字金融的宣传推广和使用场景构建，能够提升我国旅游吸引力，增加外汇收入（黄文胜，2020）。刘心怡（2021）则使用省级面板数据通过计量分析方法证实了数字普惠金融的发展能够明显地提升农村居民文化消费，而进一步用普惠金融子指标进行的回归发现使用广度的影响起到积极作用，使用深度则产生了抑制作用。

虽然数字金融与文化消费之间有着千丝万缕的关系，特别是2020年以来数字金融优势发力，在精准纾困小微文化企业、便捷无接触文化消费等方面大显身手，但遗憾的是数字金融发展和居民文化消费的学术研究目前还比较少，在我国当下经济环境和消费变迁背景下，数字金融与居民文化消费关系的研究是迫切需要解决的问题。

第三节　数字金融的其他经济效应研究综述

一、数字金融与包容性增长

全球视野下，发展中国家可以利用数字技术弯道超车，数字技术成为发展中国家追赶发达国家的重要推力，有国外学者通过对2006—2019年间35个发展中国家的数字化、治理及其相互作用对经济增长的影响进行了实证研究，结果表明，数字化和治理促进了经济增长，而它们的相互作用阻碍了经济增长。世界银行发展研究小组（2014）的研究也发现，数字普惠金融可以通过资产积累等渠道实现经济增长，我国作为发展中国家在数字经济、数字金融领域的创新型探索和发展，对推动国家经济高质量发展具有重要意义（赵涛等，2020）。

通过对我国学者研究成果的分析发现，数字金融促进经济包容性增长主要体现在两个方面。第一，数字经济促进经济的增长。王永仓和温涛（2020）利用省级面板数据实证了在2011—2017年样本期内，数字金融对经济增长具有显著的促进作用，且在使用北大数字普惠金融指数和子维度指数下效应都显著为正，研究还发现在中西部地区、初始高等教育比重较低和互联网普及率较低的省份，数字金融对经济增长的作用更强。钱海章（2020）研究发现数字金融促进了经济的增长，且在城镇化率低和物质资本高的省份更强，充分展示了数字金融的普惠性和包容性，同时验证了数字金融通过促进技术创新和地区创业推动经济增长。还有学者通过空间计量分析发现，数字金融不仅能推动本地区经济增长，还存在促进周边地区经济增长的空间溢出效应（褚翠翠，2021）。第二，数字金融促进包容性增长的另一体现就是提升农村居民收入，缩小城乡收入差距（宋晓玲，2017），且相对于高分位点处数字金融对低分位点处缩小城乡收入差距的效果更明显（周利等，2020）。对于不能接触到互联网的家庭，实证发现数字金融也对其有促进收入和消费增加效应，这主要缘于数字金融促进了农业向非农业的就业结构转型，进而提升了工资性收入和农业经营收入，也反映了数字金融可以从一定程度上来抑制数字鸿沟的扩大（张勋、万广华、吴海涛，2021）。

二、数字金融与企业创新

当下制约我国金融业服务实体经济质效的关键因素是融资模式（间接融资比重过大）与金融供求（供给不足）的不平衡（黄益平，2018）。2022年中央一号文件中也重点强调了数字金融要增强赋能乡村振兴的能力，全面引领乡村数字化发展，助力农村小微企业创新发展。数字金融的特点可以突破传统金融服务面临的束缚，有效纠正传统金融中的"属性错配""领域错配"和"阶段错配"等问题，有效激励企业创新。现有文献对数字金融如何促进企业创新主要有以下研究结论：第一，数字金融通过缓解企业融资约束激励创新。特别是在对小规模企业、高科技企业的定向融资约束上的缓解作用更为明显（任晓怡，2020），相对于数字化程度，数字普惠金融的使用深度和覆盖广度对缓解企业融资约束，更为有效，而在各类创新服务方式中，投资和信贷服务的缓解效应最为明显（滕磊，2020）。第二，数字金融通过缓解金融错配程度来促进企业创新。且数字化程度、覆盖广度和使用深度三个子维度均可以通过缓解企业错配程度来对企业创新起到积极作用，但在区域影响效应上存在差异，国有企业以及中西部地区企业，数字普惠金融通过缓解金融错配来推动企业创新的效应更为显著（赵晓鸽等，2021）。同时也说明了数字金融在银行和资本市场部门发展比较差的地区扮演更重要的创新角色，能够有效填补这些地区传统金融发展的不足（唐松等，2020）。

在数字金融与企业发展研究中，除了关注数字金融与企业创新研究以外，还有部分学者认为数字金融对企业全要素生产率会产生重要影响并通过实证研究加以证实，结果发现数字金融发展对当地企业全要素生产率提高具有不可忽视的积极作用，但是这种积极效应会随时间呈现渐衰的状态。有学者还通过进一步研究发现数字金融对生产率的这种驱动效应会存在异质性，对非国有企业、成长型企业、消费制造业这些行业的促进作用更明显。（陈中飞等，2021）。同时还有学者研究发现数字普惠金融能够显著促进企业绿色创新，且对非国有企业、重污染行业企业和中西部企业的绿色创新促进作用更明显（乔彬等，2021）。

第四节　研究评述与启示

第一，我国对文化消费理论的基础性研究和原创性研究较少，导致对文化消费的客观规律认知不足。从本章分析可以发现，国外文化消费研究要早于国内，且国内研究基本是基于西方消费经济学理论，并没有更多对基础理论的创新和发展，更多的是在已有理论基础上做一些应用性的探索，这很可能就存在一个隐患，这些基础理论是否完全适用于中国特色的问题研究，未来研究在这方面需要更多创新。

第二，我国现有对文化消费的研究多集中于影响因素和政策研究，而对当下文化消费新业态和消费模式的研究相对于现实较为滞后。我国对文化消费的研究恰逢互联网兴起的时代，特别是近几年数字经济、数字金融发展背景下文化消费方式、文化消费业态和模式以及文化消费主力人群都发生了巨大的变化，文化消费变革体现在诸多方面，而我们的研究有时候会滞后于现实发展速度，因此，研究需要在原有基础上对未来发展提供更多有效、有价值的指导。

第三，我国学者对文化消费研究多关注于宏观层面与经济增长关系和中观层面与文化产业发展的关系，较少关注微观个体层面的文化获得和文化消费的异质性。我国当前主要矛盾决定了满足人民精神文化的需求十分迫切，经济发展从高速转向高质量发展，文化消费的研究应该更多关注家庭和个体文化需求，研究影响不同家庭和个体文化需求提升的影响因素和深层次逻辑，从供需双方发力，才能提出针对性的措施，解决促进文化消费提升的根本问题。

第四，数字金融的概念提出较晚，数字金融研究突现热潮可能存在一部分人盲目跟风追热点，并不能做出高质量的研究的现象。国内对数字研究相关论文发文量的统计也表明，对数字金融影响效应的研究主要集中于最近几年，我国学者对数字金融这样的新生事物充满热情，各期刊也重点关注，这是非常好的局面，但同时也要防范一部分人为追求论文发表而追求热点的急功近利心态，占用资源却无法输出高质量的研究成果，可能导致研究成果多而散，泛而不精，无法真正应用于实践。

第五，数字金融研究和文化消费研究在研究学科、研究团队上处于分割状态，不能形成合力，还未形成研究体系和研究框架。当前对数字金融的研究主要存在于研究机构和高校金融学、经济学领域，比如郭峰、易行健、张勋、黄益平等具有较高影响力的数字金融研究学者均来自高校统计学院或金融学院，学科基础为经济学。而国内在文化消费领域研究比较有影响力的傅才武、向勇、范周、李向民等学者主要来自文化研究院或高校文化产业管理学院，学科基础主要为艺术学和管理学等，目前只有南京大学顾江及其团队主要从经济学角度展开文化消费研究，而且目前来看，数字金融研究团队和文化消费研究团队并无交集和合作。因此，数字金融和文化消费的研究从学科背景到研究团队都处于割裂状态，这势必会造成各自为阵，不利于整体研究能力和水平的提升，不能更全面地构架数字金融与文化消费研究的体系和框架。

第六，我国数字金融发展走在世界前列，对数字金融与文化消费研究还处于萌芽阶段，虽没有可借鉴经验但也意味着可能做出更多引领性的探索。我国数字金融发展速度和规模在国际上遥遥领先，数字支付、信贷、理财、保险等形式都处于开创性的摸索阶段，一定会出现新的问题和风险，这就需要超前研究，比如要对数字金融风险监管、数字金融发展误区等问题进行深入思考，用研究更好地服务于数字金融的健康发展，为其他国家数字金融发展提供借鉴。

第三章 数字金融的特征及业务现状

对现状的分析是发现某种因果关系的前提。围绕本书的研究主题"数字金融和文化消费",本章主要通过整理大量数据和资料制作图表,分析数字金融的发展历程、阶段特点,以及数字金融的政策现状和业务现状。中国的数字金融发展走在世界前列,取得了耀眼的成绩,数字金融已经渗透到人们的日常生活,并且在助力企业融资、创新创业等方面发挥了越来越重要的作用。伴随着互联网的发展和数字技术的飞速前进,中国数字金融正在加速下沉,展现其平民化、普惠化的特色。过去的十几年,数字金融已被实践证明是实现农村减贫和包容性发展的重要力量。未来,随着数字金融产品的不断创新和商业模式的丰富,数字金融在推进共同富裕方面仍会存在巨大潜力。

第一节 我国数字金融发展的历程

自 2019 年中国人民银行颁布《金融科技(FinTech)发展规划》以来,我国数字金融发展在促进包容性增长、降低金融风险、缓解新冠疫情冲击等方面发挥了积极作用。伴随着数字金融的蓬勃发展,大数据风控、智能获客、机器人自动化流程,全面精准覆盖营销获客、智能欺诈识别、智能客服、刷脸支付等大批成熟的金融科技应用已经开始为金融日常运营赋能并降本增效,同时提升消费端金融服务体验。未来,数字金融将打破传统金融无法覆盖小微群体的局面,更深入、全面实现普惠金融。

一、数字金融概念界定

随着互联网大众化和大数据的推进,数字金融行业应运而生。数字金融虽然是一种新事物,却与老百姓的生活息息相关,过去的10年间,数字金融已经深入人们生活的方方面面。对数字金融的最初研究可以追溯到金融和技术开始相互交织发展的20世纪70年代,1972年贝廷格最早提出了"金融科技"的概念。在中国,数字金融研究则开始于20世纪末传统金融与电子技术相结合的时期,这时候开始有学者对"电子金融""互联网金融"的内涵和发展进行学术探讨。数字金融,顾名思义,即数字产业和金融产业的结合。简单来说,数字金融就是"数字+金融",即用数字技术"武装"金融业务(李志军和杨秋萍,2021)。广义上讲,银行及其他传统金融机构以及互联网企业利用数字技术开展的新型金融模式都可以称为数字金融(王勋等,2021)。目前针对数字金融的定义还没有一个统一的说法,无论在政策文件还是文献研究里,至少使用过"互联网金融""金融科技""数字普惠金融""数字金融"等不同名称(表3-1)。

表3-1 数字金融相似名称的定义及出处

名称	定义	定义出处
互联网金融/电子金融	传统金融机构与互联网企业利用互联网技术和信息通信技术实现资金融通、支付、投资和信息中介服务的新型金融业务模式	2015年《关于促进互联网金融健康发展的指导意见》
金融科技	为通过技术手段推动金融创新,形成对金融市场、机构及金融服务产生重大影响的商业模式、技术应用、业务流程和创新产品	金融稳定理事会(Financial Stability Board,FSB)
数字普惠金融	一切通过使用数字金融服务以促进普惠金融的行动,涵盖各类金融产品和服务(如支付、转账、储蓄、信贷、保险、证券、财务规划和银行对账单服务等)	2016年《G20数字普惠金融高级原则》

从政策文件上看,互联网金融、金融科技、数字普惠金融与数字金融具有相同内涵。从学术研究上看,归纳发现学者们对"数字金融"相关的这几

个概念的定义也趋于一致,认为是不同发展时期诞生的不同称呼(谢平等,2012),但在本质上具有相同的内涵和功能(王光宇,2013)。因此,为后续方便讨论,选用"数字金融"作为本书统一称呼(图3-1)。

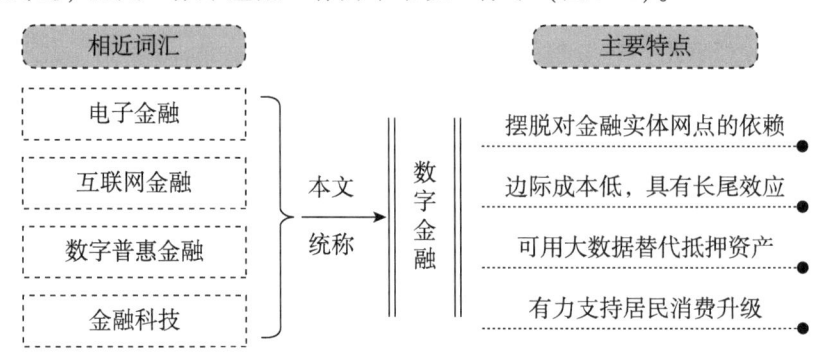

图3-1 本书对数字金融的概念界定和内涵示意图

相近词汇:电子金融、互联网金融、数字普惠金融、金融科技——本文统称——数字金融

主要特点:摆脱对金融实体网点的依赖;边际成本低,具有长尾效应;可用大数据替代抵押资产;有力支持居民消费升级

在我国,数字金融最大的特点就是它的普惠性,数字金融出现以前一些偏远地区和低收入的人群不易获得包括支付结算、贷款、保险等在内的金融服务,数字金融通过通信设施和手机设备等突破了地理空间条件的限制,摆脱了对实体网点的依赖,发端于东南沿海并迅速扩展到中西部地区,数字金融使得金融服务下沉到更偏远地方和农村地区(吴金旺等,2018)。依靠数字技术发展起来的数字金融,显著地降低了金融服务的门槛,尤其是对中小微企业和低收入人群有明显利好,扩大了金融服务群体和范围,有利于长尾客户(李丹,2016)。除此之外,与传统金融相比互联网金融在资金配置效率、渠道、数据信息、交易成本、系统技术五个方面具有优势(曹凤岐,2015),数字金融依托的互联网平台具有明显的长尾效应,随着用户规模的增长,边际成本指数降低,数字金融产生的规模效应是传统金融无法比拟的。数字金融还能用大数据替代抵押资产和风险评估,这些都是中国对世界普惠金融的重要贡献(李继尊,2015)。数字金融在促进消费方面也有传统金融不具有的优势和效果,数字金融的出现缓解了因为资金暂时不足而不能满足消费需求的尴尬,并且数字支付节省了大量时间和现金成本而刺激消费,大大地加速了消费升级的过程(黄益平等,2018)。

二、我国数字金融发展的历程

(一) 数字金融发展初始阶段：传统金融业务互联网化（1993—2003年）

从全球发展来看，数字金融起源于金融与技术的相互渗透和成长，1967年英国巴克莱银行（Barclays）安装了世界上第一台自动取款机（ATM），意味着现代金融科技的开端。20世纪80年代也有"电子金融"的说法，中国人民银行和各商业银行陆续建立起现代化支付体系和银联系统。随着网络技术的不断突破和普及，我国逐步进入互联网金融时代。

这一阶段的特征是：第一，传统金融机构利用互联网改良传统金融服务，使客户能自主完成一些如转账和支付等基础性金融业务，大大降低了金融机构的运营成本。第二，金融机构的互联网化，可以拓宽原有金融服务的客户群体，拓展客户规模。第三，金融产品的营销借助互联网实现了多渠道、低成本、高效率的传播和推广，缓解了营业网点的营销压力，减轻了基础业务的人工负担，有助于金融产品和服务进入农村地区和偏远地区。

(二) 数字金融活跃阶段：电子商务和信息技术公司金融服务异军突起（2004—2015年）

从20世纪90年代末开始，随着我国计算机骨干网络的建成，一大批IT厂商成为电子商务的主要扮演者，阿里巴巴、京东等在B2B、B2C领域开始大放异彩。2004年支付宝的出现把消费者和商家联系起来，淘宝作为信用中介参与建立两者的信用关系。现如今，基于信用中介建立的支付宝和基于网络社交建立的微信支付已经占据了我国移动支付市场80%以上的份额。除此之外，网上理财和业务规模增长迅速。

这一阶段的特点是：第一，互联网科技巨头成为这个阶段数字金融发展的"引领者"，网络平台和底层技术上的优势有利于金融产品创新和迭代，推动金融业务和服务向个性化、多元化、高层次方向发展；第二，互联网科技公司在数字金融上的进步带动传统金融机构的数字化转型向纵深发展，初步搭建起中国数字金融基本构架。第三，新型数字金融产品多样化发展，基于转账、支付之外的保险、理财、信贷业务爆发式出现和增长。丰富多样的数字金融产品开始渗透到百姓的日常生活。

（三）数字金融繁荣阶段：传统金融机构和科技企业纵深合作的融合发展（2016年至今）

2016年9月在杭州举行的G20峰会上通过了《G20数字普惠金融高级原则》，该文件是国际上首次提出的对数字普惠金融的指导性文件，是全球普惠金融发展的重要里程碑。2019年9月，中国人民银行印发《金融科技（FinTech）发展规划（2019—2021年）》重要文件。2019年开始，由国家信用担保、中国人民银行发行的数字人民币开始在多个城市试点，有望开启我国数字金融"新名片"。2020年，针对数字经济、金融科技、数字金融等的中央和地方指导性文件和政策密集出台，中央和地方政府为防范金融风险，遏制盲目扩张和滥用杠杆，开启了中国数字金融"最强监管元年"。同时，以商业银行为代表的传统金融机构全面拥抱数字金融，并与互联网科技企业展开全方位、深层次的合作，搭建起服务小微企业、"三农"发展的互联网综合服务平台，数字金融服务市场不断下沉，在"精准扶贫"和"乡村振兴"中的作用渐渐凸显。

这一阶段的特点是：第一，从自下而上的自由式发展转向自上而下的监管式发展，开启数字金融市场扶持发展和积极监管"两手抓"的阶段，推动行业发展行稳致远。第二，传统金融机构与互联网科技企业进入全面合作时期，逐渐形成良好的竞合关系，共同推动数字金融的移动化、智能化和多场景化的综合服务能力。第三，数字金融展现出其韧性和普惠性的特点，在应对新冠疫情冲击中彰显出巨大的优势。数字金融使用普及程度快速提升，在偏远地区、乡村地区、老年群体和少数民族等市场发挥普惠作用，通过方便支付、提升收入、增加信贷助力共同富裕。

第二节 我国数字金融发展的政策现状

2019年末，中国人民银行、国家发展改革委、科技部、工业和信息化部、人力资源社会保障部和国家卫生健康委等六部门批准在北京、上海、江苏、浙江、福建、山东、广东、重庆、四川、陕西等10省（市）开展为期1年的金融科技应用试点。相应地，这些地区的重点城市近年也出台了对应的金融科技发展支持政策，旨在发展扩大金融科技产业规模。对于重点城市的金融科技支持政策中的发展目标，主要分为三个重要内容，分别是项目支持、企业扶持和产业建设。

一、数字金融发展的支持政策

如图3-2所示，从1993年，国务院出台《国务院关于金融体制改革的决定》，明确提出要加快金融电子化建设，随后经过了长时间的金融信息化和互联网金融的发展后，2014年互联网金融被写入了政府工作报告，2016年被写入《"十三五"国家科技创新规划》；之后2017年中国人民银行正式成立金融科技委员会，标志着金融科技行业的正式崛起，2019年金融科技业首份顶层文件《金融科技（FinTech）发展规划（2019—2021年）》发布，为科技金融发展指明道路。2022年初中国人民银行印发《金融科技发展规划（2022—2025年）》，提出要坚持"数字驱动、智慧为民、绿色低碳、公平普惠"的发展方针，推动我国金融科技从"立柱架梁"全面迈入"积厚成势"新阶段。

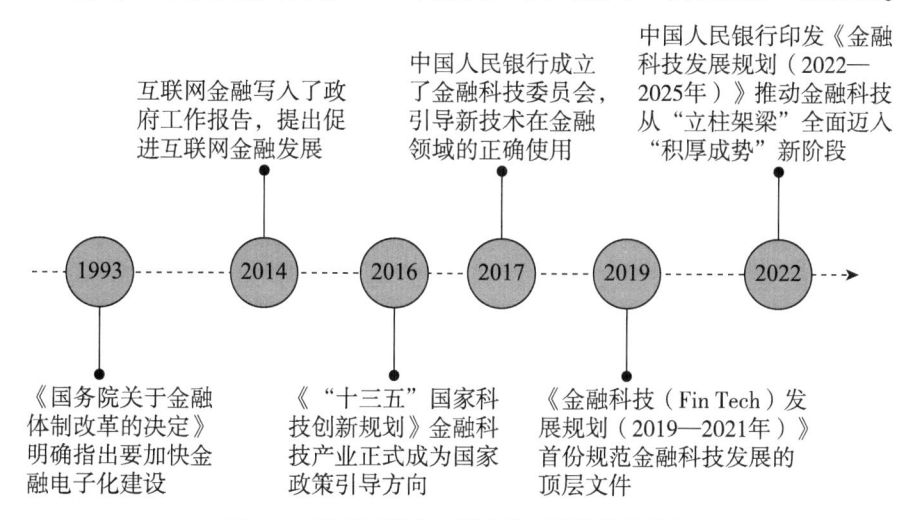

图3-2 我国对数字金融支持政策的发展历程

二、数字金融相关的监管政策

金融科技的快速发展和渗透，对金融行业发展产生了重大的影响。金融科技公司基于其业务具有创新性、交叉性和综合性的特征，传统的金融监管政策不能完全满足监管需求，要想支持数字金融健康发展，就要在保护创新和防范风险之间寻找有效平衡，因此监管部门正在加快并持续完善现有的监管框架，补齐监管制度的短板，减少监管套利，制定适度、合理的监管政策。自2016年国家出台一系列政策对数字金融风险进行监管与整治以来，监管的力度逐渐加大，并结合我国的监管创新，进一步完善数字金融的监管，提升监管质量（图3-3、附表5）。

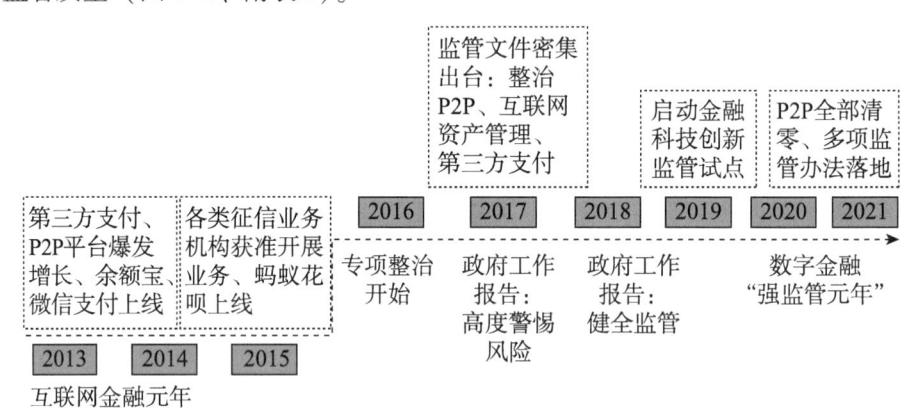

图3-3 我国对数字金融监管的发展历程

第三节 我国数字金融业务现状

一、数字支付业务

纵观世界支付体系，先后经历了实物支付、信用支付、电子支付三个发展阶段。数字技术、人工智能和生物识别技术等应用场景不断拓展。尤其是近几年移动支付对传统支付方式冲击作用明显,展现了很强的替代效应,已经成为当代支付体系中最具活力和引导力的部分。数字支付主要有消费支付、金融支付、个人支付以及其他支付交易。

(一)数字支付交易规模全球领先

中国拥有全球最大的移动互联网用户群体,《中国互联网发展报告(2021)》显示,截至2020年底,中国移动互联网用户总数超过13亿,5G网络用户数超过1.6亿,约占全球5G总用户数的89%。中国的移动消费者对于便捷且优质的数字支付、数字金融和数字生活服务存在强劲需求。中国数字支付得益于金融科技的快速发展和普及,规模在全球领域已遥遥领先。根据Statista发布的《FinTech Report 2021-Digital Payments》显示,2020年全球最大的数字支付市场是中国,数字支付规模达24965亿美元,占比45.60%;其次为美国,数字支付市场规模为10354亿美元,占比18.91%;2020年欧洲数字支付市场规模为9198亿美元,占比16.80%。从移动支付平台活跃用户数量上看,中国同样占有较大优势。

(二)我国数字支付交易增速趋稳,金融支付和消费支付增速较快

如表3-2所示,2017年中国数字支付交易规模127万亿元,2019年突破200万亿元,预计2025年中国数字支付交易规模将达412万亿元,未来几年,预计增速从2018年的30%逐渐放缓至11%左右。从数字支付细分市场来看,个人支付市场占比较大,2019年个人支付交易规模114万亿元,占比56.7%;其次为消费支付,2019年交易规模46万亿元,占比22.9%;金融支付交易规模为37万亿元,占比18.4%。其他支付交易规模较小、仅4万亿元,占比2.0%。2017—2019年间个人支付占比相对于金融支付和消费支付比例有所下降,未来预计金融支付比例仍将继续提升,形成消费支付、金融支付和个人支付三足鼎立、平分天下的局面。

表 3-2 中国数字支付行业规模及增速

	2017	2018	2019	2020	2021	2022	2023	2024	2025
规模（万亿元）									
消费支付	17	32	46	53	68	79	92	106	122
金融支付	24	29	37	47	61	79	99	120	143
个人支付	83	100	114	123	129	134	138	142	144
其他支付	3	4	4	3	3	3	3	3	3
规模总计	127	165	201	227	262	295	333	371	412
结构									
消费支付	13%	19%	23%	23%	26%	27%	28%	29%	30%
金融支付	19%	18%	18%	21%	23%	27%	30%	32%	35%
个人支付	65%	61%	57%	54%	49%	45%	41%	38%	35%
其他支付	2%	2%	2%	1%	1%	1%	1%	1%	1%
总计	100%	100%	100%	100%	100%	100%	100%	100%	100%
增速									
消费支付	-	88%	44%	15%	28%	16%	16%	15%	15%
金融支付	-	21%	28%	27%	30%	30%	25%	21%	19%
个人支付	-	20%	14%	8%	5%	4%	3%	3%	1%
其他支付	-	33%	0%	-25%	0%	0%	0%	0%	0%
总体增速	-	30%	22%	13%	15%	13%	13%	11%	11%

数据来源：艾瑞咨询（含预测），中信证券研究部。

（三）数字支付市场"双寡头"格局逐步稳固，央行数字人民币崛起

按支付规模计，2019年支付宝约占有55%的市场份额，腾讯旗下财付通约占有40%的市场份额，形成双寡头垄断模式。2019年央行数字人民币开始在部分城市和地区试点使用，同时数字人民币的跨境支付也在紧锣密鼓地进行。在央行数字货币的基础设施建好以后，有望打破国内支付宝和财付通等第三方支付的垄断局面。数字支付发展依赖的新技术和新设备不断更新迭代势必引领全球支付市场发生根本性的变革，生态化、标准化、全球化将是未来数字支付的发展格局。

二、互联网信贷业务

互联网贷款（简称"网贷"）是非银行消费信贷的重要组成部分，互联网金融的兴起，让更多的家庭参与信贷市场中来。2020年是中国消费信贷市场转折之年。一方面，中国率先走出疫情阴霾，消费者信心逐步恢复，消费支出数据也日趋向好。另一方面，消费金融监管趋严，针对网络小贷公司、商业银行互联网贷款业务、持牌消金公司以及征信数据等方面的监管政策频出，长期来看会逐渐过渡至可持续的规范化经营。下面就以2019年中国家庭金融调查数据（CHFS）为样本对家庭互联网信贷进行分析①，以发现我国微观层面互联网信贷的情况。

（一）年轻一代成为互联网贷款主要力量

通过CHFS2019数据统计，发现户主年龄在18—30岁的家庭，互联网消费信贷参与率达33.6%，46岁及以上户主家庭互联网消费信贷参与率只占不到10%。对比银行消费信贷参与率可看出，年轻群体更倾向于互联网消费信贷。《2020麦肯锡中国消费者调研》结果也显示，年轻客群倾向于跳过信用卡直接使用网贷（约40%的年轻人更喜欢或只使用互联网分期消费信贷产品），这说明网贷正在逐渐抢占信用卡份额，成为年轻一代的消费信贷主账户。随着Z世代②的逐渐成长，他们必然会成为未来中国消费信贷市场的重要构成部分，而他们的消费信贷行为和偏好也将影响中国消费信贷市场的未来。

（二）家庭收入和家庭资产越高，互联网贷款参与率越高

CHFS2019统计数据显示，从家庭收入来看，收入越高的家庭参与网贷的

---

① 本部分主要数据和参考资料来自西南财经大学中国家庭金融调查与研究中心和蚂蚁金服集团研究院共同编撰的《中国居民杠杆率和消费信贷问题研究报告》。

② "Z世代"是一个网络流行语，也指新时代人群。新的"Z世代"是指1995—2009年间出生的一代人，他们一出生就与网络信息时代无缝对接，受数字信息技术、即时通信设备、智能手机产品等影响比较大，所以又被称为"网生代""互联网世代""二次元世代""数媒土著"等。

比例越高。收入最高的20%的家庭，其网贷参与比例达13.6%，其他收入等级的家庭网贷参与率均在10%以下，对比不同收入组群体的网贷参与和银行消费贷的比较可见，高收入群体使用互联网消费贷的比例最高；从家庭资产来看，资产越高的家庭参与网贷的比例越高。资产最高的20%的家庭，网贷比例达到9.4%，其他等级家庭资产参与网贷的比例均在6%之下；对比可以发现，位于中间层即资产在20%~80%的群体，其网贷参与率和银行消费贷参与率的差距相对较大，即资产最低20%和资产最高20%家庭的网贷参与率与银行消费贷参与率差别最小。

（三）户主学历越高的家庭参与网贷的比例越高

调查统计发现（CHFS2019），初等教育水平群体的网贷参与率仅为3.1%，中等教育水平群体网贷参与率为6.0%，而高等教育水平的网贷参与率高达14.5%，分别高出初等教育群体和中等教育群体的约11个和8个百分点。对比各教育水平群体的网贷参与率和银行消费贷参与率可见，高等教育群体使用互联网消费贷的比例最高。

（四）经济水平发展程度越高的城市，家庭参与网贷的比例越高

CHFS统计数据显示，一线城市家庭参与网贷的比例为7.2%，二线城市家庭网贷的参与比例为6.3%，其他城市为5.5%。对比不同城市类型家庭的网贷参与和银行消费贷参与率情况，数据显示，二线城市家庭的两者参与率相差较小。

除了从CHFS数据可看出当下中国家庭互联网信贷情况，也可以选用具有代表性的网络信贷平台蚂蚁金服数据进行网贷研究。根据蚂蚁金服网络消费数据显示，使用过互联网消费信贷的用户七大类总消费高于没有使用过互联网消费贷的用户。就蚂蚁金服七大类网络汇总消费来看，使用过互联网消费信贷的用户2018年总网络消费支出是没有使用互联网消费信贷用户的1.5倍。此外，使用过互联网消费信贷的用户2018年各类消费支出均值均比没有使用过互联网消费贷的用户高，两组网络消费比值由高到低排依次是：耐用品、服装、教育文娱、食品、居住、医疗保健和交通通信。

三、互联网理财业务

2016年以来，我国居民资产配置结构发生了变化，金融资产的占比超过55%，虽然与美国70%的比例有差距，但是跟英、德、瑞士等国家居民金融资产占家庭总财富的比重接近甚至有所超越。

（一）互联网理财用户保持快速增长

随着2018年新《资产管理条例》及相关规定的实施，资产管理市场监管体系逐步完善，互联网理财市场规范化发展。中国互联网络信息中心数据显示，截至2020年12月，中国互联网理财用户已达1.7亿人，比2017年底增加4107万人，占互联网用户总数的19.9%。2018—2020年互联网理财用户增长率在不断下降，但由于2020年疫情暴发促进了无接触式的互联网理财需求快速飙升，2020年期间互联网理财用户增长率出现了明显的反弹，可以预计，后疫情时代，人们对在线理财需求和意愿将进一步增长。

（二）高线城市理财意识强于下沉城市，但下沉市场潜力巨大

一般而言，居民的投资和理财需求取决于他们的财富积累。因此，理财意识强弱与城市实力强弱有关。表3-3所示，一、二线城市青年购买基金比例远远高于农村、三线及以下城市和小镇青年，高线城市居民网上理财的习惯已逐渐形成，股票交易和综合理财的活跃渗透率最高，而下沉城市的理财意识还有待进一步培养。但从增长率对比看，农村、三线及以下城市和小镇青年线上理财保持增长，未来，线上理财覆盖广度在这些地区中还有很大扩展空间。

表3-3 2018—2019年下沉人群购买基金人数变化对比

类型		2018	2019	占比增长率
是否涉农	城市	74.78%	73.68%	-1.47%
	农村	25.22%	26.32%	4.37%
城市等级	一、二线城市	52.49%	50.86%	-3.12%
	三线及以下城市	47.51%	49.14%	3.44%

续表

类型		2018	2019	占比增长率
青年人群	城市青年	80.89%	78.19%	-3.34%
	小镇青年	19.11%	21.81%	14,11%

数据来源：中国人民大学金融科技研究所、蚂蚁集团研究所《2020互联网理财与消费升级研究报告》。

（三）白领和20—35岁青年群体理财积极性最高

根据蚂蚁集团平台在2017年8月31日至2019年7月31日这两年间随机抽取的线上活跃用户共30266个有效信息数据进行用户画像刻画。理财人群中，白领占总数的一半以上比例，从年龄结构上看，20—35岁理财人群占到总数的70%，50岁以上占4%，"90后"人群投资比例已经高于"80后"，成为理财市场的新力量。财经媒体公开数据也显示2020年新增的基民中超5成是"90后"。对比现在不断下降的结婚率和生育意愿，可以发现，比起结婚和生育，当代年轻人似乎更热衷于赚钱。当然，通过易观千帆数据显示，当代年轻人爱赚钱的同时也持有更强的风险意识，在各类投资理财、保险、证券等App用户使用年龄中，30岁以下占比都达到一半左右，"财务自由"和"价值投资"成为年轻人的热词。

四、互联网保险业务

互联网保险是指保险机构依托互联网订立保险合同、提供保险服务的保险经营活动。目前我国互联网保险的渗透率整体偏低，随着收入的不断提高，后疫情时代人们风险意识的增强会引致其对保险的需求更加主动和多元化，互联网保险渗透率将持续攀升。

（一）整体规模较小，但增长势头强劲

2012年2月，原保监会公布第一批包括中民保险网等19家企业在内的获得网上保险销售资格的网站，互联网保险公司中介网销由此发展起来。wind数据库数据整理发现，2012—2015年是我国互联网保险高速增长阶段，CAGR高达172%，但在2016—2017年出现明显下滑。究其原因主要是保险业政策

变动的影响导致互联网保险短期的下降。随着市场发展的不断规范和居民保险意识的提升，互联网保险市场规模在 2017 年后继续扩大。由于平均保费较低，互联网保险整体保费规模在保险行业总保费规模中的占比并不高（2020年只有 7%），但从趋势上看，消费者通过互联网购买保险的意愿已有所提升，两者差距正在逐步缩小。从购买保险类型上看，人身保险占比超过财产保险占比，国人对健康保险更看重。

（二）保险经纪市场规模进一步扩大

互联网保险的崛起，离不开保险经纪产业的发展。企查查数据显示，目前我国共有 4.6 万家保险经纪相关企业，江苏、广东和山东分别以 4959 家、4513 家和 4087 家位列前三。从注册量上来看，2020 年相关企业新增注册量 1.07 万家，同比增长 36%，2021 年 1—5 月我国新增 5644 家相关企业，同比增长 65%。数据显示，2010—2015 年年均注册量达 1161 家。自 2016 年开始，保险经纪市场规模进一步扩大。2016 年增长率达 10 年来最高，同比增 127%，新增 5081 家。2019 年注册量略有下降，达 7876 家，同比下降 2%。2020 年注册量达 10 年来最高，共新增 1.07 万家，同比增长 36%。截至 2021 年 6 月 9 日，2021 年已新增 6065 家相关企业。

（三）高位城市互联网保险消费能力强，低位城市和农村地区增长潜力大

《2021 年中国互联网保险消费者洞察》报告显示，从不同等级城市看，人均互联网保险消费能力随着城市规模的降低而降低。但是从保险数量规模上看，5 线城市保单数量规模最大，4 线和 6 线城市次之，低位城市和农村地区潜力巨大。报告也同时指出，调查发现已经有 5 成左右的被调查者进行过互联网保险的购买，但线下网点和代理人模式依旧是很多消费者购买保险时的首选渠道，高学历、高收入、高城市级别的人群更易认同互联网保险形式。

第四章 我国文化消费提升的内涵及发展演进

在数字经济时代，文化消费被赋予了新的内涵，文化消费呈现出生产消费平台化、消费空间在线化、消费主体多元化、消费模式多样化、消费推送精准化、消费体验场景化等新特征。本章首先界定了文化消费相关的概念内涵，并梳理了从文化消费开始的萌芽阶段到文化消费新时代的变迁和阶段特征。依据本书对文化消费进行量化的需求，分别对文化消费、旅游消费、教育消费的现状进行分析。

第一节 我国文化消费的发展阶段及特征

一、文化消费相关概念界定

（一）文化消费的概念

英国艺术家 Ruskin J. (1871) 认为金钱主义只有在和文化、艺术价值相结合时才能真正提高人类价值，并且主张经济理论的分析不应排除文化和艺术的加入。Ruskin J. 认为文化艺术应该纳入经济理论的分析框架，金钱主义只有通过增加文化价值才能真正提高人类价值。英国政治经济学家 Nicholas Garnham (1983) 对文化工业的特征做了详细的分析，并认为新奇和与众不同是文化产品所特有的价值特征，文化产品的创新是非同质化的且文化商品不会在消费中破损或消亡。我国学者任红葆在《文化消费简论》(1986)对文化消费的概念做出解释，认为文化消费就是满足精神生活需要的一个过程，是一种文化生活，是一种对各种商品和劳务的消耗活动，看画展、练书法、阅读书籍、看戏、看电视、听音乐等都是文化消费的表现形式。结合其他学者研究，可以总结文化消费是指居民对文化产品及服务的享用活动，它的特殊性或者说个性表现在继承、储存、升华与再创方面，这来源于文化的可继承性和可储性、文化的升华与再创可能性。从对文化消费分类的研究看，按其结构层次的不同，文化消费可分为娱乐性文化消费和知识性文化消费（任红葆，1986）；按照对消费者的满足程度来分，可分为基本型、享受型和发展型文化消费三种（金世和，1998）；根据文化产品的外部形态划分为原始形态的文化产品、物态化的文化产品、行为一体的文化产品（车放，2006）。

（二）文化消费升级的内涵

国内外学者对消费升级的定义和度量并无统一的标准，但总体来看，学者们在进行消费相关研究时均认为消费能力和水平的不断提升可视为消费升级的一般表现。根据消费的客体来看，消费升级的过程一般遵循从物质到精神、从物质到服务的渐进表现，或者是遵循从生存消费到发展消费和享受消费的逻辑上升渠道（张翼，2016）。林晓珊（2017）对消费升级的表现进行了分类，认为消费实物数量上的增加、消费品质和服务上的提高、消费内容的扩充延展和消费形式的革新都是消费升级的特征。石明明等人（2019）使用恩格尔系数法来度量消费升级，即观测食品等生存型物质消费在整体消费中比例的变化情况。但是恩格尔系数法所反映的消费变化信息较为单一，并不能解释消费升级的多维度表现，因此有学者对此方法进行了改进，如林丕（2009）认为除了基本的恩格尔系数还存在恩格尔系数Ⅱ，即测度教育文化娱乐支出占家庭总消费支出的比例，比例上升则体现了消费结构升级。除了直接计算某类或某几类消费占总体消费比例的变化来衡量消费升级外，一些学者还提出了其他的量化测度方法，比如王平和王琴梅（2018）、陈冲和吴炜聪（2019）通过构建综合升级指数来测算消费升级，即按照消费层次分为低端、中端和高端并计算其在总消费中的占比，利用加权平均得出综合升级指数，这种测度方法虽然能适当弥补以往研究的单一性，但是直接加权平均出来的综合升级指数方法是否足够科学还有待商榷。再有一部分学者计算各种消费的需求弹性指数或支出弹性指数的变化来衡量消费升级，使用较多的为利用线性支出系统需求函数模型（ELES）（彭刚等，2021）和需求系统模型（AIDS）（曾洁华等，2021）来计算需求弹性进而指代消费升级。从以上对消费升级的梳理可以发现，消费升级最直接的体现就是消费结构的变动，事实上，在经济发展的不同阶段，消费升级的表现形式有所区别，目前我国这一阶段增长最快的是教育、娱乐、文化、交通、通信、医疗保健、住宅、旅游等方面的消费，因此，本书所研究的文化消费支出（文娱、旅游、教育）在总消费支出中的占比可以看作文化消费升级的一种表现。

（三）文化消费提升的界定

到目前为止，学者对文化消费提升的研究主要集中于提出一些提升路径和建议，针对消费提升的评价指标如何界定很少提及。毛中根（2017）认为，文化消费提升与文化消费扩大是有联系也有区别的两个概念，文化消费扩大主要强调的是文化消费规模也就是绝对量的提高，而文化消费提升的内涵应该比文化消费的量的提高更为丰富，还应包含质和效的提升，并通过构建多因子的文化消费质量评价体系和文化消费满意度评价指标体系来量化测量文化消费的质和效。本书对文化消费提升的界定是结合当下中国实际发展情况，在消费升级、共同富裕的背景和目标下做出的归纳，文化消费提升主要由三部分组成（图4-1），一是文化消费水平的提高，即居民文化消费绝对量的提高。二是文化消费占比的提高，即代表了消费结构优化和消费升级。三是文化消费的均衡发展状况，本书主要通过文化消费增长的地区收敛情况和城乡文化消费差距的收敛情况来考察。这三方面既能体现文化消费量的提高，也能体现文化消费对调节消费结构的促进意义，更体现了文化消费在地区和城乡间均衡发展的理念。

二、我国文化消费的发展历程

本书根据我国改革开放以来各时期经济发展和文化消费发展程度，结合

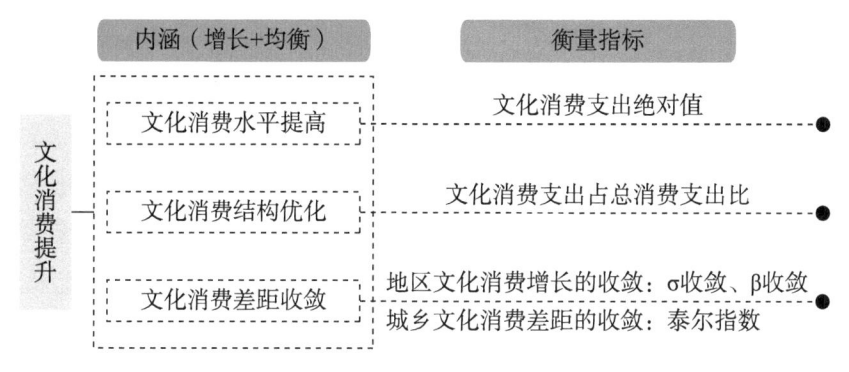

```
内涵（增长+均衡）           衡量指标

          ┌─文化消费水平提高─────文化消费支出绝对值 ●
文化消费提升─┼─文化消费结构优化─────文化消费支出占总消费支出比 ●
          └─文化消费差距收敛─────地区文化消费增长的收敛：σ收敛、β收敛 ●
                              城乡文化消费差距的收敛：泰尔指数
```

图 4-1　本书对文化消费提升的内涵界定和衡量示意图

学者毛中根的研究，划分了我国文化消费的阶段，并总结每个阶段的典型特征。

（一）文化消费初步发展阶段：1978—1991 年

1980 年，广州东方宾馆开设了国内第一家音乐茶座，并提出把音乐和消费结合起来，这在某种意义上标志着我国文化娱乐市场的开端。在这一阶段有如下特点：第一，文化消费整体规模不断扩大。20 世纪 80 年代开始，人民已经基本实现温饱需求，文化消费开始增加。1981—1991 年间，城镇居民年均文化消费平均增长率为 15.09%，农村居民年均文化消费平均增长率为 24.06%。第二，居民文化消费存在明显的地区差异。在 1981—1986 年期间我国城乡人均文化消费比保持在 6.0 以上的高位，1987—1991 年间，这一比例有所下降，维持在 3~4 区间。除此之外，东中西部、不同规模城市、不同地区农村之间的文化消费都存在巨大差距。第三，城镇内部消费结构不平衡，且存在向发展性文化消费扩展的倾向。1981 年城镇居民娱乐性文化消费占比 87% 左右，而发展型文化消费占比仅有 13% 左右，1991 年这个比例变化为 68% 和 32%，虽然发展型文化消费支出远低于娱乐性文化消费支出，但发展型文化消费支出比例呈持续上升趋势。

（二）文化消费快速发展阶段：1992—2001 年

1992 年春，邓小平同志南方谈话解答了中国改革发展的重大认识问题，我国改革开放和现代化建设加速起步，经济的起飞和市场意识的提升，在一定程度上促进了文化消费的发展。这一阶段主要表现有：第一，文化消费需求有所增加，但总量仍处于较低水平。2001年我国人均GDP已经达到1000美元，但2001年我国实际城乡文化消费总量仅为2774.61亿元，远低于按国际标准计算出的10900亿元。文化消费缺口较大，人们的消费需求还主要侧重于物质消费。第二，总体上文化消费结构层次较低，且城乡间、区域间的文化消费结构差异较大。虽然整体文化消费处于较低水平，但个别城市出现了多元化、较高层次的文化消费结构。

（三）文化消费持续繁荣阶段：2002—2011年

2002年11月，党的十六大报告明确要求推进文化体制改革。自此，我国文化消费进入持续繁荣阶段。这一阶段的特征有：第一，消费结构进入优化升级阶段。这一阶段经济高速发展、人民生活水平不断提升，文化消费的需求更加活跃，消费规模需求增大、消费结构转型升级开始显现，在物质需求满足的前提下，人们开始注重对精神文化的追求，这也符合消费发展的一般规律。第二，城乡发展还不够协调，区域文化消费差距依旧较大。《中国文化消费需求景气评价报告（2011）》的数据显示，2000—2009年我国文化消费增长绝对值东部地区最高，其次为东北地区、中部地区和西部地区，其中西部地区约为东部地区的40%，文化消费水平在地区间的差异和经济发展水平区域分布基本一致。第三，不同收入阶层的文化消费能力差异巨大。此阶段低收入者在教育支出上受制约，在文化娱乐服务上维持较低层次，但高收入者重视教育投资，在文化娱乐上的消费也比较讲究品质和档次，不同收入阶层间，文化消费的差距在拉大。

（四）文化消费新时代：2012年以来

十八届三中全会通过了《中共中央关于全面深化改革若干重大问题的决定》，对改善民生福祉给予了高度重视，将提升文化消费质量、发展文化事业作为改善民生的着力点。这一阶段特征：第一，文化消费规模迅速扩大，但文化消费水平攀升仍滞后于经济发展速度（表4-1）。第二，区域间、城乡间文化消费绝对差距变大，但总体呈收敛态势。一直以来，我国居民文化消费在区域之间、城乡之间都存在明显的差距。《2019中国文化产业发展指数和文化消费指数报告》指出，东中西部地区差距仍然较为明显，但在环境和满意度上趋于均衡，发展不充分的问题仍然是文化消费的主要矛盾。第三，数字技术不断渗透，文化消费新业态"全面开花"。疫情时期，大众对于线下文化娱乐服务的需求线上化，倒逼线下供给侧转型，逆向推动O2O发展，"云+"模式让文化消费触手可及。例如，运用空间情境方式来展现非遗在当代生活中的场景，采用线上方式，利用互联网进行传播，让更多人跨越地理限制，实现非遗"线上+线下"沉浸式体验。随着元宇宙的研究发展，未来将跨越精神世界和现实世界的鸿沟，创造全新数字文化消费场景。

表4-1 人均GDP、教育文化和娱乐支出、可支配收入、人均消费性支出

年份	人均GDP（元）	居民人均教育文化和娱乐支出（元/人）	居民人均可支配收入（元/人）	居民人均消费性支出（元/人）
2013	43496.61	1396.55	18310.76	13220.42
2014	46911.72	1534.92	20167.12	14491.40
2015	49922.33	1721.97	21966.19	15712.41
2016	53783	1914.33	23820.98	17110.74
2017	59592.25	2085.33	25973.79	18322.15
2018	65533.74	2224.13	28228.05	19853.14
2019	70328.23	2511.70	30732.85	21558.85
2020	71999.59	2031.49	32188.84	21209.88

数据来源：《中国统计年鉴》。

第二节 我国文化娱乐消费现状分析

一、市场规模不断扩大，企业盈利能力有所下降

受益于中国经济飞速发展，网络、有线电视等终端基础设施的不断完善，

以及居民人均可支配收入及消费能力提升，文娱行业①市场规模不断增长，成为国民经济的重要组成部分。《文化娱乐行业研究报告》通过对47家样本企业②的调查发现，2010—2019年中国文娱行业企业收入规模逐年增长，年均复合增长率达30.56%，2019年文化娱乐行业样本企业收入合计1525.05亿元，同比增长2.75%，在行业政策趋严、经济面临下行压力等外部因素的影响下，文化娱乐行业进入增速放缓阶段。2018—2019年，47家样本企业整体利润规模由上年的净盈利转为连续两年的大额净亏损。

二、观影人次趋于饱和，线下影视产业受新冠疫情影响

近年来，中国观众的影院观影习惯逐步形成，票房收入及观影人次逐年增长，但同比增速放缓，观影人次趋于饱和。根据wind数据整理发现，2010—2019年，中国观影人次由2.81亿人次快速增长至17.27亿人次，年均复合增速达22.35%；随着国内观影人数、互联网用户的稳步增长，文化娱乐行业下游需求将保持稳健。从票房收入上看，2010—2020年间，票房保持上升趋势，增长率呈现先上升后下降的态势。2020年初，新冠疫情对线下娱乐场景造成冲击，自2020年初至2020年5月末中国影视企业注销逾8000家。另一方面，受疫情影响，游戏、网络视频、数字阅读等线上活动的需求爆发，带动游戏用户月活规模、用户时长及流水增长，多家国内游戏公司的销售规模在2020年上半年持续扩张。

三、游戏用户规模持续上升，移动游戏占绝对主导

受益于中国互联网用户的快速增长，中国游戏用户规模保持增长，游戏市场销售收入逐年提升，但行业增速明显放缓。2019年，中国游戏用户规模达到6.40亿人，同比增长3.2%。受疫情影响，居民外出活动受限，线上娱乐需求旺盛，游戏用户数量进一步增加。游戏市场销售收入维持平稳增长态

---

① 文化娱乐行业主要指为社会公众提供休闲娱乐产品及所需的场所、设备等配套服务的产业。
② 文娱行业样本企业包括影视行业上市公司25家、游戏行业上市公司16家和文娱行业发债存续企业12家。

势，根据中国音像与数字出版社发布的《2019年中国游戏产业报告》，中国游戏产业规模为2308.80亿元，同比增长7.7%；从构成来看，游戏市场分为移动游戏、客户端游戏、网页游戏和主机游戏，2019年占比分别为70.6%、23.3%、4.2%和1.8%，移动游戏占据游戏产业主导地位。

第三节　我国旅游消费现状分析

一、疫前旅游收入增速长期高于同期GDP，出境游消费增速亮眼

近年来，旅游行业实现快速发展，旅游收入持续保持高于GDP增速的较快增长，对GDP的综合贡献逐年提升。《旅游行业研究报告》显示，以2010—2019年的数据来看，国内旅游人数年均复合增长率为12.37%，国内居民保持着较强的出游意愿。在国内旅游市场快速发展的同时，中国出境游市场亦增长较快，出境游市场未来将具备较大的发展空间。根据文化和旅游部数据显示，中国出境旅游人次在2010—2019年间增长了9724万人次，年均复合增长率为11.64%，略低于同期国内游年均人次增长速度（12.37%），中国已成为全球最大的出境旅游客源国和旅游消费支出国。

二、疫后旅游消费断崖式下跌，旅游企业转型升级化"危"为"机"

在疫情突发的特殊情况下，旅游市场发生重大变化，境外游基本停摆，国内游转向周边游，旅游人次和收入大幅度降低。2020年国内旅游人数为28.79亿元，同比增长率-52.1%，全国旅游业总收入2.23万亿元，同比增长率-66.4%。短期看，疫情给旅游企业带来了不小损失，旅游产业面临着前所未有的困难和挑战。但长期看，倒逼旅游企业开发新产品、新营销渠道，加速旅游企业转型升级，走上高质量发展之路。疫后旅游市场仍然充满潜力，驱动旅游业长期发展的核心动力不会变，居民旅游意愿保持高位，旅游行业

三、区域旅游从"东强西弱"到不断收敛,休闲度假游受青睐

客源地潜在出游力和旅游产业综合发展水平在东部、中部和西部三大区域之间均表现为从高到低分布。而从发展趋势来看,累计潜在出游力和旅游产业综合发展水平在东中西地区差距上都呈现出收敛发展趋势,用户从东部地区向中西部地区下沉,区域均衡化格局逐渐显现。2019年中国人均GDP首次突破10000美元,为休闲度假游提供了强大的经济基础。整体看,休闲度假游成为当下居民旅游的重要方式,且这种旅游需求在一二线城市表现明显;三四线城市居民的休闲度假游需求也在逐渐提升,但主要还是处于观光游阶段。随着人们旅游模式的不断升级,旅游内容更加丰富和多样化。文化旅游、亲子游、自驾游、主题乐园游等休闲度假游发展迅猛。

四、旅游服务长期存在逆差,入境游增长乏力

出入境游方面值得关注的是,近十年来,旅游服务业持续存在旅游逆差,成为中国经常项目外汇收支中最主要的外汇逆差项。商务部的数据显示,2018年中国出境旅游支出约为2770亿美元,产生旅游逆差2370亿美元,占总的经常项目外汇逆差的81.8%。相比较年均复合增长率超过10%的中国出境游,中国的入境游表现不那么理想,入境游人次2010—2019年间仅增加了1155万人次,年均复合增长率不足1%。出入境游客数量的变化以及长期的旅游逆差对行业发展提出了更高的要求,旅游行业需要从最初的粗放式发展向注重行业质量的提升转向。2020年以来,受疫情影响,中国出入境游客户人次大幅下降。入境游方面,2020年上半年中国入境游客接待1454万人次,同比下降80.1%。其中,入境过夜游客和外国入境游客下滑幅度同样超过八成,分别下降84.1%和80.9%。

第四节 我国教育消费现状分析

《中国经济生活大调查（2019—2020）》通过深入中国普通家庭，持续十年、每年调查十万个样本、积累了数千万个的民生基础数据，通过数据展现了老百姓真实的生活感受与经济主张。在"大调查"中关于中国家庭消费部分的调查显示，2020年教育培训类支出占据了花钱排行榜上的第一位，占比达到了32.44%，成为中国人最舍得消费买单的项目。这一方面源于中国历来有重视教育的传统，另一方面是激烈的社会竞争造成家长"教育焦虑"，希望投入更多教育支出培养孩子兴趣特长和学科竞争力。调查同时发现，接受教育不再是孩子的特权，成人教育消费增长空间巨大。

一、市场规模巨大，新技术、新政策下教育行业加速转型升级

据前瞻产业研究院统计，中国教育培训行业市场已持续多年超过万亿元规模。在教育培训市场的构成上，线下教育培训依然是主要构成部分，但不可忽视的是线上教育培训比重的上升。特别是2020年，受到新冠疫情的影响，线下教育培训行业较2019年大幅度下滑，但在线教育市场规模则呈现增长，在线教育的比重占到整体市场的28%。新冠疫情的暴发加速了教育行业的线上化转型，在线中文教育成为新的价值蓝海，过去受制于时空条件、文化背景多样和学习诉求差异而难以聚合的庞大长尾用户群体，在"互联网+教育"模式的兴起下显示出巨大的发展潜力。

以下从更加微观的视角和精确的样本数据分析我国家庭教育消费的情况，通过对2014年、2016年、2018年三年中国家庭追踪调查数据[①]（CFPS）来分析我国家庭教育支出的现状和特点。

[①] 在CFPS家庭经济调查问卷中有一项问题为"过去12个月，您家的教育支出是多少"，这里以对这项问题的回答数据作为一个家庭一年教育消费的支出。"教育支出"是所有和教育相关的支出；例如，择校费、学杂费、培训费、参加课外辅导班的费用、购买教辅材料费用等。从2014年、2016年、2018年三年数据中删去教育支出为0的家庭，共得到13501个家庭样本。

二、教育支出一直徘徊在高位，但在文化消费中占比有所下降

数据统计显示（表4-2），2014年中国家庭平均教育支出（包括择校费、学杂费、培训费、参加课外辅导班费用、购买教辅材料费等）为7051.77元，2018年增加至10541.2元，家庭教育支出在总消费支出的占比基本稳定在12%左右；从教育支出占文化消费支出（文化娱乐支出+旅游支出+教育支出）的比例看，从2014年的89.4%下降到2018年的81.8%，占比略有下降，但仍然在80%以上的高位。一方面说明中国家庭对教育的重视，另一方面也反映出我国家庭在文化消费支出中用于文化娱乐和旅游的支出还是比较少，文化消费的结构有待优化。

表4-2 家庭教育支出平均值及占文化消费支出和总消费支出比重

年份	家庭教育支出平均值（元）	家庭教育支出占文化消费支出比例	教育支出占总消费支出比重	样本数
2014	7051.77	89.4%	12.6%	5080
2016	8060.51	88.4%	11.8%	5541
2018	10541.2	81.8%	12.0%	2880

数据来源：2014年、2016年、2018年《中国家庭追踪调查》。

三、家庭教育支出存在较大地区和城乡差异，文化消费结构有待优化

样本统计显示（表4-3），2014年、2016年、2018年城镇家庭教育支出平均值为9508.26元，教育支出占文化消费比例为82.5%，而农村家庭教育支出平均值为6806.95元，教育支出占文化消费的比例为92.7%。教育支出绝对值城镇是农村的1.40倍，而且与城市相比，农村家庭中文化消费支出更多投入在教育支出，而非文化娱乐和旅游。从地区差异看（表4-4），经济水平越高的地区，教育支出的绝对值越高，而教育支出占文化消费的比例越低。东部地区教育支出绝对值是西部地区的1.41倍，这跟城乡差距比例相近。教育支出占文化消费的比例东部地区为84.3%，中西部地区在89%以上。虽然

东部地区低 5 个百分点左右，但占比依然偏高，这也说明了无论是经济发达的东部地区还是居民收入消费水平较高的城镇家庭，我国家庭文化消费的结构都有待优化升级。

表 4-3　家庭教育支出平均值及占比：分城镇和乡村

地区	城镇	农村
教育支出平均值	9508.26	6806.95
教育支出占文化消费支出比例	82.5%	92.7%
样本数	7013	6488

数据来源：2014 年、2016 年、2018 年《中国家庭追踪调查》。

表 4-4　家庭教育支出平均值及占比：分东、中、西部

地区	东部	中部	西部
教育支出平均值	9336.07	8249.587	6626.79
教育支出占文化消费支出比例	84.3%	89.2%	89.6%
样本数	5290	4341	3870

数据来源：2014 年、2016 年、2018 年《中国家庭追踪调查》。

四、家庭收入、文化程度与教育支出成正比，与教育支出在文化消费中占比成反比

在我国，家庭文化消费支出往往和收入以及教育水平有着密切的关系。对中国家庭追踪调查数据的统计显示（表 4-5），家庭教育支出与家庭收入成正比，而收入越高的家庭，教育支出在总文化消费中的比例越低。在样本中后 25% 收入家庭中教育支出为 6115.28 元，但在前 25% 收入家庭中为 11612.67 元，教育支出在总文化消费中占比也有明显的差异，在后 25% 收入家庭中比例为 95.2%，但在前 25% 收入家庭中这个占比降低到了 76.2%，可见，收入高的家庭有更多能力去进行文化娱乐和旅游消费。但是，通过不同收入家庭中教育支出占收入的比重看，高收入家庭和低收入家庭差距明显较大，这说明教育支出无论在什么家庭中都是刚性需求存在。根据户主文化程

度划分了五个档次，从统计结果看（表4-6），教育支出与户主的文化程度息息相关，大学及以上文化程度的户主家庭在教育上的支出是没有学历户主家庭的2.1倍，从教育支出占总文化消费比例上看，学历高的户主家庭会在文化娱乐和旅游上分配更多支出，注重文化消费结构的提升。

表4-5 不同收入家庭教育支出情况对比

收入水平	后25%	50%—75%	25%—50%	前25%
教育支出	6115.28	7224.04	7893.60	11612.67
教育支出占文化消费比例	95.2%	92.0%	86.2%	76.2%
教育支出占家庭收入	25.0%	16.3	11.0%	7.18%
样本数	3375	3372	3376	3374

数据来源：2014年、2016年、2018年《中国家庭追踪调查》。

表4-6 不同文化程度户主家庭教育支出情况对比

户主文化程度	文盲	小学	初中	高中	大学及以上
教育支出	5987.39	7308.42	7717.15	9352.92	12664.46
教育支出占文化消费比例	95.3%	93.4%	88.6%	82.2%	69.8%
样本数	1884	2779	4431	2165	1582

数据来源：2014年、2016年、2018年《中国家庭追踪调查》。

通过对中国家庭追踪调查数据分析，可以看出我国居民教育支出在文化消费中属于刚性需求，也从这个侧面反应了我国当下社会的一些问题：养育子女教育成本过高、教育竞争激烈，以及因此影响文化消费结构优化速度放缓。

第五章　数字金融影响文化消费提升的机理分析

数字金融作为互联网时代产生的新型金融方式，通过提供数字支付、互联网信贷、互联网理财和互联网保险等业务改变人们的生活方式。随着我国数字移动用户接近全民普及，数字金融对消费的影响渗透到人们日常生活的方方面面，且学术界已经从理论到实证得到了数字金融能够提升消费的结论。但文化消费具有自己的特殊性，数字金融可能提升文化消费的理论机制又是什么？本章主要从数字金融、文化消费的相关基础理论出发，推导了数字金融对文化消费影响的理论模型，详细分析了数字金融促进文化消费水平提高、结构优化、收敛文化消费差距的作用机制。

第一节　相关理论基础

一、数字金融相关理论

数字金融与互联网、数字经济、传统金融密不可分，数字金融是数字产业和金融产业的结合，因此，在其发展过程中遵循金融发展、数字经济和产业经济的共性规律和基本理论。本部分在探讨数字金融相关理论的时候，根据以上解释选取了与数字金融最紧密相关、最能体现数字金融特点的金融发展理论、数字经济理论、规模经济与范围经济理论和长尾理论。

(一) 金融发展理论

自银行产生开始，人们就尝试思考金融对经济发展的影响，发展经济学出现以后，金融发展理论随之产生。1973年罗纳德·麦金农和E.S.肖的研究著作开创了对发展中国家金融发展理论的研究，特别是他们提出的"金融深化"和"金融抑制"理论对许多发展中国家影响深远，对这些地区的货币金融政策制定和货币金融改革提供了理论参考。金融发展理论经过几十年的发展和不断丰富，已经形成了金融结构理论、金融抑制理论、金融深化理论和金融约束理论等具有代表性的理论。

金融结构理论认为金融结构的变化（金融业务、金融工具）是金融发展的实质表现。雷蒙德·W.戈德史密斯首次提出了金融相关率（FIR，某一日期一国全部金融资产价值与该国经济活动总量的比值）的概念，并认为FIR可以作为衡量经济货币化的程度，雷蒙德·W.戈德史密斯通过实证研究发现FIR和经济发展水平呈正相关关系，他的研究进一步完善了金融结构理论；金融抑制理论解释了发展中国家金融业因抑制而不能有效促进经济增长的现象，主要由美国学者罗纳德·麦金农等人（1973）提出，发展中国家金融抑制的产生主要由于利率和汇率会受到政府严格的管控，人们的金融活动被抑制，资金配置的效率就会降低，经济发展因此也会受到相应的制约；金融深化理论又称金融自由化理论，主要代表学者为美国当代经济学家麦金农、E·S·肖、弗莱和西班牙经济学家加尔比斯，该理论认为发展中国家必须摒弃"金融抑制"的政策理念，推行金融自由化的方式，放松对利率和汇率的管控才能促进金融和经济良性发展；金融约束论是Hellman，Murdock和Stiglitz（1997）通过对东南亚金融危机的重新研究得出了新的理论，是对金融深化理论的丰富和扩充，发展中国家在经济转型过程中，在政府宏观调控失灵的情况下，金融约束是介于金融抑制和金融自由化之间的过渡性阶段，它们之间并非是对立政策。

产业的发展离不开金融的支持，只有在产业发展和金融支持之间构建良性的循环机制，才能实现企业和金融机构的共赢。同样地，文化产业和其他产业一样需要金融的积极助力，金融能够更好地赋能文化产业发展从而培育新的经济增长点。金融引导对文化资源配置、调节文化产业经济运行、服务经济社会，对文化产业的持续、健康、稳定发展具有重要作用。政府科技支出、企业科技经费投入、金融机构科技贷款和创业投资支持均直接或通过区域间的相互作用推进区域文化产业的发展（刘伟伟，2018）。分地区看，中部地区文化产业增长对地方财政支出的反应相对于资本市场更敏感，而东部地区则呈相反的表现效应（顾海峰等，2021）。从需求侧看，文化消费需求的快速增长倒逼文化产业供给侧的改革和发展，而金融支持不足的问题一直是影响文化企业特别是中小微文化企业发展的瓶颈。根据金融发展理论，合理和科学的金融支持政策能够解决文化产业资金量的不足，使金融能够在行业间合理配置，提升文化企业生产效率和创新能力，满足文化消费需求。

（二）数字经济理论

众多学者对数字经济进行了全方位的探讨，并证实数字技术可以通过降低搜索成本、复制成本、运输成本、追踪成本和验证成本来影响经济活动（Borenstein and Saloner, 2001）。

第一，数字技术带来较低的搜索成本，意味着消费者更容易找到稀有的利己文化产品，而且搜索成本降低使消费者更容易对比文化产品价格，因为信息不对称而可能产生的文化商品价格不透明降低，从一定程度上约束文化商品的价格垄断，促进文化消费的增长；第二，文化商品与其他物质商品最大的不同点是，文化商品的可复制性较高，甚至可以达到零成本的复制，这决定了文化企业生产文化商品的边际成本会急剧下降，更有利于文化消费的提升；第三，在数字经济发展之前，商品的成本很大一部分来源于运输成本，而数字经济平台的出现解决了这一问题，数字平台能够有效连接文化商品的生产和使用方，摆脱了因为地区、城乡地理条件的差异可能导致的文化商品供给上的不足，降低了准入门槛，促进文化消费更广范围的覆盖；第四，基于大数据和云计算等核心技术的数字经济发展方式，降低了企业追踪客户的成本，提升客户管理效率，提升对文化消费者的服务能力；第五，数字经济形式下，许多小微文化企业可以通过数字交易平台建立自己的数字声誉，比如通过买家卖家的在线评价为市场参与者提供决策参考，降低了消费者的验证成本,为文化消费者提供更多可能的选择。基于数字经济背景下数字普惠金融的发展,也存在以上五种成本的降低。

(三)规模经济与范围经济

众所周知,信息产业具有明显的规模经济和范围经济特征。依托互联网发展起来的数字金融本质上属于信息产业的一部分,当信息、数据、技术成为超越资本和劳动力最重要的生产要素,就会打破传统经济学规律中边际成本递增、边际收益递减的规律,呈现出明显的规模效应。比如,余额宝的使用随着用户规模的不断扩大体现出极强的规模经济性,当余额宝刚问世时由于客户量较小,规模效应的价值并未突出,但是由于余额宝的高收益不断吸引用户,导致用户规模扩张而带来边际成本递减。这些表现也正是梅特卡夫法则(Metcalfe's Law)的典型特征[①]。之后,鲍勃·布里斯科在论述"梅特卡夫法则"可能存在漏洞的同时,提出了一个新的描述网络价值和网络成员的法则——齐普夫法则,用数学公式抽象为 $V=k×n \log (n)$,即价值和数量呈对数关系。这两个模型都指向了一个原则——网络的连接规模的提升带来的回报是超预期的,网络的价值和成员之间的关系并不是线性增长的,是存在非线性增长的模型,这些都体现出了网络外部性特征。

范围经济在数字金融诸多领域也体现得淋漓尽致。数字金融在初始阶段,进行大规模的资本投资,提供满足消费者基本需求的产品,大规模发展客户以实现规模经济。当客户规模达到一定程度,企业固定资产投资放缓,只要稍微追加一定投入加以改进和增加服务就会轻松实现范围经济。我国一些网络科技公司、电商平台等在提供初始业务达到一定规模后,利用已有技术条件、客户基础、市场影响力开拓其他业务范围,以平台化、智能化、内容化为核心能力,与银行、保险公司、基金公司等近千家金融机构合作,为用户提供专业、安全的个人金融服务。

(四)长尾理论

长尾理论是指企业可以以很低的成本关注长长的尾部市场,产生的总体

[①] 梅特卡夫法则是计算机网络先驱罗伯特·梅特卡夫提出的,他认为网络价值以用户数平方的速度增长,这也意味着网络用户得到的效用会因为网络用户数的增长实现边际效用递增。网络价值等于网络节点数的平方,即 $V=n^2$(V 表示网络的总价值,n 表示用户数)。

效益甚至会超过头部。在互联网时代，企业会更加关注尾部客户群体，如果企业利用互联网销售的是数字虚拟类产品，那么供应者销售该产品的配送成本就可以降为0，对于消费者来说购买成本也大大降低，这种形式就可以把长尾理论发挥到极致。这种头部和长尾差别巨大的现象在一些发展中国家很普遍，比如中国、印度这种人口多、经济发展快的国家，不同知识层次人群认知程度差距非常大。现在经常提到消费分级，因为分级之后，才能针对不同层级的人用不同的方法进行适合当前阶段的消费升级。

同样，金融领域也包含着多元且不同层级的细分市场，但由于传统金融市场中存在"金融排斥"，比如由于基础设施建设的差距，金融服务可能无法触达偏远地区和农村群体，或者由于金融服务的成本较高，低收入人群也很难跨越价格门槛获得金融服务。这些人群都可能会因为限制被排斥在金融服务之外，但他们却依然存在自己的金融服务需求，这一部分人可以看作金融的长尾市场，这部分人群虽然单个规模较小，但是这类"边缘人"的群体构成却比较庞大，数量众多的小的利基市场加起来仍然可以媲美头部市场，因此，尾部客户群体产生的总体效益就很有可能超过头部市场。数字金融的特性符合"普惠金融"的理念，提升了金融的便捷性、平等性和开放性。

二、文化消费相关理论

对文化消费的研究主要集中在经济学领域、社会学领域、心理学和文化学领域，本书主要探讨从经济学视角出发的文化消费相关理论。从经济学视角研究文化消费主要依据的是消费经济学理论，该理论最早出现于20世纪30年代，经过专家学者的不断延展和丰富，理论框架已经基本完善。本书研究主要依据的是西方消费经济理论，有收入决定理论以及在此基础上发展的预防性储蓄理论、流动性约束和马斯洛需求层次理论。

（一）收入决定理论

一般认为，影响消费最基础的因素就是收入，文化消费也是消费类型中的一种，存在一般消费所依赖的基础理论即收入决定理论。第一，绝对收入假说（Keynes，1936）。人们的消费水平会随着收入的增加呈同方向的变动，两者存在相关关系。但是该理论也提到，在增加的收入中用于消费的比例是逐渐降低的，并不是同比例变化，也就是所称的边际消费倾向递减规律。该理论重点强调了收入在消费中的决定作用；第二，相对收入假说（James Stemble Duesenberry，1949）。由于人们在消费时具有消费惯性和从众心理，消费并不会严格沿着凯恩斯所提出的线性消费函数变动，特别是当收入出现下降时消费会呈现"棘轮效应①"，当周围人群收入和消费提升时，周围收入并未提升的人群也会跟随提升消费，这种现象被称为"示范效应②"。第三，生命周期假说（Franco.Modigliani，1954）。消费者的消费行为并不取决于当前的收入，而是会根据未来可能的收入理性地按比例分配到人生各个阶段来平滑一生的消费支出，青年时期可能进行超前消费，而中年时期可能更多地进行储蓄来保障老年时期的消费。第四，持久收入假说（Friedman，1956）。收入分为两个部分，即可以引起人们消费变动的持久性收入和引起储蓄的暂时性收入，实际消费与持久收入之间应该有理想的线性关系，而暂时性收入更可能引发的是人们的储蓄行为。第五，随机游走假说（Robert E. Hall，1978）。根据永久收入假说，消费者一生的收入都是处于变化当中，但是在任何时候，消费者消费行为都不是完全按照当下收入决定，而是会对一生预期收入进行判断决定当下消费行为。随着时间的进展，消费者总是会根据不断更新的信息来修正他们对未来一生的收入预期，并相应地调整当前的消费行为。因此，消费的变化轨迹实际上是反映了消费者一生收入的意外变化，这种理论被称为"随机游走"。

文化商品的消费具有一般商品消费的共性，同样会受到收入影响，在收入假说的基本框架下有着自身与收入的影响关系。比如对还处于低收入阶层的人来说，文化消费属于奢侈消费，需求收入弹性较小，收入的小幅提升并不能引起文化消费的相应增加，而对于一般收入阶层的人，文化消费的需求

---

① 棘轮效应：美国经济学家杜森贝利提出，消费者易随收入的提高而增加消费，而不易随收入的减少而减少消费，以致产生有正截距的短期消费函数。

② 示范效应：如果一个人收入增加了，周围人收入也同比例增加了，则他的消费在收入中的比例并不会变化。而如果别人收入和消费增加了，他的收入并没有增加，但因顾及在社会上的相对地位，也会打肿脸充胖子地提高自己的消费水平，这种心理会使短期消费函数随社会平均收入的提高而向上移动。

收入弹性较大，收入的增长会引起文化消费更高幅度的提升，而我国当前全面进入小康社会，对于很多家庭，文化消费既富有弹性，又逐渐向刚需迈进。

（二）预防性储蓄理论

预防性储蓄是指持风险厌恶态度的消费者，由于对未来收入水平的不确定性而导致对当下消费的抑制，进行更多储蓄的表现行为。在20世纪80年代末90年初Fisher和Friedman就开始对预防性储蓄进行研究，认为人们储蓄的目的不仅是维持退休后的生活还有其他动机，比如获得利息收入实现财富增值、为子女保留遗产、抵御不可抗的意外发生等。因此，当收入减少时，预防性储蓄将增加，消费者支出将减少。相反，消费者支出将增加。因此预防性储蓄理论中消费具有敏感性这一结论与凯恩斯绝对收入假设相吻合。Sandmo（1970）使用两阶段模型得出结论，未来收入不确定性会导致消费者减少消费、增加储蓄。在预防性储蓄理论基础上，Deaton（1991）和Carroll（1992）结合流动性约束假设提出了"缓冲库存"模型。

数字金融提供的保险业务能够以低廉的价格和个性化的服务满足长尾人群的需求，疫情之后，人们越来越重视健康保险，消费观念也有转变。人们对保险的投入让未来不确定风险有所缓解，从而减少储蓄，增加文化消费。

（三）流动性约束理论

流动性约束又称"信贷约束"，流动性约束的基本特征就是存在流动性约束时，消费减少储蓄增多（Tobin，1971）。该理论认为流动性约束可能导致消费者当前消费对可预测的收入变化过度敏感，在没有消费信贷的情况下，只能根据现有的收入资源进行低消费（Deaton，1991）。流动性约束的存在使得当期收入对当期消费的影响大于生命周期假说或持续收入假说的预测。因此，低收入和流动性约束的结合将导致消费者的短视行为。

根据上文分析，数字金融具有的普惠性特征恰恰为长尾人群提供更便捷合适的金融服务，比如数字金融可以提供信贷服务，蚂蚁花呗、京东白条、度小满、马上消费金融等，可以为那些有文化消费需求而受限于当下资金约束的人群提供金融服务，缓解流动性约束对文化消费的限制。而且，数字金融依托互联网具有更明显的规模经济和范围经济，依托大数据分析具有更高的贷款审核效率，运用区块链技术使得信贷更加安全可靠，数字金融的这些特点决定了可以为用户提供低成本、精准、快速的信贷服务，帮助消费者解决现金不足的问题，实现家庭的跨期资源配置，满足当期文化消费需求。

（四）需求层次理论

马斯洛需求层次理论是人本主义科学的理论之一（Maslow，1943），该理论认为，随着收入水平提高，人们的需求首先是对生活必需品诸如对食物、衣着、住宿的满足，只有这些生存型的消费被满足之后人们才会追求更高的消费层次，比如文化艺术、教育、旅游等需求（图5-1）。马斯洛需求层次理论跟我国所提及的消费升级现象，从根本看是一致的，消费升级是马斯洛需求层次理论演化的一种外在表现。我国正处在以文化消费提升为表现形式的消费升级阶段，教育、娱乐、旅游等在居民生活中占据越来越重要的位置，而文化消费所带动的康养产业、文化产业、酒店业、旅游业等在数字经济发展背景下快速转型。依托于互联网和数字经济支撑的数字金融在其中扮演不可忽视的角色，数字金融的支付、理财、保险和借贷功能能够惠及更多的阶层和地区，使部分弱势群体的消费升级成为可能。

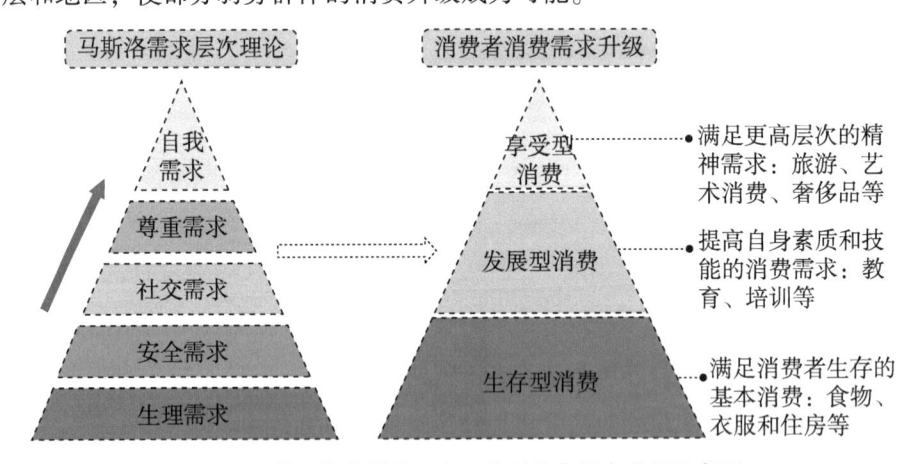

图5-1 从马斯洛需求层次理论到消费需求升级示意图

第二节 数字金融影响文化消费提升的理论模型

一、预防性储蓄动机与家庭文化消费支出

一般来说，不确定性会对家庭储蓄和消费产生明显的影响。因此，以收入不确定性和家庭储蓄行为关系设立模型。参照以往学者的研究，首先设立家庭消费效用函数式（5-1），并计算出家庭无限期效用现值的期望最大化式（5-2）。

$$U(C_t) = -\frac{1}{\theta}e^{-\theta C_t} \tag{5-1}$$

$$max_{\{C_{t+i}\}} E_t\left\{\sum_{i=0}^{\infty}(1+r)^{-i}U(C_{t+i})\right\} \tag{5-2}$$

其中，$C_{t+i} = Y_{t+i} + (1+r)A_{t+i-1} - A_{t+i}$，$Y_t$ 表示的是 t 期的劳动收入，A_t 表示的是 t 期结束后的家庭财富水平，利率 $r>0$，且 $\lim_{t \to \infty}(1+r)^{-i}A_{t+i} = 0$，效应的变化后 $e^{-\theta C_t} = E_t e^{-\theta C_{t+1}}$ 家庭收入变化为 $Y_{t+1} = Y_t + W_{t+1}$，这里 W_{t+1} 服从 $(0, E_t W_{t+1}^2)$ 的正态分布。令 $V_{t+1} = C_t - E_t C_{t+1}$。作为消费的一阶预期误差，若 V_{t+1} 服从正态分布，则有：$C_{t+1} = C_t + \frac{\theta}{2}E_t V_{t+1}^2 + V_{t+1}$，这里的 $E_t V_{t+1}^2$ 是在 $t+1$ 期与其文化消费偏差的条件变量，将 $\{V_{t+i}\}_{i=1}^{\infty}$ 和 $\{W_{t+i}\}_{i=1}^{\infty}$ 联系起来，则有跨期约束为：

$$\sum_{i=1}^{\infty}\alpha^i \Big[C_t + \sum_{j=1}^{i}\frac{\theta}{2}E_t V_{t+j}^2 + \sum_{j=1}^{i}\frac{\theta}{2}(E_{t+j-1}V_{t+j}^2 - E_t V_{t+j}^2) +$$

$$\sum_{j=1}^{i}V_{t+j} - \sum_{j=1}^{i}W_{t+j} - E_t Y_{t+j}\Big] = A_t \tag{5-3}$$

上式中 $\alpha = (1+r)^{-1}$

$$C_t = \frac{1-\alpha}{\alpha}\Big(A_t + \sum_{i=1}^{\infty}\alpha^i E_t Y_{t+j}\Big) - \frac{1-\alpha}{\alpha}\sum_{i=1}^{\infty}\alpha^i\Big(\sum_{i=1}^{\infty}\frac{\theta}{2}E_t V_{t+j}^2\Big) \tag{5-4}$$

这里的 $\frac{1-\alpha}{\alpha}(A_t + \sum_{i=1}^{\infty}\alpha^i E_t Y_{t+j})$ 代表永久性收入，将式（5-4）右边带入式（5-3）中，得到：

$$\sum_{i=1}^{\infty} \alpha^i \left(\sum_{j=1}^{i} V_{t+j} + \sum_{j=1}^{i} \frac{\theta}{2}(E_{t+j-1}V_{t+j}^2 - E_t V_{t+j}^2) - \sum_{j=1}^{i} W_{t+j} \right) = 0 \quad (5-5)$$

这里令文化消费 $CC_t = D \times C_t = d_t \times C_t$，$CC_{t+1} = d_{t+1} \times C_{t+1}$，这里的 $D = \{d_t, d_{t+1}, \cdots\}$，此时的 $0 \leq d_t, d_{t+1}, \cdots < 1$，一般来说，家庭的消费行为受到家庭收入的直接影响，所以不同时期的家庭因收入不同所呈现出文化消费占比有波动，但是总的来说一个家庭对文化消费会有自己的预期，即令 $N_{t+1} = DC_{t+1} - E_t DC_{t+1} = DV_{t+1}$ 作为文化消费一阶预期误差，$DC_{t+1} = DC_t + \frac{\theta}{2} E_t V_{t+1}^2 + V_{t+1}$ 可写成：

$$\sum_{i=1}^{\infty} \alpha^i \left(\sum_{j=1}^{i} \frac{1}{D} N_{t+j} + \sum_{j=1}^{i} \frac{\theta}{2}\left(E_{t+j-1}\frac{1}{D}N_{t+j}^2 - E_t \frac{1}{D}N_{t+j}^2\right) - \sum_{j=1}^{i} W_{t+j} \right) = 0 \quad (5-6)$$

若令 $X_{t+j} = \sum_{j=1}^{i} \frac{\theta}{2}\left(E_{t+j-1}\frac{1}{D}N_{t+j}^2 - E_t \frac{1}{D}N_{t+j}^2\right)$，式（5-6）可写成 $\sum_{i=1}^{\infty} \alpha^i \left(\sum_{j=1}^{i} \frac{1}{D} N_{t+j} + \sum_{j=1}^{i} X_{t+j} - \sum_{j=1}^{i} E_t - \sum_{j=1}^{i} W_{t+j} \right) = 0$。当且仅当 $\sum_{i=1}^{\infty} \alpha^i \left(\frac{1}{D} N_h + X_h - W_h \right) = 0$，对任何-$h$ 都成立。即 $\frac{1}{D} N_h + X_h - W_h = 0$ 对所有 h 均成立。

特别地 $h = t+1$，$\frac{1}{D} N_{t+1} = W_{t+1}$，由于 $X_{t+1} = 0$，所以在 $t+2$ 期有 $\frac{1}{D} N_{t+2} = W_{t+2} - \frac{\theta}{2}\left(E_{t+j-1}\frac{1}{D^2}N_{t+j}^2 - E_t \frac{1}{D^2}N_{t+j}^2\right)$，由于 $\frac{1}{D} N_{t+1} = W_{t+1}$，则 $\frac{1}{D} N_{t+1} - \frac{1}{D} N_t = \frac{\theta}{2} E_t W_{t+1}^2 + W_{t+1}$，即：

$$N_{t+1} - N_t = D \times \left(\frac{\theta}{2} E_t W_{t+1}^2 + W_{t+1} \right) \quad (5-7)$$

从式（5-7）中可以看出，文化消费支出不仅与实际工资相关，还受到预期工资的影响。令 $Y_t^e = Y_t + \gamma A_{t-1}$ 代表实际收入，Y_t^p 代表预测的 t 期永久性收入。将 $Y_t^p = \frac{1-\alpha}{\alpha}\left(A_t + \sum_{i=1}^{\infty} \alpha^i E_t Y_{t+i}\right)$ 及 $S_t + C_t = Y_t^e$ 代入等式：

$$S_t = (Y_t^e - Y_t^p) + \frac{1-\alpha}{\alpha}\alpha^i \left(\sum_{j=1}^{i} \frac{\theta}{2} E_t \frac{1}{D^2} N_{t+j}^2 \right) \quad (5-8)$$

式（5-8）中第一个括号里的 $Y_t^e - Y_t^p$ 代表了储蓄在平均消费中的标准作用，加号后面表示的是劳动收入预期的不确定。可以看出，不确定性增加会增加家庭预防性储蓄，从而产生对文化消费的挤压效应。数字金融的理财业务可能带来家庭收入提升，信贷业务可以增加当期家庭现金量，从而降低家庭储蓄动机，有利于家庭文化消费的提升。

二、保险与家庭文化消费支出

数字金融可以提供数字保险业务，而数字金融具有的长尾效应，可以让更多不同地区、不同收入的人群获得便捷、精准的保险产品，降低家庭的不确定性，稳定家庭的消费预期。假设家庭参保前与参保后家庭的收入水平不会发生大的变化，收入较为稳定，为方便研究，这里将收入视为没有变化。同时，假设保险能够降低家庭的预防性储蓄水平，带来家庭消费水平的改变程度是 $\Delta C_t = \varphi \times C_{t-1}$，即带来 φ 个单位的消费支出变化（这里的 $\varphi > 0$）。

根据家庭消费决策的不同，假定每个家庭具有一个 $\emptyset$ 的取值，取值范围为 $(0, +\infty)$（$\varphi = [\varphi_1, \cdots, \varphi_n]$），因家庭消费决策变化，$\varphi \times C_{t-1}$ 的消费变动下进一步带来的文化消费的影响程度是 $\partial = [\partial_1, \cdots, \partial_n]$，这里的 ∂ 的取值范围与 $\emptyset$ 相同，代表的均是边际变化的量。令 $\Delta C_t = C_t + \varphi \times C_{t-1}$，$\varphi$ 代表参加保险后带来消费的变化力度，若 φ 大于 0 则表示保险降低了预防性储蓄动机，带来了消费水平的提高，φ 越大表示的是保险带来的消费提升黏性越强。无限期模型下相对风险厌恶效用函数 w 表示为：

$$W(C_t^*, C_{t+1}^*, \cdots) = \left\{ (1-\alpha) \sum_{S=0}^{\infty} \sigma^S C_t^{*\,1-\alpha} \right\}^{\frac{1}{1-\alpha}} \quad (5-9)$$

$$W(C_t^*, C_{t+1}^*, \cdots) = U\{C_t^*; W(C_{t+1}^*, C_{t+2}^*, \cdots)\}$$

$$= \{(1-\alpha) C_t^{*\,1-\alpha} + \sigma [W(C_{t+1}^*, C_{t+2}^*, \cdots)]^{1-\alpha}\}^{\frac{1}{1-\alpha}} \quad (5-10)$$

这里 $U(.;\cdots)$ 代表等式的总和，又因为 $a_{t+1} = R(a_t - c_t) + y_{t+1}$，要求 $\lim_{i \to \infty} R^{-i} a_{t+i} \geq 0$。随后令 σ 代表消费者的主观折现系数，跨期替代的恒定系数为

$\frac{1}{\sigma}$，R 表示利率系数，a_t 代表总资产，假设个人对风险呈正系数下的绝对风险规避函数，令 $\dot{w}$ 代表确定性等价效应，即任一效应 $\tilde{w}$ 下的确定性：

$$e^{-\beta\dot{w}} = E\{e^{-\beta\tilde{w}}\} \tag{5-11}$$

即

$$\dot{W} = \frac{\ln E\{e^{-\beta\tilde{w}}\})}{(-\beta)} \tag{5-12}$$

用确定性等价效应 $\dot{w}$ 即可表示预期效用水平，之后每一期即

$$W(C_t^*, \widetilde{C_{t+1}^*}, \widetilde{C_{t+2}^*}, \cdots) = U\{C_t^*; \dot{w}(\widetilde{C_{t+1}^*}, \widetilde{C_{t+2}^*}, \cdots)\} \tag{5-13}$$

式（5-13）可看成 C_t^* 与未来效应确定性下的总和，因此有：

$$V(a_t, y_t, _{t-1}) = \max\left\{\begin{array}{l}(1-\sigma)(C_t-\varphi C_{t-1})^{1-\alpha}+\\ \sigma\left[\dfrac{\ln Exp\{-\beta v[R(\alpha_t-c_t)+y_t, c_t]^{1-\alpha}\}}{-\beta}\right]\end{array}\right\}^{\frac{1}{1-\alpha}} \tag{5-14}$$

因此，在以 a_t，y_t，C_{t-1} 为基期的时期 t 下的效用为上式，t 期财富和收入已知，$t-1$ 期的消费已知，同时还已知文化消费 $CC_t^* = D_t \times C_t = d_t \times C_t$，$CC_{t=1} = d_{t+1} \times C_{t+1}$，这里的 $D = \{d_t, d_{t+1}, \cdots\}$，此时的 $0 \leq d_t, d_{t+1}, \cdots < 1$，每个家庭因收入不同，不同家庭不同时期的文化消费占比也有所不同。

$$CC_t^* = d_t \times C_t + \varphi \times \partial \times C_{t-1} \tag{5-15}$$

$$C_{t-1} = \frac{1}{d_t} - 1 \ CC_{t-1} \tag{5-16}$$

因此，对于上式求最优解，得到参加保险后的文化消费水平如下：

$$CC_t = (1 - R^{\frac{1-\alpha}{\alpha}} \times \sigma^{\frac{1}{\alpha}})\left(1 - \frac{\varphi}{R}\right)$$

$$\left[\alpha_t + \frac{\rho}{R-\rho}y_t + \frac{1}{R-\rho}\frac{R}{R-1}(1-\rho)\ y_t + \varepsilon^*\right] + (R^{\frac{1-\alpha}{\alpha}}) \times \sigma^{\frac{1}{\alpha}} \times \varphi \times \frac{1}{d_t}CC_{t-1} \tag{5-17}$$

其中，$\varepsilon^* = \dfrac{\sigma^2}{2}\left[\dfrac{\beta R}{R-\rho}\right]\left[(1-\sigma)^{\frac{1}{1-\alpha}}\left(1 - \dfrac{(\sigma R)^{\frac{1}{\alpha}}}{R}\right)^{\frac{\alpha}{\alpha-1}}\left(\dfrac{R-\varphi}{R}\right)\right]$ 由此看出，当家庭参加保险后，家庭的文化消费水平变化情况由两部分组成，式（5-17）中

$(1-R^{\frac{1-\alpha}{\alpha}}\times\sigma^{\frac{1}{\alpha}})\left(1-\frac{\varphi}{R}\right)\left[\alpha_t+\frac{\rho}{R-\rho}y_t+\frac{1}{R-\rho}\frac{R}{R-1}(1-\rho)y_t+\varepsilon^*\right]$ 表示的收入水平对应的文化消费水平，在参加保险情况下，保险带来的消费预期赋予的文化消费变化空间由式（5-17）中 $(R^{\frac{1-\alpha}{\alpha}}\times\sigma^{\frac{1}{\alpha}})\times\varphi\times\frac{1}{d_t}CC_{t-1}$ 表示，其中，$(R^{\frac{1-\alpha}{\alpha}}\times\sigma^{\frac{1}{\alpha}})\times\varphi\times\frac{1}{d_t}CC_{t-1}$ 显著大于0，因此保险的参与也显著带来了家庭文化消费水平的提升。这也就意味着，数字金融发展可以提供更个性化的保险服务，降低不确定性带来的风险，有利于家庭文化消费的提升。

第三节 数字金融影响文化消费水平和结构的机制分析

继农业经济、工业经济之后，20世纪90年代以来一种新的经济社会形态出现——数字经济，数字经济依托互联网发展的特点注定更容易实现规模经济和范围经济，日益成为全球经济发展的新动能。从生产端看，数字金融比普通金融在改善资源配置效率和风险管理上更加有效，数字金融的发展缓解了中小文化企业的融资约束并激励创新，有利于降低运营成本，实现范围经济，促进我国的影视、手机游戏、音乐、文学、动漫等文化市场蓬勃发展。从消费端看，文化消费属于精神消费范畴，与其他消费不同的是，文化消费一旦形成消费偏好后往往具有稳定性和非理性的特点。数字金融的发展会提升消费者效用，数字金融产生的网络外部性会进一步地巩固强化文化消费的用户黏性。数字金融对文化消费水平提高、文化消费占比提高、地区文化消费差距收敛和城乡文化消费差距收敛的作用机制过程可以简单用图5-2表示，接下来，对作用机制进行详细分析。

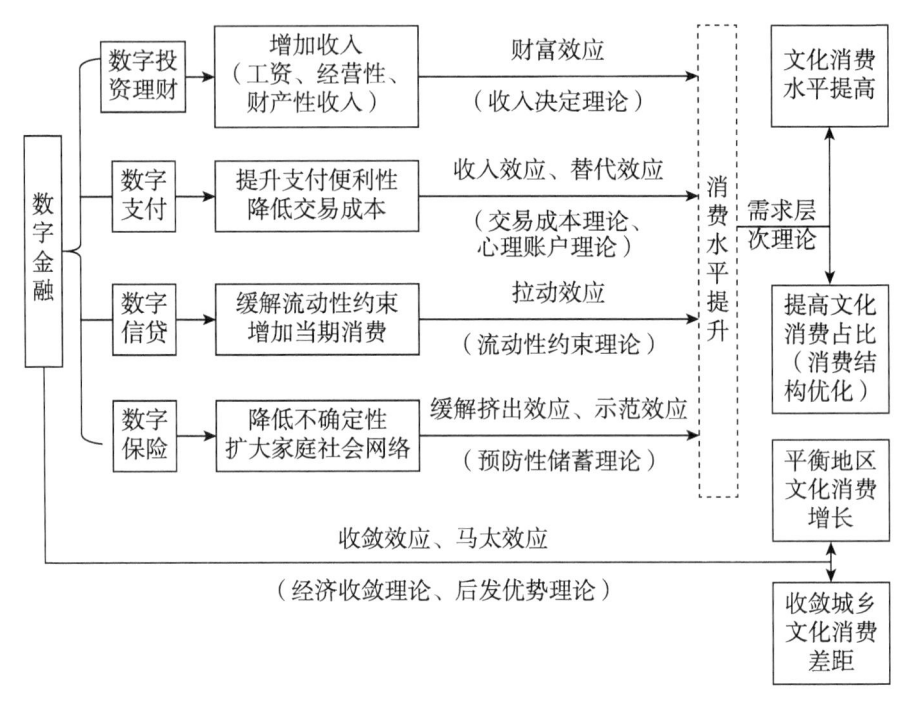

图 5-2　数字金融发展对文化消费提升影响的总体机制图

一、数字金融增加家庭收入产生"财富效应"

收入是影响消费的重要因素，居民消费遵循收入决定理论机制，但文化商品消费与一般物质商品消费特征又有所不同。一方面，在收入较低的阶段，恩格尔系数较高，更多的收入用于食品、衣着等基础类物质消费，而此时文化商品消费属于高层次奢侈消费，其消费倾向比一般商品要低，文化商品消费和基础物质消费属于替代关系，收入的增加和减少对文化商品消费的影响并不大；另一方面，随着收入的不断攀升和恩格尔系数不断下降，基础物质类消费对文化商品消费的抑制作用不再明显，文化消费的需求收入弹性有所下降，文化商品的消费逐渐表现出较为刚性的特点，成为生活必需品，此时收入提升不仅提升文化消费的数量，而且会提升文化消费在消费中的结构，促进消费升级（黄隽，2021）。因此，当经济发展到一定水平，居民对文化商品消费的"棘轮效应"应该更明显，文化欣赏水准和消费水平一旦提高就很难降低标准。由图5-3解释，长期消费函数为 $C_L=\beta Y$，当收入从 Y_0 稳定增长到 Y_t 时，消费遵循 $C_L=\beta Y$ 从 C_0 增加到 C_t，但当经济下滑收入下降到 Y_0 时，由于"棘轮效应"存在，消费不会沿着 C_L 的曲线减少到 C_0 的水平，一般商品是遵循 C_{S1} 的路径减少，一般商品消费移动到 C_1 的位置，但是对于文化商品而言，"棘轮效应"会更加明显，消费会沿着 C_{S2} 的路径减少至 C_2 的位置，这也说明了文化消费比一般消费更具黏性特征。

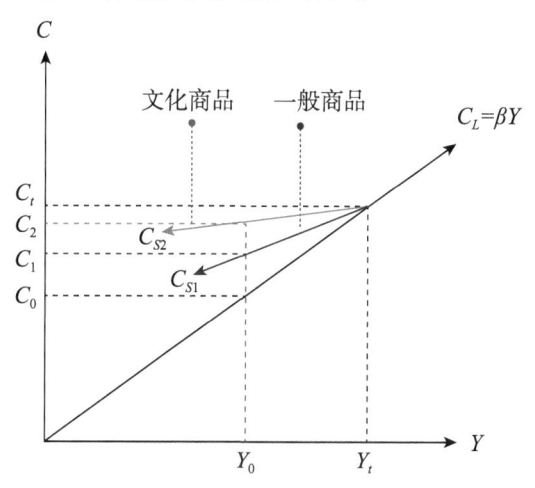

图5-3 文化商品与一般商品消费的"棘轮效应"对比图

从现实看，在消费的八大类①中，教育文化和娱乐的需求收入弹性系数②从2011年1.326下降到2018年的1.287，而食品、衣着、家庭设备等基础性物质消费的需求收入弹性均值都小于1（黄凯南，2021）。由此看出，我国现阶段消费特征是：第一，文化消费需求收入弹性大于1，表明相对于收入提升的百分比而言，文化消费提升的比率高于基础类消费，文化消费对收入变动更具敏感性，随着收入的增多，文化消费总量会不断上涨，并在消费占比中不断提升；第二，文化消费的需求收入弹性呈降低趋势，说明了我国居民文化消费的迫切性在提升，文化消费逐渐向必需品发展。收入的不断提升势必

---

① 国家统计局根据国际分类标准，将居民生活消费的各种商品和服务按照用途划分为8个大类，分别是：1. 食品；2. 衣着；3. 居住；4. 家庭设备用品及服务；5. 医疗保健和个人用品；6. 交通和通信；7. 教育文化和娱乐服务；8. 其他商品和服务。

② 需求的收入弹性系数=需求量变动的百分比/收入变动的百分比。

会促进文化消费水平的提高和文化消费在消费中占比的提升，促进消费升级。

众多研究已经表明，数字金融确实能够带来居民收入增加。根据"财富效应理论"，人们资产越多，消费意愿越强。再结合上文的分析，数字金融带来的居民收入提升对文化消费水平和消费结构优化都具有积极作用。具体来说，随着数字技术的发展，数字金融以其"低门槛""低成本""高可得性"的优势，使原本被排斥在正规金融体系之外的群体能够相对容易地获得金融产品和服务。一方面，对于可以接触到数字金融服务的群体而言，居民可以高效便捷地通过投资股市、基金、债券等获得投资性和财产性收入，提升居民消费能力。同时，数字金融可以更方便地为中小微企业和农村家庭提供金融支持并促进创业机会均等化，有助于实现居民收入的包容性增长，促进地区经济发展。就业岗位的增加和收入的提高可能会引导居民消费结构发生改变，提升居民文化消费支出（王文姬，2021）。另一方面，对于无法接触或使用数字金融服务的群体，即存在数字鸿沟的家庭，仍然可以通过数字金融获益来增加收入。在数字金融缩小数字鸿沟的研究中发现，即便是无法接触互联网的家庭，也可能直接或间接地受益于劳动力市场的工资上升和就业增加，仍然可能通过中国邮政业务和农业合作社提供的设施，提升无法接触到互联网家庭的收入（张勋等，2021）。因此，在我国目前经济水平条件下，数字金融促进的居民收入会提升更富弹性的文化消费水平，并能够提高文化消费在消费中的占比，优化消费结构（图5-4）。

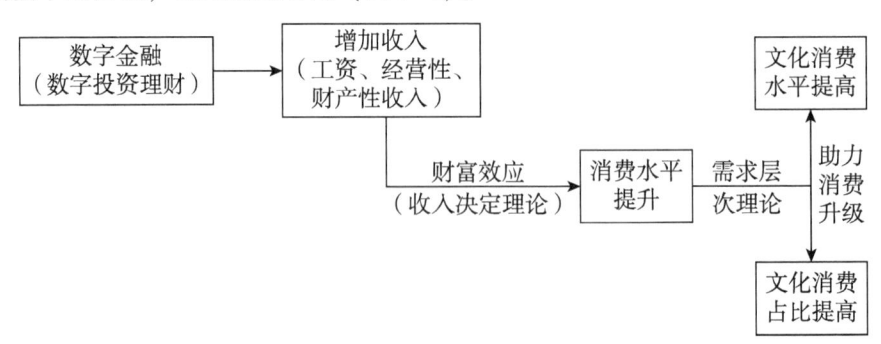

图5-4 数字金融发展影响文化消费提升机制之增加家庭收入

二、数字金融提升支付便利性产生"收入效应"和"替代效应"

数字经济理论是研究数字技术改变经济活动的理论,主要表现在数字技术通过降低多种成本而对经济活动产生影响。前文分析发现,众多学者对数字经济进行了全方位的探讨,并证实数字技术可以通过降低搜索成本、复制成本、运输成本、追踪成本和验证成本来影响经济活动。数字金融具有的数字经济特点,注定会为文化消费者提供更低成本和价格的金融产品,从文化商品本身来看,特别是现在发展迅速的数字文化产品,例如网络音乐、动漫、游戏等,根据梅特卡夫法则,更具规模经济和范围经济,"收入效应[①]"使得人们增加对文化产品的消费。除此之外,数字金融所产生的数字支付方式还可以通过降低时间成本,增加闲暇时间来作用文化消费效用大小。也就是说,数字金融通过便利支付方式节省了居民的购物时间,从而增加了闲暇时间,这会影响消费者的效用大小。近年来,互联网和数字支付的普及,电子商务交易平台的使用扩展到更为广阔的区域,特别是小城镇和农村居民,比以往更容易获得文化产品消费机会,随时随地支付所需要的服务、应用、信息和娱乐。因此,数字金融可通过降低支付成本和提高支付便捷度,培养文化消费行为和模式。其次,数字支付方式将刺激企业创新活动。例如,网商将推出预售、押金等新的营销模式,刺激消费,促进产品创新和优化,提高消费者满意度,进一步推动文化消费形成良性循环。

从"替代效应"影响看,数字支付的出现会对微观经济主体现金使用产生替代效应,这种替代性主要存在三个情形:一是在进行小额或较大额交易场景下数字支付对现金的替代;二是数字支付对日常持有的一定备用现金的替代,移动端可执行的随时随地支付特点让人们渐渐失去了备用现金意识;三是对于投资市场的现金产生一定的替代。当然,替代效应的发挥主要受制于数字技术手段的发展和人们支付习惯的转变(欧魏海等,2021)。另一个解释就是,从数字支付的心理体验角度可知,在使用数字支付时,人们"心理

[①] 收入效应:在收入不变的条件下,由商品的价格变动引起消费者实际收入水平变动,消费者改变消费数量而对商品需求量所产生的影响,为收入效应。

账户①"的损失感知比现金支付少，非现金支付相对于现金支付在心理上的疼痛感会降低，数字交易更容易发生，会对现金支付产生"替代效应"。综上所述，数字支付带来的金钱成本和时间成本的降低，会引发的新消费行为和模式，在一定程度上可能起到拉动文化消费的效果，优化消费结构，促进消费升级（图5-5）。

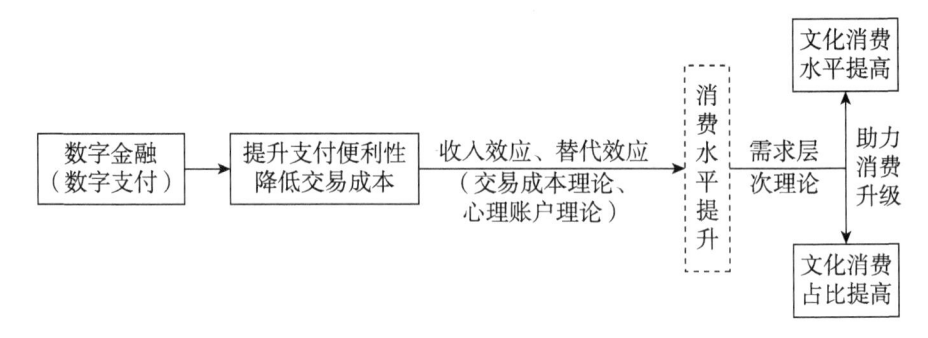

图 5-5　数字金融发展影响文化消费提升机制之提升支付便利性

三、数字金融缓解流动性约束形成"拉动效应"

数字金融的信贷业务能够缓解流动性约束，降低不确定性风险对文化消费可能的限制。长期以来，信贷资格审核的条件方式和信息不对称，会导致弱势群体获得信贷资金和保险的通道相对有限，而流动性约束会阻碍文化消费的释放，因此，数字金融的信贷服务可以对文化消费产生"拉动效应"。数字金融通过使用大数据和云计算等数字技术改变了传统的数据处理和信用评价方式，降低了信贷门槛，畅通了居民的信贷和保险通道，降低了不确定性支出带来的担忧而降低储蓄率，使得更多家庭拥有了跨期资源配置的可能性，刺激借款人的消费意愿以及可能引起的文化消费。我国学者谢家智等人（2020）的研究也从模型和实证的角度支持了数字金融可以缓解家庭信贷约

---

① 心理账户：1980年，芝加哥大学著名心理学家萨勒在一篇题为《Using Mental-Accounting In Theory of Consumer Behavior》的文章里，针对消费者行为首次提出"心理账户"理论。所谓心理账户就是人们在心里无意识地把财富划归不同的账户进行管理，不同的心理账户有不同的记账方式和心理运算规则。而这种心理记账的方式和运算规则恰恰与经济学和数学运算方式都不相同，因此经常会以非预期的方式影响着决策，使个体的决策违背最简单的理性经济法则。

束，进而激励家庭消费的结论，且显示了数字金融对低收入家庭和农村家庭消费的激励作用更明显。普惠金融已成为全球和中国金融业发展的一个重要概念，互联网金融依赖于信息技术、大数据和云计算等手段进一步扩大了普惠金融的服务范围，提升可触达性，减少了金融约束（郭峰等，2019）。学术研究和客观事实都显示，我国很多家庭都面临着金融排斥，数字金融能够显著促进家庭贷款需求，降低流动性约束对消费可能产生的限制，从而影响家庭资产的选择和消费行为（图5-6）。

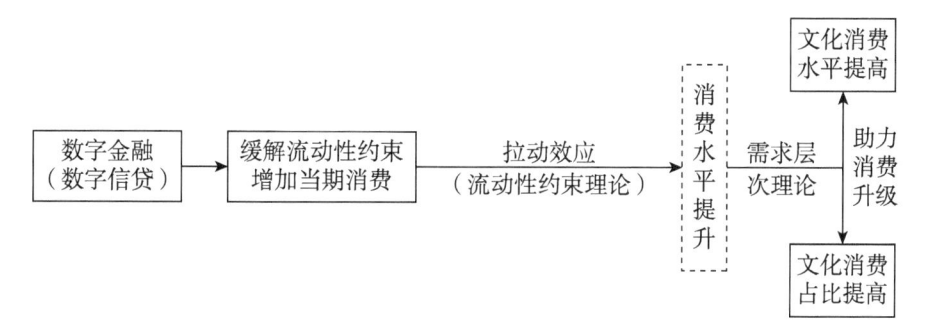

图5-6 数字金融发展影响文化消费提升机制之缓解流动性约束

四、数字金融降低不确定性缓解"挤出效应"

数字金融能够扩大家庭社会网络，提升风险分担能力，从而降低家庭储蓄，缓解家庭储蓄对消费的"挤出效应"，促进文化消费。众多研究表明，数字生活会降低社交成本，从而起到拓展"关系"网络、提升和维护社会资本的作用。而数字金融的发展也在很大程度上借助了数字化的力量，会对家庭社会网络规模、亲密程度和支持能力产生影响，从而影响着家庭的储蓄和消费行为。在家庭中遭受意外冲击时，家庭社会网络能够通过互惠互助缓冲压力，社会网络的风险分担作用已被相关文献证明。易行健（2012）等研究了家庭社会网络和储蓄率的关系，发现家庭社会网络越广泛，农村居民储蓄率越低，并且这种作用会随着收入增长、正规金融发展及市场化的推进而减弱。而数字金融的各种功能和服务恰恰能够促进家庭更多地参与社会经济活动、发展社会网络。因此，数字金融能够扩大家庭社会网络，在社交活动中互相渗透文化消费理念和行为，良好的家庭社会网络还会缓冲不确定性带来的风险，降低储蓄意愿，促进文化消费的支出。除此之外，家庭社会网络结构是由人与人连接起来的网络结构，从消费心理学角度看，人们的消费行为亦具有"示范效应"和"从众效应"，可能会改变消费观念，促进文化消费提升和消费升级（图5-7）。

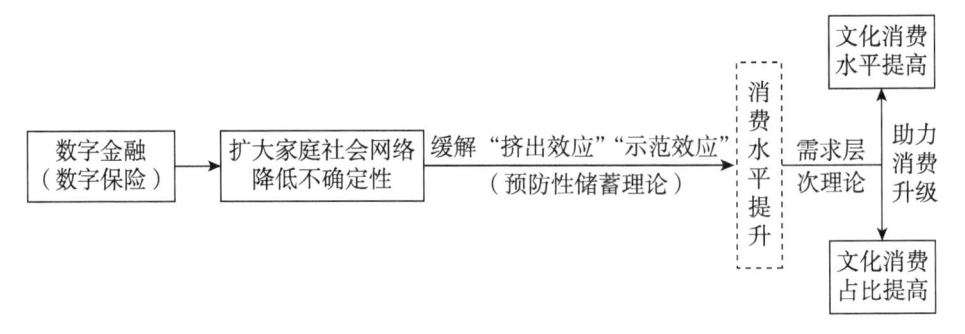

图5-7　数字金融发展影响文化消费提升机制之降低不确定性风险

数字金融还可以通过提供随时随地的保险业务降低购买门槛，特别是在新冠疫情影响下，网上数字保险具有无接触高效率优势。随着时间的推移，将会有越来越多的居民选择网络保险。众所周知，居民参保可以对冲未来不确定性风险，降低当下的居民储蓄，提高消费欲望。在上文的理论模型推导中，也证实了家庭参与保险可以刺激文化消费。同时，从企业端来看，新冠疫情让大部分为小微企业的文化企业保险意识增强，而数字金融能够解决中小企业板块存在保险不足以及保险产品欠佳等问题，从供给端上保障文化企业发展，进而为文化消费需求的满足提供可能性。

第四节　数字金融影响文化消费差距的机制分析

一、数字金融收敛地区文化消费差距的机制分析

消费收敛分析是以消费经济学和经济增长收敛理论为基础。收敛性假说

源自新古典增长模型，认为欠发达经济体和发达经济体在经济追赶中会形成"稳态"和"条件收敛"（Barro，1992；Rodrik，2014）。收敛模型主要有 σ 收敛（σConvergence）、β 收敛（βConvergence）和俱乐部收敛（Club Convergence）三种。σ 收敛描述的是人均收入离差的衰减，即随着时间推移，落后经济体会追赶发达经济体，收入差值不断缩小直至稳态，表现的是总体收入在经济体中分布格局的变化。β 收敛是从经济体的增长率差异来体现，认为初始经济增长率低的地区会追赶增长率高的地区，随着时间的推移最终趋于一致。其中，β 收敛又分为绝对收敛（Absolute Convergence）和条件收敛（Conditional Convergence）。绝对 β 收敛指的是在不控制任何其他因素的情况下，存在收敛。条件 β 收敛则指在控制一系列影响因素后呈现的收敛情况，符合条件 β 收敛的每个单元会收敛到各自的稳态，且稳态可能彼此不同。因此，即使存在条件 β 收敛，但在稳态之后各单元之间也并不是均衡的，不同经济体之间依然存在差距。俱乐部收敛指最初经济发展水平相近的地区随着时间推移，会呈现经济增长收敛于相同稳态的状况。因此，在空间相近的地区最可能会发生集聚现象，如我国长三角地区、珠三角各地区内部经济会出现趋同发展趋势。

如图 5-8 所示，理论上，数字金融可以通过两方面作用于地区文化消费增长的收敛。一方面，数字金融可以从供给方平衡文化消费落后地区与发达地区的差距，文化消费增长形成落后地区以更快速度追赶发达地区的 β 收敛表现。数字金融的普惠性意味着会在数字信贷、数字保险等方面助力更多小微文化企业，打破落后地区传统金融服务发展水平较低的障碍，全面激发落后地区文化企业创新，提供更丰富的文化产品市场供给；另一方面，数字金融可以从需求侧平衡文化消费落后地区与发达地区的差距。数字金融更有力促进落后地区居民工资收入和经营性收入，提升落后地区居民文化消费能力。同时，数字金融的数字支付手段大大缩小了与发达地区以往在消费渠道上的差距，释放文化消费潜力。文化消费增长形成落后地区以更快速度追赶发达地区的 β 收敛表现。

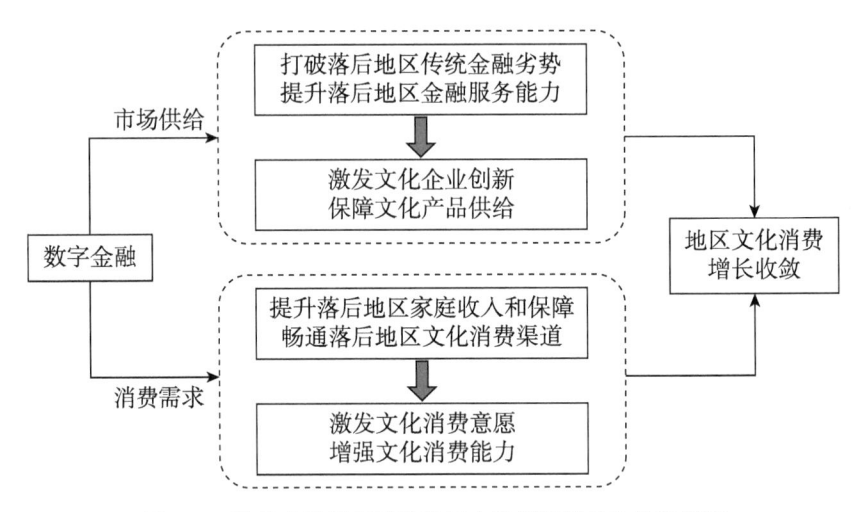

图 5-8　数字金融发展影响地区文化消费增长收敛机制图

二、数字金融收敛城乡文化消费差距的机制分析

数字普惠金融的发展对促进城乡居民消费具有正向促进作用，对这一点众多学者已达成共识，只是针对数字普惠金融对城乡消费差距的影响，不同学者有不同的观点，且更少有学者涉及研究数字普惠金融对城乡文化消费差距的影响。借鉴以往学者研究，理论上数字金融发展可能同时存在两种力量对文化消费差距产生影响。一种是缩小城乡文化消费的"收敛效应"，一种是拉大城乡文化消费差距的"马太效应"。因此，最终体现出来的城乡文化消费差距为"收敛"还是"扩大"作用取决于两种效应力量的强弱对比（图5-9）。

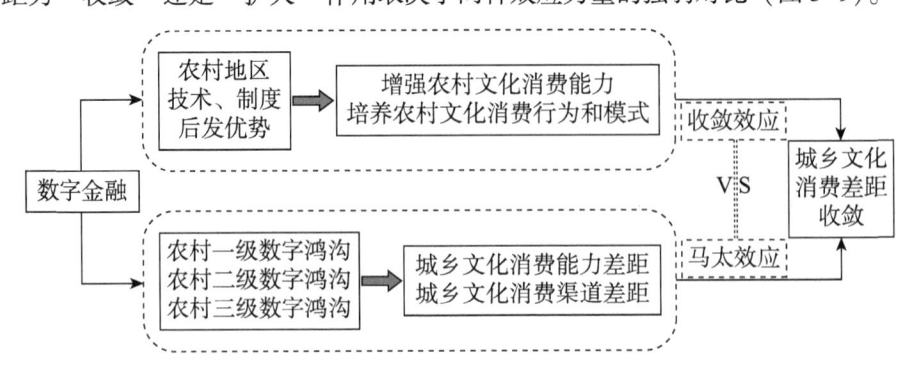

图 5-9　数字金融发展收敛城乡文化消费差距机制图

（一）数字金融缩小城乡文化消费差距的"收敛效应"

数字金融首先在经济发达、数字信息技术较好的地区发展起来，具有一定的"先发优势"，但是农村地区数字基础设施虽较城市落后，但却可以通过模仿学习来进行数字金融的创新，具有技术和制度上的后发优势。且由于模仿学习的成本大大低于创新的成本，因此，数字金融促进文化消费的"后发优势"是后发地区追赶式增长的主要动因。

第一，数字金融具有减贫效应。数字金融通过提高农村居民收入缩小城乡文化消费差距。数字金融自身的优势能够使原本被排斥在正规金融体系之外的群体相对容易获得金融产品和服务。一方面农村居民可以高效便捷地通过投资股市、基金、债券等获得投资性收入。另一方面农村产业中的中小企业通过数字普惠金融更方便地获取金融支持，增加农村居民的就业岗位和收入。收入的提高会导致农村居民消费向文化消费扩展，进而带来城乡文化消费差距的缩小。

第二，通过消费信贷和保险缓解流动性约束与预防性储蓄，加强保障文化消费。长期以来，由于信贷资格审核的条件方式和信息不对称导致农村居民获得信贷资金和保险的通道相对城镇居民有限，收入预算的约束阻碍了消费的释放。数字普惠金融运用大数据、云计算等数字技术改变了传统数据处理与信用评估的方式，畅通了农村居民的信贷和保险通道，从而降低了不确定性支出带来的担忧，降低了预防性储蓄，改变了农村居民的消费观念，进而可能缩小城乡文化消费差距。

第三，通过降低支付成本和便捷度，培养文化消费行为和模式。伴随着互联网的发展，电子商务交易平台的使用扩展到更为广阔的农村区域，农村居民可以通过电子商务平台缓解以往由于农村在交通、距离、文化产品供给等方面劣于城镇的制约因素，使农村居民比以往更容易获得文化产品消费机会，降低消费时间和空间上的限制。农村居民多为收入较低人群，对价格更为敏感，数字金融的低成本特点让更多的农村居民能够使用数字金融完成文化产品的消费，新消费模式的出现在一定程度上起到缩小城乡文化消费差距的效果。缓解了农村地区因金融排斥而造成与城市文化消费差距较大的现象。

(二) 数字金融扩大城乡文化消费差距的"马太效应①"

数据显示，近几年我国居民收入分配领域马太效应进一步显现，对经济的协调发展和社会和谐进步产生一定的影响。数字金融作用于文化消费时，由于城市的数字基础条件较好和城市居民教育水平较高，对文化消费的促进作用较农村地区反应更为敏感，可能导致在数字金融发展初期对文化消费作用表现为拉大差距的"马太效应"。

第一，数字金融"一级数字鸿沟"的存在可能导致城乡文化消费差距拉大。城乡在信息基础设施上存在差距，数字金融在地区间的发展水平的差异可能拉大城乡居民文化消费差距。一般来说，数字金融虽然具有跨越地理和空间障碍的优势，但是数字金融发展一定首先在经济发展好、信息技术基础设施较好的地区优先发展，不管是数字金融的覆盖率还是使用率城市都率先高于农村地区，农村居民使用数字金融的比例要低于城市居民，信贷、理财等数字业务不能触达人口的"最末梢神经"，数字金融的"一级鸿沟"会拉大城乡文化消费差距。

第二，数字金融"二级数字鸿沟"的存在可能导致城乡文化消费差距拉大。虽然数字金融确实给城乡居民带来了消费上的巨大促进作用，但由于城乡消费观念和教育水平的差距在数字金融产品使用上会形成数字"二级鸿沟"：一方面，对于新产品使用农村居民往往属于晚期大众采用者和落后采用者，在数字普惠金融发展的初期，农村居民在借贷、保险、支付等方面依然习惯于向亲人、银行借贷和现金交易方式，主观上排斥数字金融服务，而城市居民对数字普惠金融这种新产品则会更早接受和采用，从而可能导致城乡文化消费差距拉大。另一方面，数字技术的使用本身也存在一定门槛，农村居民相对于教育水平较高的城镇居民更难掌握数字媒体的使用，"数字鸿沟"在数字金融中的存在拉大城乡文化消费差距。

第三，数字金融"三级数字鸿沟"的存在可能导致城乡文化消费差距拉

---

① 马太效应：1968年，美国科学史研究者罗伯特·莫顿（Robert K. Merton）提出这个术语用以概括一种社会心理现象，马太效应是社会学家和经济学家们常用的术语，它反映着富的更富、穷的更穷，一种两极分化的社会现象。

大。数字金融可以提供网络理财产品和服务,人们通过将闲散资金投入股票、基金中获得投资收益,但是由于城乡之间在可支配收入上和金融素养上差距较大,会导致农村居民没有足够的资金进行理财,增加财产性收入的可能性低于城市居民。而且农村居民在理财过程中可能由于缺乏金融知识而导致理财失败或收益较低,从而压制消费欲望。因此,数字金融存在的"三级数字鸿沟"可能导致城乡财富差距进一步扩大,拉大文化消费差距。

在数字普惠金融发展的初始阶段,扩大城乡文化消费差距的"马太效应"可能会占主导地位,而随着数字普惠金融的发展,扩散效应和溢出效应的加剧,缩小城乡文化消费差距的收敛效应占主导地位,合力使城乡文化消费差距转向缩小。

第二篇
数字金融支持文化消费提升实证篇

第六章　数字金融与文化消费水平

本书第五章论证了数字金融影响文化消费提升的理论机制，本章主要依据计量模型来实证检验之前的理论推断。本章基于家庭微观数据来探讨数字金融是否提升了居民文化消费绝对量，如果假设得到验证，即确证了数字金融发展可以带来文化消费水平提升。首先，通过检验确定使用固定效应模型进行计量分析；其次，通过使用中国家庭追踪调查数据（CFPS）匹配省级北大数字普惠金融指数对数字金融影响文化消费关系进行检验和结果的分析；最后，为确保结论的稳健性，本章用到了更换被解释变量、更换样本、工具变量法和控制固定效应等多种办法，充分证实了数字金融可以提升文化消费水平。

第一节　数字金融、文化消费指标的选取与分析

一、数字金融发展指标测度的选取与分析

（一）数字金融发展指标的选择

经过文献整理发现，目前机构发布的可以用来衡量数字金融发展的指标大多来源于北京大学数字金融研究中心，主要有：北京大学互联网金融发展指数、北京大学商业银行互联网转型指数、北京大学互联网金融情绪指数、北京大学数字普惠金融指数。前三种总体上使用频率较低，应用并不广泛，

但北京大学数字普惠金融指数依据蚂蚁金服海量数据为样本，构建了包括覆盖广度指数、使用深度指数和数字化指数的三级指标体系，现已公布2011—2020年连续10年的指数测算结果。截至目前为止，已有上千人向北京大学数字金融研究中心课题组索取过该指数，在中国知网发现126篇期刊论文和50篇博硕论文使用过该指数，仅2022年1月份就有8篇期刊论文使用了该指数，可见，学者们对北京大学数字普惠金融指数的应用广泛且持续。

本书在考虑指数构建专业性、科学性、权威性的同时，还要兼顾研究中心"居民文化消费"，最终选用北京大学数字普惠金融指数作为本书数字金融发展的衡量指标，并未再重新构建指标体系。

（二）数字普惠金融指数分析

北京大学数字普惠金融指数提供了2011—2020年的连续数据，结合本书所需，重点分析2013—2020年间数字普惠金融指数所体现出的我国数字金融在发展态势、空间特征、地区差距等方面的特征。

1. 总体情况：从高速增长到常态增长，保持较强的韧性和经济贡献

如图6-1所示，依据省级数字普惠金融指数数据测算，我国2013年省级数字金融指数的中位值为147.71，2020年达到334.82，增长了近2.7倍，指数年均增速达到了15.0%。从发展趋势上可以看出：中国数字普惠金融保持

图6-1 省级数字普惠金融指数的均值、中位值和增速（2013—2020年）

数据来源：北京大学数字普惠金融指数。

了逐年递增的良好态势，2020年数字普惠金融指数依然比2019年增长了5.4%，湖北省和武汉市在2020年数字普惠金融指数较2019年仍然是上涨的，湖北省上涨了4.1%，武汉市上涨了2.7%，显示了数字金融在疫情时期的独特优势和强大韧性。实际上，中国高速发展的数字经济和数字金融，在疫情期间发挥了重要的缓冲的作用（郭峰，2021）。从数字普惠金融发展速度上可以看出：中国数字普惠金融发展速度近几年逐渐放缓，由高速发展过渡到常态增长阶段，也反映出我国数字金融市场的发展和监管日趋成熟和稳定。

2. 分指数情况：数字化程度趋稳定，使用深度较覆盖广度更有发展空间

图6-2和6-3所示，在2016年之前，数字化程度省级中位值的增长率是最快的，其次是覆盖广度的增长率，使用深度增长率出现了轻微下滑。但2016年及以后，分指数的发展发生了变化，首先，数字化程度中位值增长明显放缓至平稳状态，使用深度增长势头开始超越覆盖广度，以2020年为例，数字化程度中位值增长两年间基本持平，覆盖广度增长7.1%，而使用深度增加了7.3%。从两阶段的不同发展比较可以看出，我国数字普惠金融在相关基础设施建设和普及上已经基本成熟，说明我国已经基本实现数字金融全方位覆盖，未来数字普惠金融指数的增长更多依赖于使用深度的增长，我国数字普惠金融在使用深度上还有较大发展空间。

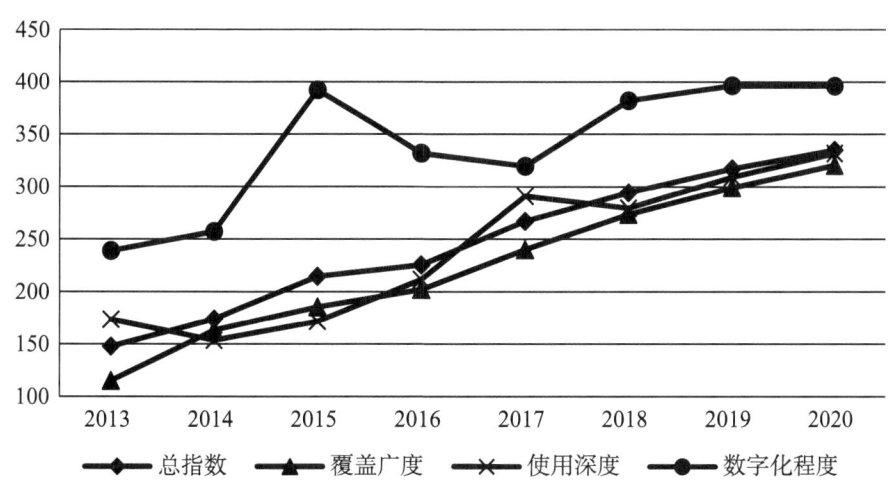

图6-2 数字普惠金融指数及分指数的省级中位值（2013—2020年）

数据来源：北京大学数字普惠金融指数。

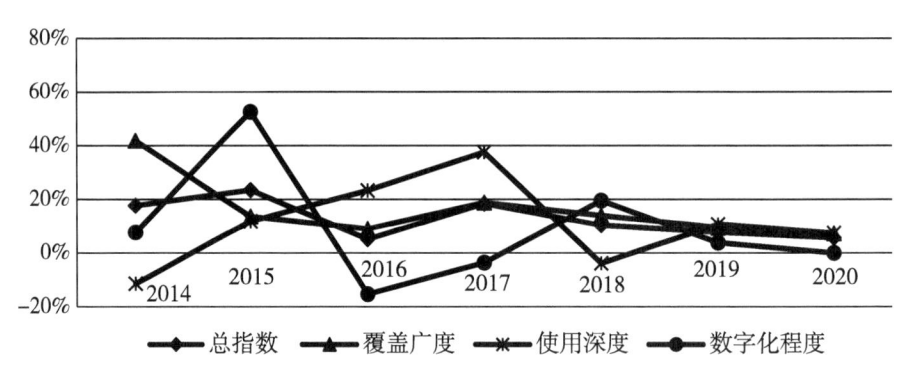

图 6-3 数字普惠金融指数及分指数的省级中位值增长率（2014—2020 年）

数据来源：北京大学数字普惠金融指数。

3. 数字普惠金融发展地区间存在差距，使用深度的差距是主要原因

从图 6-4 可以看出，以 2020 年为例，我国省级层面数字普惠金融指数大概分为三个梯队：上海、北京和浙江位于第一梯队，与这三地数字经济发展在全国处于高水平有密切关系，数字经济和科技发展是数字金融发展的重要基础条件；西藏、宁夏、内蒙古、新疆、吉林、贵州、黑龙江、甘肃和青海位于第三梯队，数字普惠金融指数相对较低，这些地区主要是我国西部地区和东北地区的省份，也与我国当下经济发展和互联网水平地区差异相符；其他中、东部的省份多属于第二梯队。

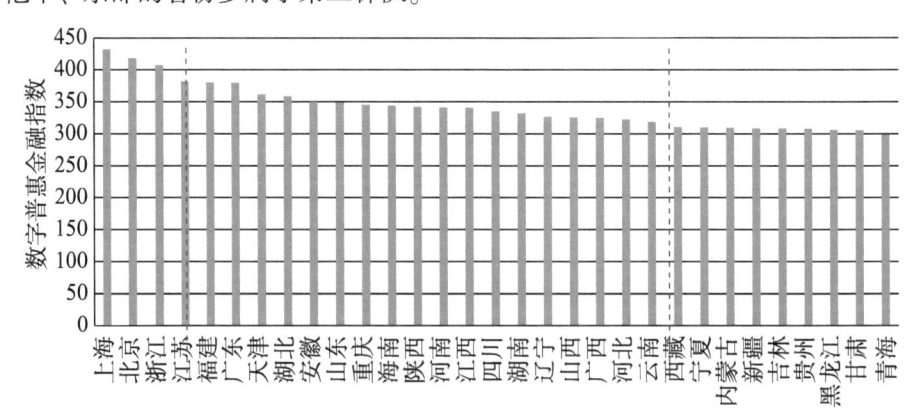

图 6-4 各省数字普惠金融指数分布（2020 年）

数据来源：北京大学数字普惠金融指数。

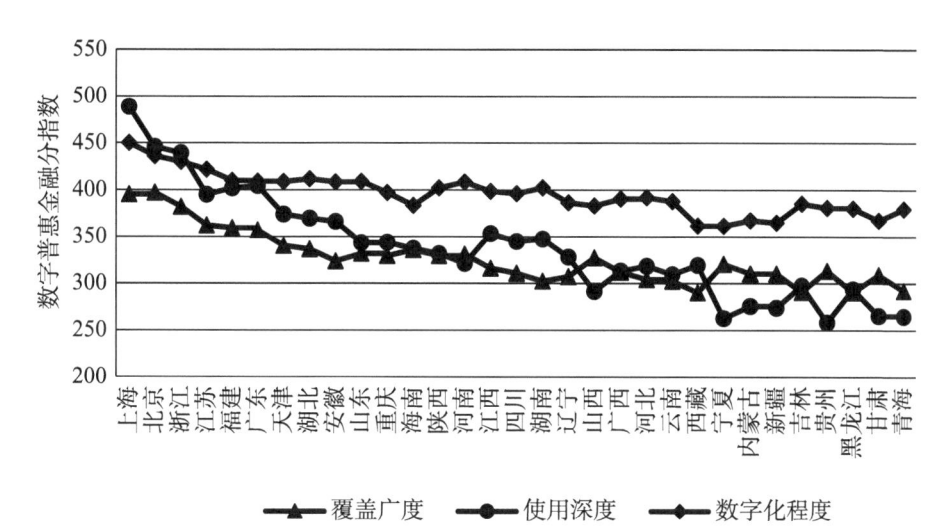

图 6-5　各省数字普惠金融分类指数分布（2020 年）

数据来源：北京大学数字普惠金融指数。

从图 6-5 分指数看地区差异，数字化程度地区差异是最小的，覆盖广度地区差异次之，地区差异最大的是使用深度。具体数据来看，数字化程度最高的上海市为 450.08，最低的宁夏回族自治区为 361.52，最大差距为 1.24 倍。覆盖广度指数最高的北京市为 397.0，最低的黑龙江省为 290.48，最大差距为 1.36 倍。使用深度指数最高的上海市为 488.68，最低的贵州省为 258.2，最大差距为 1.89 倍。虽然使用深度的地区间差距较前几年有所收敛，但是使用深度的差距大仍然是造成地区间数字普惠金融指数差异的主要原因。虽然我国数字金融发展速度飞快，甚至位于全球前列，实现数字化程度和覆盖广度的均衡发展相对容易，但使用深度实现均衡发展的难度相对较大，这一方面需要供给侧推出数字金融产品和服务要充分考虑创新和差异，另一方面需要政府维护和创造公平、健康的市场环境，不断增强用户使用黏性。

二、文化消费指标的选取与分析

（一）文化消费指标测度的说明

本章主要是围绕数字金融对文化消费水平影响的分析，因此，需要首先确定文化消费指标的衡量问题。结合以往学者和本研究的需要，本章选取了

2014年、2016年和2018年中国家庭追踪调查数据库（CFPS）中的数据。CFPS由北京大学中国社会科学调查中心（ISSS）实施，每两年进行一次调研，作为综合性的社会追踪调查数据库在国内学术研究中被广泛使用，数据库包括个人、家庭、社区三个层面的数据。该调查始于2010年，首次数据收集共涉及25个省/市/自治区，共完成了14960户家庭、42590位个人的访问调查，截至作者本研究开始，CFPS可使用的公开数据到2018年①，CFPS重点关注中国居民的经济与非经济福利。

CFPS调查数据里关于文化消费支出共有3个与之相关的具体问题：①过去12个月，您家用于文化娱乐（包括购买书包杂志、光盘、影剧票和去网吧等）支出是多少？②过去12个月，您家用于旅游（包括交通、食宿、景点门票等）的支出是多少？③过去12个月，您家的教育（包括择校费、学杂费、培训费、参加课外辅导班费用、购买教辅材料费等）支出是多少？根据以往学者的研究，可以把这3个问题得到的数据进行加总看作家庭层面的文化消费总支出，作为衡量本书的被解释变量文化消费水平的指标。然后通过计算得出家庭中文化消费水平占总消费支出的比例，这视为文化消费占比的衡量指标，而文化消费占比的提高可以看作消费结构优化、消费升级的表达。

（二）文化消费变量的数据分析

本部分通过对2014年、2016年和2018年CFPS数据的分析整理，得到26626个家庭样本数据，根据这些数据发现我国家庭文化消费所体现出的在发展态势、结构变化、地区差距等方面的特征。

1. 家庭文化消费水平呈递增趋势，但在总消费中占比低位徘徊

根据2014年、2016年和2018年CFPS数据统计（图6-6），我国家庭平均文化消费支出三年均值为5435.36元，占家庭总消费支出比例为9.42%。时间趋势上看，2014年到2018年家庭文化消费均值增加4524.6元，四年间增加了1.06倍，家庭文化消费占总消费支出的比例也从2014年的8.84%增

---

① CFPS数据主要包括：第一，个人信息调查。主要包括个人性别、年龄、民族、婚姻状况、受教育年限和社会保障等基本信息；第二，基于家庭问卷和家庭关系问卷的家庭信息，包括家庭规模、抚养比、家庭支出、家庭收入、财富规模等信息；第三，还有基于社区问卷的村/居（委会）信息，包括村/居经济状况等。

长到 2018 年的 11.73%。总体来看，文化消费规模的增加较为明显，但是在总消费支出中的比例较低。根据国际经验，人均 GDP 达到 1 万美元区间，是文化娱乐消费增长最快的阶段，我国在 2019 年开始人均 GDP 已经达到 1 万美元，文化消费的发展进入黄金期，这就需要一方面在供给端发力，提供能够满足消费者需求的文化产品，另一方面，在需求端提升消费者的文化消费能力和意识观念，而在我国当下发展背景下，最应该借助的是科技创新的力量，抓住文化消费发展的黄金期，以数字经济、数字金融的发展赋能文化消费水平的提升和消费升级。

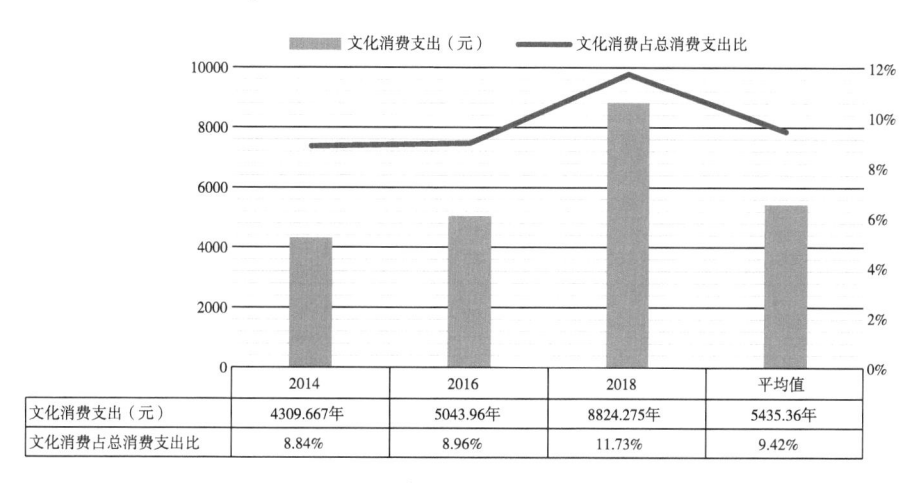

	2014	2016	2018	平均值
文化消费支出（元）	4309.667年	5043.96年	8824.275年	5435.36年
文化消费占总消费支出比	8.84%	8.96%	11.73%	9.42%

图 6-6　家庭文化消费支出及占比

数据来源：2014 年、2016 年、2018 年《中国家庭追踪调查》。

2. 文化消费中教育培训支出占比最高，文娱和旅游消费潜力巨大

从文化消费构成的三部分文化娱乐消费、旅游消费和教育培训消费上看（表 6-1），教育培训消费支出占绝对优势，平均值为 4163.03 元，占到了家庭总文化消费支出的 72.75%；其次是旅游消费支出，平均值为 1314.15 元，占家庭总文化消费支出的 22.96%；最低为文化娱乐消费支出，平均值为 245.33 元，仅占家庭总文化消费支出的 4.29%。构成比例反映了我国家庭文化消费的重点在教育培训上的支出，文化娱乐消费的支出比例还非常低。对

比美国家庭消费结构①，2017年美国家庭投入教育支出的比例仅为家庭总消费支出的2.5%，而我国2018年家庭投入教育支出比例为家庭总消费支出的8.05%，也可以看出我国家庭特别重视教育投入。从占比变化上可以发现，2014年到2018年文化娱乐消费和旅游消费支出占比在逐年上升，而教育培训支出占比从76.82%下降到66.71%，文化消费的结构在逐渐优化。未来，随着收入的进一步提升和国家相关政策的实施，教育消费占比过高的情况将得到调整，文化娱乐和旅游消费发展空间广阔。

表6-1 文娱、旅游和教培消费支出及占比情况

年份	文化娱乐消费（元）及占文化消费的比重（%）		旅游消费（元）及占文化消费的比重（%）		教育培训消费（元）及占文化消费的比重（%）	
2014	161.16	3.64%	866.71	19.55%	3405.55	76.82%
2016	210.09	3.94%	1165.91	21.89%	3950.05	74.16%
2018	512.81	5.41%	2643.90	27.89%	6324.72	66.71%
均值	245.33	4.29%	1314.15	22.96%	4163.03	72.75%

数据来源：2014年、2016年、2018年《中国家庭追踪调查》。

3. 文化消费发展不平衡，城乡差距较区域差距更明显

以2018年的CFPS统计数据来看（表6-2），文化消费发展存在不平衡现象。第一，城乡文化消费差距明显。2018年农村平均家庭文化消费支出为5942.89元，是城镇平均家庭文化消费支出的51.86%，文化消费水平差距较大。从文化消费结构上看，城镇家庭教育培训消费占总文化消费比例为61.78%，农村家庭在教育培训上的消费占比高于城镇家庭接近22个百分点。可见，无论农村还是城市，教育培训支出都显示出刚性需求的特征，同时，城镇家庭由于家庭收入较高、消费意识较强、文化产品供给和配套服务更优越，表现出旅游消费占比远高于农村家庭；第二，家庭文化消费水平在东中

---

① 数据来源：美国劳工部统计局2017年《全美消费者支出报告》。

西部①地区间的差异较小。西部地区文化消费水平最低,是最高的东部地区的69.32%,中部地区是东部地区的86.18%,区域间差距比城乡间差距稍弱。因此,缓解城乡差距成为目前文化消费均衡发展最迫切的问题。

表 6-2　2018 年城乡和区域文化消费对比

	文化消费总支出（元）	文化娱乐消费（元）及占文化消费的比重（%）		旅游消费（元）及占文化消费的比重（%）		教育培训消费（元）及占文化消费的比重（%）	
城镇	11459.30	660.57	5.76%	3718.95	32.45%	7079.78	61.78%
农村	5942.89	248.44	4.18%	720.57	12.12%	4973.88	83.69%
东部	10754.68	661.89	6.15%	3639.75	33.84%	6453.03	60.00%
中部	9268.25	406.37	4.38%	1907.05	20.58%	6954.83	75.04%
西部	7454.71	368.08	4.94%	1706.57	22.89%	5380.06	72.17%

数据来源:2018 年《中国家庭追踪调查》。

第二节　数字金融影响文化消费水平的基本检验

一、研究假设和模型构建

根据第五章数字金融对文化消费提升影响的理论机制分析,发现理论上数字金融能够通过一系列作用机制提升文化消费水平。因此,本章首先提出如下研究假设:数字金融发展能够促进居民文化消费水平的提高。

在本书第五章分析了数字金融发展影响文化消费提升的理论机制,本章在理论分析的基础之上进行实证性的检验。首先,在计量模型上根据 Hausa-

---

① 东部地区:包括北京、天津、河北、辽宁、上海、江苏、浙江、福建、山东、广东、广西、海南 12 个省、自治区、直辖市;中部地区:包括山西、内蒙古、吉林、黑龙江、安徽、江西、河南、湖北、湖南 9 个省、自治区;西部地区:包括四川、重庆、贵州、云南、西藏、陕西、甘肃、宁夏、青海、新疆 10 个省、自治区、直辖市。

man 检验的结果，本部分采用面板固定效应进行实证检验①。构建基本模型如下：

$$\ln Con_{i,t} = \alpha_0 + \alpha_1 Dif_{i,t-1} + \alpha_c Z_{i,t} + \mu_i + \delta_t + \varepsilon_{i,t} \quad (6-1)$$

式（6-1）中，$Con_{i,t}$ 为家庭 i 在 t 时期的文化消费水平指标。由于隐私性保护，家庭追踪调查数据公开的相匹配地理信息只到省级层面，因此本书解释变量数字金融发展选用省级层面数字普惠金融指数来匹配家庭数据，并将数字金融发展指标滞后一期来削弱反向因果关系带来的内生性问题，$Dif_{i,t-1}$ 为家庭 i 所在省级层面在 $t-1$ 时期的数字普惠金融指数。$Z_{i,t}$ 代表一系列户主、家庭和地区控制变量，μ_i 表示家庭 i 的固定效应，δ_t 则表示时间固定效应，$\varepsilon_{i,t}$ 表示随机扰动项。式（6-1）模型是面板数据常用的线性回归模型，估计此模型得到的 $Dif_{i,t-1}$ 回归系数 α_1 从整体上衡量了 Dif（数字金融发展）对 $\ln Con$（居民文化消费水平）的影响大小。

二、主要变量的说明和描述

（一）相关变量选取

被解释变量文化消费水平。根据中国家庭追踪调查（CFPS）提供的指标及问卷内容，从数据库中提取与文化消费有关的三类支出：文化娱乐（包括购买书报杂志、光盘、影剧票和去网吧等）支出、旅游（包括交通、食宿、景点门票等）支出和教育（包括择校费、学杂费、培训费、参加课外辅导班费用、购买教辅材料费等）支出，本书采用三类数据加和作为家庭文化消费支出代理变量，并对其作对数处理。

关注解释变量数字金融发展。参考以往学者的研究，本书采用了北京大学数字金融研究中心的中国数字普惠金融发展指数作为数字金融发展水平的代理变量。该指数由北京大学数字金融中心和蚂蚁金服集团共同编制，从2011 年开始每年测算一次，它基于蚂蚁金服的交易账户大数据，具有较好的

---

① 在用固定效应模型进行回归时，对 Con 即文化消费水平指标取对数，如此处理的原因是一方面可以缩小与解释变量数字普惠金融指数（Dif）数据之间的绝对差异，避免极端值的影响。另一方面处理之后可以尽可能满足经典线性模型假设，使回归结果更趋真实可信。

代表性和可靠性。数字普惠金融发展指标体系主要有 3 个一级维度指标（覆盖广度、使用深度和数字化程度）以及 11 个二级维度指标和 33 个具体指标来构建完成，指标体系构建见表 6-3。

控制变量。除了关注的解释变量外，还有一些变量会影响到家庭文化消费支出水平和结构，本书在参考以往学者研究此问题时对控制变量选取的经验，把控制变量分为三类，户主特征变量、家庭特征变量和地区发展状况变量。户主作为家庭中对财务状况最为了解的人员，其年龄、受教育程度、风险态度、社会保障、健康状况等都会影响到整个家庭文化消费的总体态度，从而影响文化消费支出水平和结构。家庭特征中家庭收入、家庭财务规模、家庭总房贷等经济因素则对文化消费支出能力有着直接的影响，而家庭人口规模大小、少儿占比、老年占比、是否居住城市等非经济因素也会对家庭整体文化消费支出水平和结构有一定影响。地区发展状况则从文化消费环境、文化消费产品供给等方面影响着家庭文化消费的水平和结构，这里选用地区人均 GDP 和传统金融发展状况来加以控制。在加入三类控制变量后，能够更好地剥离出可能影响居民文化消费的其他因素，佐证数字金融在其中起到的作用。对控制变量的具体说明如下：

表 6-3 数字普惠金融指标体系

数字普惠金融指标体系		
一级维度	二级维度	具体指标
覆盖广度	账户覆盖率	每万人拥有支付宝账号数量
		支付宝绑卡用户比例单均每个支付宝账号绑定银行卡数
使用深度	支付业务	人均支付笔数
		人均支付金额
		高频度（年活跃 50 次及以上）活跃用户数占年活跃 1 次及以上比
	货币基金业务	人均购买余额宝笔数
		人均购买余额宝金额
		每万人支付宝用户购买余额宝的人数

续表

数字普惠金融指标体系		
一级维度	二级维度		具体指标
使用深度	信贷业务	个人消费贷	每万支付宝成年用户中有互联网消费贷的用户数
			人均贷款笔数
			人均贷款金额
		小微经营者	每万支付宝成年用户中有互联网小微经营贷的用户数
			小微经营者户均贷款笔数
			小微经营者平均贷款金额
	保险业务		每万人支付宝用户中被保险用户数
			人均保险笔数
			人均保险金额
	投资业务		每万人支付宝用户中参与互联网投资理财人数
			人均投资笔数
			人均投资金额
	信用业务		自然人信用人均调用次数
			每万支付宝用户中使用基于信用的服务用户数（包括金融、住宿、出行、社交等）
数字化程度	移动化		移动支付笔数占比
			移动支付金额占比
	实惠化		小微经营者平均贷款利率
			个人平均贷款利率
	信用化		花呗支付笔数占比
			花呗支付金额占比
			芝麻信用免押笔数占比（全部需要押金情形）
			芝麻信用免押金额占比（全部需要押金情形）
	便利化		用户二维码支付的笔数占比
			用户二维码支付的金额占比

第一，户主特征变量。数据主要是来自 CFPS 提供的成人问卷，包括：户

主年龄、受教育程度、风险态度、社会保障情况和健康状况数据。借鉴其他学者的做法，控制了年龄的平方项来缓解遗漏变量偏误。还需要说明的是，CFPS 调查中没有关于谁是户主的提问，但在家庭经济问卷中有"您家哪位家庭成员最熟悉并且可以回答过去 12 个月家庭财务部分的问题"，参考以往研究，最熟悉家庭财务状况的人可以视为家庭里的户主。

第二，家庭特征变量。数据主要是从 CFPS 家庭成员问卷和家庭经济问卷中获得。关于家庭组成和经济特征的数据包括：家庭人口规模、少儿占比、老年占比、是否居住在城市、家庭收入、家庭财富规模、家庭总房贷。由于数字普惠金融指数测度中包括货币基金业务，因此在计算家庭收入时减去了相应财产性收入来缓解逆向因果问题，并对家庭收入、家庭总房贷作对数处理。

第三，地区发展状况变量。所在省的经济状况是家庭文化消费的重要宏观变量，本书选用省级层面的人均 GDP 表示，并作对数处理。此外，为了控制传统金融对家庭文化消费的影响，更准确地剥离出数字金融的影响，模型中还控制了地区层面的传统金融发展情况。

对解释变量、被解释变量和控制变量的指标解释如表 6-4 所示。

表 6-4　变量说明（CFPS）

	变量		变量说明
解释变量	数字金融发展		北京大学数字普惠金融指数
被解释变量	文化消费水平		家庭文化消费总支出（取对数）
控制变量	户主层面	年龄^2	户主年龄的平方
		户主受教育程度	文盲=0　小学=6　中学=9　高中/中专=12　大专=15　本科=16　硕士=19　博士=22
		风险态度	是否持有金融产品：是=1　否=0
		社会保障情况	医疗/养老/生育/工伤/生育保险，有其中一项=1，都没有=0
		健康状况	不健康=0　一般健康=1　比较健康=2　很健康=3　非常健康=4

续表

变量		变量说明
解释变量	数字金融发展	北京大学数字普惠金融指数
被解释变量	文化消费水平	家庭文化消费总支出（取对数）
控制变量 家庭特征	家庭人口规模	家庭成员人数
	少儿占比	0-14岁人口数占家庭成员人数比
	老年占比	65岁及以上人口数占家庭成员人数比
	家庭收入	除去财产性收入的全部家庭纯收入（取对数）
	家庭负债	总房贷（取对数）
	家庭财富规模	家庭净资产（百万）
	是否居住在城市	否=0 是=1
	地区经济状况	地区人均GDP（取对数）
	地区传统金融发展水平	以金融机构人民币贷款余额与GDP之比

（二）数据来源和规范

将搜集到的2014年、2016年、2018三年的个人层面、家庭层面以及地区层面数据进行合并，并匹配2013年、2015年、2017年省级数字普惠金融指数组成面板数据。为了使数据更加科学合理，本书剔除了存在缺失值的样本，并对剩余样本99%分位数以上数据进行缩尾处理。最终共生成26626个家庭样本数据，其中城市样本13925个，农村样本12701个。表6-5是本书相关变量的统计描述，对变量间方差膨胀因子进行测算发现，最大值为2.15，平均值为1.44，变量间不存在共线性的问题。

表 6-5 变量统计描述（CFPS）

	变量	样本量	平均值	标准差	最小值	最大值
被解释变量	文化消费（元）	26626	5435.36	9047.19	0	50000
核心解释变量	数字金融发展	26626	204.63	49.49	121.22	336.65
控制变量 / 户主层面	户主年龄^2	26626	2583.90	1439.84	256	9025
控制变量 / 户主层面	受教育程度	26626	7.84	4.64	0	22
控制变量 / 户主层面	风险态度	26626	0.06	0.24	0	1
控制变量 / 户主层面	社会保障情况	26626	0.14	0.35	0	1
控制变量 / 户主层面	健康状况	26626	1.90	1.19	0	4
控制变量 / 家庭特征	家庭人口规模	26626	3.66	1.80	1	19
控制变量 / 家庭特征	少儿占比	26626	0.09	0.16	0	0.75
控制变量 / 家庭特征	老年占比	26626	0.11	0.22	0	1
控制变量 / 家庭特征	家庭收入（元）（除财产性收入）	26626	72323.08	170042.80	0	11400000
控制变量 / 家庭特征	家庭负债（元）	26626	34659.61	508486.33	0	80000000
控制变量 / 家庭特征	家庭财富规模（百万）	26626	0.60	1.56	0	80.13
控制变量 / 家庭特征	是否居住城市	26626	0.52	0.50	0	1
控制变量 / 地区层面	经济状况（元）	26626	51928.75	26690.39	25201.78	153095
控制变量 / 地区层面	传统金融发展水平	26626	1.41	0.41	0.79	2.61

（三）其他数据说明

在本书的实证分析中，除使用以上数据外，为处理内生性问题和稳健性检验，本书还使用了以下几类数据。

第一，数字金融的工具变量。尽管本书在实证过程中控制了相关变量，但仍然可能存在遗漏变量等引起的内生性问题，因此，使用工具变量法缓解内生性问题成为本书的首选。借鉴赵涛等（2020）的做法，采用各省份在1990年的固定电话用户数历史数据作为数字金融发展的工具变量，这是由于一方面考虑到数字金融是在互联网产生和发展基础上出现的，当地互联网发展水平和其数字金融的发展水平事实上强相关,而当地早期电信发展水平会直接影响后期互联网的发展水平和居民的使用习惯;另一方面,代表某地早期电信发展水平的固定电话数量随着互联网和通信技术的发展使用率迅速下降,对文化消费起到的作用几乎可以忽略,满足了工具变量排他性的要求。但是选用的工具变量为1990年的固定电话用户数为一个截面数据,无法匹配使用进行面板计量分析,因此,本书参考 Nunn 和 Qian(2014)的做法,引入一个随时间变化的变量来构造面板工具变量。以本年移动互联网用户数分别与1990年各省固定电话用户数量构造交互项,作为该年数字金融发展的工具变量。

第二,更换样本。西南财经大学公布的中国家庭金融调查数据(CHFS)中涵盖了本书实证研究所需变量数据的统计,因此使用2017年 CHFS 样本非常适合本书研究。把收集到的 CHFS 数据和省级层面的经济水平、传统金融发展数据进行匹配,经过剔除缺失值、缩尾等数据处理后最终形成24144个截面样本数据。被解释变量文化消费是选取 CHFS 调查问卷中的"您家去年平均每个月书报、杂志、光盘、影剧票、酒吧、网吧、养宠物、游乐场及玩具、艺术器材、体育用品等文化娱乐总支出有多少钱?"文化消费占比选用的是文化消费占家庭总消费的比例。需要注意的是,在这里解释变量不再使用北大数字普惠金融指数,而是借鉴尹志超(2018)对数字金融发展变量的选取方法,针对 CHFS 问卷中关于"你家是否有过网上购物的经历?"此题作为数字金融发展的代理变量,"是"赋值为1、"否"赋值为0,此处更换了被解释变量还有利于更好地验证结果的稳健性。控制变量①在选取的时候依然考虑户主层面、家庭层面和地区层面三方面的可能影响因素,共选取年龄的平方、受教育程度、是否居住在城市、社会保障情况、健康情况、家庭总收入、家庭

---

① 部分变量的解释说明如下。文化消费:在 CHFS 调查问卷中有"您家去年平均每个月书报、杂志、光盘、影剧票、酒吧、网吧、养宠物、游乐场及玩具、艺术器材、体育用品等文化娱乐总支出有多少钱?"此题的统计数据作为家庭文化消费支出数据;数字金融发展:CHFS 问卷中关于"你家是否有过网上购物的经历?"此题作为数字金融发展的代理变量,是=1、否=0;受教育程度:没上过学=1、小学=2、初中=3、高中=4、中专/职高=5、大专/高职=6、大学本科=7、硕士研究生=8、博士研究生=9;城乡:城市=0、农村=1;社会保障情况:社会医疗保险有=1、无=0;健康状况:非常好=1、好=2、一般=3、不好=4、非常不好=5;地区经济:地区人均 GDP;传统金融发展水平:年末金融机构人民币贷款余额与 GDP 之比。

总资产、家庭总负债、地区经济状况和地区传统金融发展水平，得到变量的统计描述见表6-6。

表6-6 变量统计描述（CHFS）

变量	样本量	平均值	标准差	最小值	最大值
文化消费（元）	24144	6189.78	22004.58	0	72400
数字金融发展	24144	0.44	0.50	0	1
年龄^2	24144	2665.71	1690.66	4	9801
受教育程度	24144	3.52	1.81	1	9
是否居住在城市	24144	0.34	0.47	0	1
社会保障情况	24144	0.92	0.29	0	1
健康状况	24144	2.50	1.03	1	5
家庭总收入（元）	24144	104494.77	223324.13	0	690180
家庭总资产（元）	24144	1193612	2325183	0	56200000
家庭总负债（元）	24144	71067.96	310919.48	0	20200000
经济状况（元）	24144	65059.25	29224.06	32454	136172
传统金融发展水平	24144	0.77	0.36	0.13	1.56

比较CFPS和CHFS的变量统计描述发现，被解释变量文化消费均值分别为5435.36和6189.78，同样比较发现，受教育程度、社保状况、居住城市家庭比例、家庭总收入、家庭总资产、家庭总负债这些变量统计数值，CHFS的统计数据都普遍高于CFPS的同类统计数据，但差距都在可接受范围内，形成差距的原因一是由于被调查者选择的不同，二是CFPS的统计数据是2014年、2016年和2018年的均值统计，而CHFS的统计数据主要是2017年的截面数据。

三、实证结果分析与稳健性检验

(一) 基准回归结果分析

表 6-7 报告了基于公式（6-1）的回归结果。其中，列（1）为：没有加入控制变量的回归结果；列（2）为加入了户主年龄、受教育程度、健康状况、社会保障、户主风险态度部分控制变量的回归结果；列（3）为加入全部控制变量的回归结果；鉴于变量统计中文化消费为 0 的样本有 8625 个，故用 Tobit 模型再进行验证分析，列（4）为 Tobit 模型回归结果。

表 6-7 数字金融与居民文化消费

变量	(1) 文化消费	(2) 文化消费	(3) 文化消费	(4) 文化消费
数字金融发展	0.0043*** (8.76)	0.0113*** (6.97)	0.0095*** (4.17)	0.0063*** (6.88)
户主年龄^2		−0.0022*** (−4.53)	−0.0017*** (−3.40)	−0.0005*** (−14.78)
受教育程度		−0.0230 (−0.87)	−0.0178 (−0.67)	0.1840*** (23.12)
风险态度		0.3790** (2.47)	0.3290** (2.16)	1.5820*** (12.13)
社会保障情况		0.0752 (0.86)	0.0771 (0.89)	0.5670*** (6.12)
健康状况		−0.0486 (−1.55)	−0.0481 (−1.55)	−0.0125 (−0.47)
家庭规模			0.4010*** (11.74)	0.8180*** (43.75)
少儿占比			0.3770 (1.00)	5.3370*** (24.70)
老年占比			0.0971 (0.35)	−1.0070*** (−5.72)

续表

变量	(1) 文化消费	(2) 文化消费	(3) 文化消费	(4) 文化消费
家庭收入（除财产性收入）			0.0620** (2.04)	0.6500*** (21.07)
家庭负债			0.0089 (1.22)	−0.0047 (−0.69)
家庭财富规模			0.0449* (1.82)	0.1710*** (7.68)
是否居住城市			0.1580 (0.86)	1.0800*** (15.96)
传统金融发展水平			−0.1730 (−0.75)	0.0666 (0.82)
地区经济状况			0.1100 (0.26)	−0.2360** (−2.28)
家庭固定效应	是	是	是	否
年份固定效应	是	是	是	否
观测值数量	26626	26626	26626	26626
R^2	0.0086	0.0122	0.0311	—

注：*、**、*** 分别代表10%、5%和1%的显著性水平，( ) 内数值为估计值对应的 t 值，下同。

回归结果发现：第一，无论是在逐步增加了控制变量，还是在更换为Tobit模型回归后，核心解释变量数字金融发展的回归系数都显著为正且大小差异并不大，这更稳健地说明，从整体而言，中国数字金融的发展确实显著促进了居民文化消费支出。表6-7列（3）数字金融发展回归系数为0.0095且显著为正，说明数字金融每提升一个单位，可带动文化消费提升0.95%，研究假设得到验证；第二，表6-7列（3）回归结果发现，户主风险态度、家庭规模、家庭收入和家庭财富规模的回归系数均显著为正，说明数字金融对风险态度高的家庭文化消费起到更大提升作用，家庭人口规模越大更可能引起文化消费支出的增加；家庭收入和家庭财富规模系数显著为正，这表明文化消费符合持久收入假说和生命周期理论，两者很大程度上会影响着一个家庭的消费和储蓄情况；而户主年龄系数显著为负，表示户主年龄越大的家庭文化消费支出越低，这跟消费习惯和消费理念有关，也与当下现实情况相符，即互联网渗透面和文化消费的主力集中在中青年阶层，数字金融对促进老年家庭文化消费支出的效应并不显著；户主健康状况、社会保障情况、受教育程度、少儿占比、老年占比、家庭负债、是否居住在城市对居民文化消费的影响并不明显，考虑由于在短期内这些变量受时间的影响较小，在家庭层面被固定效应吸收；第三，从表6-7列（3）地区层面的回归结果看，地区经济发展水平与家庭文化消费提升关系并不显著，由此看出文化消费区别于一般消费，当经济发展到一定程度后，文化消费更多受到诸如科技进步、社会文化变迁、家庭消费偏好、消费者年龄等其他因素影响。再者，由于一些信息无法获取的缺憾，同一省份内不同家庭的经济发展水平赋值却是一样的，但他们之间文化消费显然会存在较大差距，所以会导致结果可能存在一定误差。同样，传统金融发展水平对文化消费影响系数为负但不显著，也说明了传统金融发展对居民文化消费促进作用越来越不明显，慢慢被数字金融所替代。

（二）文化消费分样本回归结果分析

以上通过多种方法验证了数字金融发展有利于文化消费的提升，有助于消费结构优化即消费升级。从前文对文化消费的描述中得知，文化消费包括三个类别：文化娱乐消费、文化旅游消费和教育消费，数字金融的发展对这三类的作用是否同样显著以及作用效果如何同样需要分开检验。表6-8实证分析数字金融发展和三类文化消费的关系，从实证结果看，数字金融发展均促进了家庭文化娱乐消费、旅游消费和教育消费的支出，但是从具体回归数据看，数字金融发展对教育消费的积极作用更显著，对文化娱乐消费次之，对旅游消费的提升作用最小。

第一，数字金融显著促进了家庭教育消费的提升，影响系数为0.0139。本章一开始对CFPS样本数据分析得到，三年样本中我国家庭教育消费支出占到了家庭总文化消费支出的72.75%，在第四章我国教育培训现状分析也可看出，中国家庭对孩子教育上的投入十分重视，新发展趋势显示，现在年轻人也十分重视个人学习并更擅长利用互联网进行付费学习，数字金融通过便利的数字支付、网络贷款等方式对教育的支付购买起到了支持作用，数字金融从消费需求端促进了教育消费增长。同时从教育供给端看，我国近几年线上教育培训繁荣发展，众多教育培训机构可以通过数字金融实现网上交易平台构建，更重要的是数字金融可以给小微企业解决融资约束问题，而教育培训机构大多为小微企业，数字金融从供给端促进教育产品的提供，提升教育消费。第二，数字金融显著促进了家庭文化娱乐消费的提升，影响系数为0.0121。数字金融的发展同样解决了文化娱乐消费中支付障碍的问题，最典型的一个例子就是电影票的购买，人们在家就可以提前了解影院排片和座位情况，并随时下单支付，节省了时间成本，提升了消费者效用，除了人们常用的微信、支付宝支付外，数字人民币支付在不久的将来也会全面上线，正在蓬勃发展的数字文化产品消费将迎来爆发期。第三，数字金融显著促进了家庭旅游消费的提升，影响系数为0.0066。数字金融对旅游消费的提升效应相对较弱，可能有两点原因：一是说明旅游消费在文化消费中还不属于刚需，如消费者用数字金融的信贷去进行教育消费的可能性大于用信贷去进行旅游消费的可能性；二是从旅游的供给侧看，由于旅游产品和服务的特殊性，更多面向的是线下消费，旅游企业的数字化要慢于文娱企业和教育企业，疫情后众多旅游企业开始意识到数字化转型升级的重要性。

表6-8 数字金融发展与文化消费增长：分样本回归

变量	文化娱乐消费	旅游消费	教育消费
数字金融发展	0.0121*** (6.49)	0.0066*** (2.91)	0.0139*** (5.76)
户主年龄^2	-0.0017*** (-4.21)	-0.0001 (-0.11)	-0.0036*** (-6.98)
受教育程度	-0.0532** (-2.47)	-0.0538** (-2.06)	0.0254 (0.91)
风险态度	0.3640*** (2.93)	0.6420*** (4.25)	0.0927 (0.58)

续表

变量	文化娱乐消费	旅游消费	教育消费
社会保障情况	0.0627 (0.89)	0.3220*** (3.74)	-0.0189 (-0.21)
健康状况	0.0206 (0.81)	-0.0074 (-0.24)	-0.0298 (-0.91)
家庭规模	0.0406 (1.46)	-0.0081 (-0.24)	0.6200*** ()
少儿占比	0.4190 (1.37)	-0.2510 (-0.67)	1.1020*** (2.77)
老年占比	-0.1710 (-0.75)	-0.2050 (-0.74)	0.5040* (1.70)
家庭收入 (除财产性收入)	0.0857*** (3.46)	0.128*** (4.24)	-0.0247 (-0.77)
家庭负债	0.0228*** (3.84)	0.0072 (0.99)	0.0024 (0.31)
家庭财富规模	0.0089 (0.44)	0.0452* (1.85)	-0.0048 (-0.18)
是否居住城市	0.1489 (0.99)	0.1230 (0.68)	0.1045 (0.54)
传统金融发展水平	-0.4370** (-2.32)	-0.3760 (-1.64)	-0.2460 (-1.01)
地区经济状况	-0.2380 (-0.69)	0.0151 (0.04)	0.2840 (0.64)
常数项	6.1510 (1.62)	0.0479 (0.01)	5.5060 (1.12)
家庭固定效应	是	是	是
年份固定效应	是	是	是
观测值数量	26626	26626	26626
R^2	0.0285	0.0259	0.0439

(三) 数字金融发展分指数回归结果分析

由于数字金融的发展是多维度的，比如有体现为账户数量、绑定银行卡数量的数字金融覆盖广度，有体现为各用户使用总量和活跃程度的数字金融使用深度，还有体现为数字金融服务的便利化和低成本特点的数字化程度这3个分指标。因此，本书需要进一步考察数字普惠金融指数的子指标及对居民文化消费影响的不同，以便更细致地厘清数字金融发展的不同方面对居民文化消费的影响有何不同。表6-9结果显示，覆盖广度、使用深度对居民文化消费水平的提高呈正向显著，而数字化程度的影响并不显著，从系数比较看，数字金融对文化消费占比的提升系数较小。结果表明，以支付宝为代表的新型在线金融产品通过支付、保险、现金基金等多元化金融服务，降低了金融服务门槛，有效地提升了居民的文化消费水平和优化消费结构，但是数字金融对消费结构的优化还有待加强。前文分析了过去几年数字金融覆盖广度和数字化程度经过快速发展逐渐进入平稳发展阶段，数字金融使用深度仍具有很大发展空间。结合回归结果提示，未来要更加注重数字金融产品的差异化、精准化、多元化探索，推动数字金融在文化产业发展中发挥更大的作用，提升数字金融使用深度，助力文化消费增长的边际效应和消费结构升级。

表 6-9 数字金融发展与文化消费水平：分指数回归

变量	文化消费水平	文化消费水平	文化消费水平
覆盖广度	0.0095*** (4.42)	—	—
使用深度	—	0.0020*** (2.70)	—
数字化程度	—	—	-0.0004 (-0.91)
控制变量	是	是	是
家庭固定效应	是	是	是
年份固定效应	是	是	是
观测值数量	26626	26626	26626

续表

变量	文化消费水平	文化消费水平	文化消费水平
R^2	0.0313	0.0300	0.0393

（四）内生性讨论

在计量分析中，普遍会遇到两种情况带来的内生性问题。首先，遗漏变量问题。即使本书尽可能多地控制了可能影响文化消费的个人、家庭和地区层面的若干变量，但仍可能存在与数字金融发展相关的影响居民文化消费的其他因素；第二，反向因果关系。即不仅存在数字金融促进文化消费的提升，还可能存在居民文化消费影响当地数字金融的发展。为了尽可能避免以上问题，接下来本书采用控制固定效应和工具变量法解决。

1. 控制固定效应

一般来说，经济基础好、文化消费高的地区，数字金融发展和应用就具有"先发优势"，而文化消费低、经济条件较差的地区则会有"后发劣势"。因此，本书进一步控制了省份效应、省份与年份交互效应来缓解数字金融发展可能带来的宏观环境变化。表6-10的列（1）为控制了家庭固定效应、年份固定效应和省份固定效应的回归结果，表6-10列（2）为同时控制了家庭固定效应、年份固定效应、省份固定效应以及省份和年份交互项的回归结果。从回归结果看，在考虑了宏观因素系统性变化之后，数字金融发展对文化消费水平的影响系数依然显著为正，与之前验证结论一致。

2. 使用工具变量

依据前文对工具变量的说明和数据计算结果，首先从统计学角度验证了两者之间的相关性。第一阶段回归显示，固定电话工具变量和数字金融发展显著为正，符合预期。经过一系列检验，本书选取的工具变量通过了外生性检验和弱工具变量检验，证实选取的工具变量是有效的。表6-10列（3）为数字金融影响文化消费水平的回归结果，影响系数为0.0099且显著为正，与基准回归结果系数0.0095非常接近，说明了基准回归的结果是可信的。再一次验证数字金融能够提升文化消费量。

表 6-10 内生性检验

变量	控制固定效应		工具变量法
	文化消费水平		文化消费水平
	（1）	（2）	（3）
数字金融发展	0.0098*** （4.24）	0.0108*** （4.48）	0.0099*** （2.73）
控制变量	是	是	是
家庭固定效应	是	是	是
年份固定效应	是	是	是
省份固定效应	是	是	否
省份×年份固定效应	否	是	否
Kleibergen-Paap rk LM 统计量	—	—	85.921 [0.000]
Kleibergen-Paap rk Wald F 统计量	—	—	69.896 {16.38}
观测值数量	26626	26626	16339
R^2	0.0312	0.0314	0.8660

注：[ ] 数值为 P 值，{ } 数值为 Stock-Yogo 弱识别检验 10% 水平上的临界值。

（五）稳健性检验

1. 更换被解释变量

虽然前文论证了数字金融的确能提升居民的文化消费水平，但不容忽视的一个疑问就是：数字金融对文化消费影响的可持续性会怎样。于是使用家庭文化消费除以家庭纯收入得出的文化消费率为被解释变量进行重新检验。使用公式（6-1）双固定效应模型进行回归，表 6-11 列（1）结果显示，数字金融发展对文化消费率的影响系数为 0.0009 且显著，由此可见，虽然影响系数不大，但数字金融的发展的确带来了居民文化消费率的提升。因为在控制变量中控制了家庭收入，更加确认了文化消费的持续增长不是因为家庭收入的增加而是因为数字金融发展所致。

2. 更换样本

根据前文所述，使用2017年CHFS的24144个家庭样本通过双固定效应模型进行实证检验。表6-11列（2）和列（3）为基于CHFS的全样本回归，结果显示数字金融对居民文化消费水平影响系数为2.3770且显著。基于样本中有相当部分家庭是文化消费支出显示为0，因此用Tobit模型对样本再次进行回归，表6-11列（3）为Tobit回归的结果，数字金融对文化消费水平的影响系数3.5243依然显著为正。对比之前用CFPS样本回归的结果可判断，数字金融提升了文化消费增长，因此，从以上实证分析可以充分论证数字金融发展有助于提升文化消费水平。但值得注意的是，用CHFS数据回归的各系数结果明显大于用CFPS数据回归结果，这可能是由于CHFS采用的是2017年的截面数据，且用是否网购（0/1）来衡量数字金融发展所导致。

表6-11 稳健性检验

变量	更换被解释变量 文化消费率	更换样本（CHFS）	
		文化消费水平	
	（1）	（2）	（3）
数字金融发展	0.0009*** (2.94)	2.3770*** (38.66)	3.5243*** (37.14)
控制变量	是	是	是
家庭固定效应	是	是	否
年份固定效应	是	是	否
观测值数量	26626	24144	24144
R^2	0.4490	0.2797	—

第三节 数字金融影响文化消费水平的机制和异质性检验

本书为更深刻全面地理解数字金融和文化消费的关系，对数字金融和文化消费水平之间的影响机制和异质性进行检验。首先，从讨论数字金融促进文化消费提升的理论推出本章的研究假设，并设立固定效应模型、中介效应模型和调节效应模型①。其次，通过使用中国家庭追踪调查数据（CFPS）从微观视角分别验证了家庭收入、支付便利性、缓解流动性约束和降低不确定性是其中的影响机制变量。最后，对数据进行分样本检验，发现数字金融对文化消费影响具有异质性特点。

一、研究假设

本书第五章分析了数字金融影响居民文化消费的理论机制，基于此分析，本章提出如下研究假设：

假设1：数字金融能够通过提高家庭收入来提升家庭文化消费水平。

假设2：数字金融能够提升支付便利性进而提升文化消费水平。

假设3：数字金融能够缓解流动性约束进而提升文化消费水平。

假设4：数字金融能够降低不确定性进而提升文化消费水平。

二、实证模型和数据

（一）模型构建

前文模型构建中构建了公式（6-2）固定效应模型，并实证了数字金融提高了文化消费水平和文化消费占比，本章对其作用机制进行实证检验，模型主要采用的是调节效应模型和中介效应模型相结合的方法。

$$Y_{it} = \alpha_0 + \alpha_1 Dif_{i,t-1} + \alpha_c Z_{i,t} + \mu_i + \mu_t + \varepsilon_{i,t} \tag{6-2}$$

$$Y_{i,t} = \theta_0 + \theta_1 Dif_{i,t-1} + \theta_2 M_{it} + \theta_3 M_{i,t} \times Dif_{i,t-1} + \theta_c Z_{i,t} + \mu_i + \delta_t + \varepsilon_{i,t} \tag{6-3}$$

式（6-2）中，$Y_{i,t}$为家庭i在t时期的文化消费水平指标，由于隐私性

---

① 本章在进行影响机制分析的过程中同时采用了调节效应模型和中介效应模型进行检验，但是由于中介效应模型在经济学机制分析中存在难以克服的内生性等一些具有争议的问题，参考国内外很多经济学家的做法和建议，对影响机制分析文主要采取的是如下解决办法：第一，直接拿机制变量（M）对因变量（Y）进行回归，机制变量（M）对自变量（X）的作用解释主要依赖于文献和逻辑，国内外学者都有类似采用。第二，采用中介效应模型和调节效应模型相结合。第三，加入异质性分析，异质性分析本质上也可以认为是机制分析的一个组成部分。

保护，家庭追踪调查数据公开的相匹配地理信息只到省级层面，因此本书解释变量数字金融发展选用省级层面数字普惠金融指数来匹配家庭数据，并将数字金融发展指标滞后一期来削弱反向因果关系带来的内生性问题，$Dif_{i,t-1}$ 为家庭 i 所在省级层面在 $t-1$ 时期的数字普惠金融指数。$Z_{i,t}$ 代表一系列户主、家庭和地区控制变量，μ_i 表示家庭 i 的固定效应，δ_t 则表示时间固定效应，$\varepsilon_{i,t}$ 表示随机扰动项。式（6-3）为调节效应模型，其中，$M_{i,t}$ 为数字金融影响居民文化消费水平的可能的影响机制变量，$M_{i,t} \times Dif_{i,t-1}$ 为影响机制变量和核心解释变量的交互项。

$$M_{i,t} = \beta_0 + \beta_1 Dif_{i,t-1} + \beta_c Z_{i,t} + \mu_i + \delta_t + \varepsilon_{i,t} \quad (6-4)$$

$$Y_{i,t} = \gamma_0 + \gamma_1 Dif_{i,t-1} + \gamma_2 M_{i,t} + \gamma_c Z_{i,t} + \mu_i + \delta_t + \varepsilon_{i,t} \quad (6-5)$$

式（6-4）和式（6-5）为中介效应模型，在式（6-2）得出的数字金融发展对文化消费水平/文化消费占比线性回归系数显著性通过检验的基础上，分别构建数字金融发展 $Dif_{i,t-1}$ 对于影响机制变量 $M_{i,t}$ 的线性回归方程（6-4），以及数字金融发展 $Dif_{i,t-1}$ 与影响机制变量 $M_{i,t}$ 对家庭文化消费水平 $Y_{i,t}$ 的线性回归方程（6-5），通过 β_1、γ_1 和 γ_2 等回归系数的显著性及大小变化情况进行判断影响机制是否存在。

（二）主要变量的说明和描述

1. 相关变量的选取

第一，被解释变量。关于居民文化消费，根据中国家庭追踪调查（CFPS）提供的指标及问卷内容，从数据库中提取与文化消费有关的三类支出：文化娱乐（包括购买书包杂志、光盘、影剧票和去网吧等）支出、旅游（包括交通、食宿、景点门票等）支出和教育（包括择校费、学杂费、培训费、参加课外辅导班费用、购买教辅材料费等）支出，本书采用三类数据加和作为家庭文化消费支出代理变量，并对其作对数处理。

第二，解释变量数字金融发展。参考以往学者的研究，本书采用了北京大学数字金融研究中心的中国数字普惠金融指数作为数字金融发展水平的代理变量。在实证过程中，借鉴以往学者做法，本章也会使用 CFPS 数据中家庭网上商业频率①作为数字金融发展的替代变量进行辅助检验。

第三，影响机制变量。①影响机制变量之家庭收入②。CFPS调查问卷中有一项"过去12个月的家庭总收入"，此项作为家庭收入的替代指标，在数据库中还有对家庭总收入的分项数据，如工资性收入、经营性收入、财产性收入和转移性收入（黄倩等，2019）；②影响机制变量之支付便利性。关于支付便利性的衡量指标并无特别确定的某一指标，参照以往学者有关研究，往往会用数字普惠金融指数中覆盖广度指数或者使用深度中的支付业务指数（张勋等，2020），还有学者用网购频率来指代支付便利性（尹志超，2018），为了结论更加可靠，本书在实证中都分别用这三个替代指标进行了检验；③影响机制变量之流动性约束。根据之前分析并结合以往学者研究，选用使用深度中的信贷业务指数作为流动性约束替代指标，还有一种方法，把家庭样本分为有负债家庭和无负债家庭（易行健，2018），来指代这个家庭是否受到流动性约束。本书在实证部分都分别使用这两种指标进行了检验；④影响机制变量之降低不确定性。根据前文分析，降低不确定性可以通过两种替代变量表示，一是选用家庭社会网络规模指标。总结以往文献发现，有的学者以家庭礼金支出来衡量（易行健，2012），还有的学者（杨阳等，2013）以社区互动频率、礼金收支、亲朋好友数量等构建的指标进行测度。根据本书实际情况所需，选择使用礼金支出作为衡量家庭社会网络的衡量指标，使用CFPS调查问卷中有一项为"包括实物和现金，过去12个月，您家总共出了多少人情礼？"的统计数据；二是借用以往学者研究（黄凯南，2021），把数字普惠金融指数中的保险业务指数看作数字金融降低不确定性的替代指标。

---

① 网上商业活动频率：CFPS问卷中有一项问题，"您使用互联网络进行商业活动，如使用网银、网上购物的频率有多高？"对于此问题的回答进行赋值，从不=0、几个月一次=1、一个月1次=2、一个月2~3次=3、一周1~2次=4、一周3~4次=5、几乎每天=6。

② 家庭收入一般由五部分组成：工资性收入、财产性收入、经营性收入、转移性收入和其他收入。工资性收入指就业人员通过各种途径得到的全部劳动报酬；财产性收入指通过资本参与社会生产和生活活动所产生的收入，即通过家庭拥有的动产和不动产通过财产营运所获得的红利收入、财产增值收益等；经营性收入是指通过经常性的生产经营活动而取得的收益；转移性收入就是指国家、单位、社会团体对居民家庭的各种转移支付和居民家庭间的收入转移，如离退休金、失业救济金、赔偿、住房公积金等。

第四，控制变量①。为了尽可能控制其他变量可能对家庭文化消费产生的影响，本书加入以下三类控制变量。①户主特征变量。数据主要是从CFPS提供的成人问卷，包括：户主年龄、受教育程度、风险态度、社会保障情况和健康状况数据。借鉴其他学者的做法，控制了年龄的平方项来缓解遗漏变量偏误；②家庭特征变量。数据主要是从CFPS家庭成员问卷和家庭经济问卷中获得。关于家庭组成和经济特征的数据包括：家庭人口规模、少儿占比、老年占比、是否居住在城市、家庭收入、家庭财富规模、家庭总房贷。由于数字普惠金融指数测度中包括货币基金业务，因此在计算家庭收入时减去了相应财产性收入来缓解逆向因果问题，并对家庭收入、家庭总房贷作对数处理；③地区发展状况变量。所在省的经济状况是家庭文化消费的重要宏观变量，本书选用省级层面的人均GDP表示，并作对数处理。此外，为了控制传统金融对家庭文化消费的影响，更准确地剥离出数字金融的影响，模型中还控制了地区层面的传统金融发展情况。

2. 数据来源和规范

将搜集到的2014年、2016年、2018年三年的个人层面、家庭层面以及地区层面数据进行合并，并匹配2013年、2015年、2017年省级数字普惠金融指数组成面板数据。为了使数据更加科学合理，本书剔除了存在缺失值的样本，并对剩余样本99%分位数以上数据进行缩尾处理。最终共生成26626个家庭样本数据，其中城市样本13925个，农村样本12701个。表6-12是本书相关变量的统计描述，对方差膨胀因子进行测算发现，变量间不存在共线性的问题。

---

① 本章在具体使用中介效应模型和调节效应回归中，因涉及不同的解释和被解释变量，需要控制的影响变量会根据具体情况有所调整，使模型应用更科学合理。

表 6-12 变量统计描述（CFPS）[①]

	变量	样本量	平均值	标准差	最小值	最大值
被解释变量	文化消费（元）	26626	5435.36	9047.19	0	50000
核心解释变量	数字金融发展	26626	204.63	49.49	121.22	336.65
影响机制变量 家庭收入	全部家庭纯收入（元）	26626	73834.61	171056.22	0	11400000
	工资性收入（元）	26626	40808.53	87027.54	0	10400000
	经营性收入（元）	26626	8810.84	32979.38	0	1500000
	财产性收入（元）	26626	1511.62	10071.32	0	800000
支付便利	覆盖广度指数	26626	174.52	53.89	89.59	316.12
	支付业务指数	26626	161.87	65.91	44.50	343.86
	网购频率	26626	0.80	1.63	0	6
流动性约束	信贷业务指数	26626	126.14	45.95	36.43	231.80
	有负债家庭的负债（元）	10084	44467.73	140135	0.01	4500000
不确定性	保险业务指数	26626	450.84	115.05	306.80	785.39
	家庭社会网络规模（礼金支出：元）	26626	4283.34	6547.77	0	250000
户主层面	户主年龄^2	26626	2583.90	1439.84	256	9025
	受教育程度	26626	7.84	4.64	0	22
	风险态度	26626	0.06	0.24	0	1
	社会保障情况	26626	0.14	0.35	0	1
	健康状况	26626	1.90	1.19	0	4

① 部分变量的解释说明：受教育程度：文盲 = 0、小学 = 6、中学 = 9、高中/中专 = 12、大专 = 15、本科 = 16、硕士 = 19、博士 = 22；健康水平：不健康 = 0、一般健康 = 1、比较健康 = 2、很健康 = 3、非常健康 = 4；风险态度：是否持有金融产品：是 = 1、否 = 0；社会保障情况：医疗/养老/生育/工伤/失业保险，有其中一项 = 1、都没有 = 0；少儿占比：0~14岁人口数占家庭成员人数比；老年占比：65岁及以上人口数占家庭成员人数比；网购频率：从不 = 0、几个月一次 = 1、一个月1次 = 2、一个月2~3次 = 3、一周1~2次 = 4、一周3~4次 = 5、几乎每天 = 6。家庭收入：除去财产性收入的全部家庭纯收入；家庭负债：家庭总房贷；家庭财富规模：家庭净资产；是否居住在城市：是 = 1、否 = 0；地区经济状况：地区人均GDP；传统金融发展水平：年末金融机构人民币贷款余额与GDP之比。

续表

	变量		样本量	平均值	标准差	最小值	最大值
控制变量	家庭特征	家庭人口规模	26626	3.66	1.80	1	19
		少儿占比	26626	0.09	0.16	0	0.75
		老年占比	26626	0.11	0.22	0	1
		家庭收入（元）（除财产性收入）	26626	72323.08	170042.80	0	11400000
		家庭负债（元）	26626	34659.61	508486.33	0	80000000
		家庭财富规模（百万）	26626	0.60	1.56	0	80.13
		是否居住城市	26626	0.52	0.50	0	1
	地区层面	经济状况（元）	26626	51928.75	26690.39	25201.78	153095
		传统金融发展水平	26626	1.41	0.41	0.79	2.61

3. 变量的数据分析

本部分重点对影响机制变量的数据做一个简单的统计分析。

第一，家庭收入①。对26626个家庭样本数据进行统计，图6-7所示，我国近几年家庭收入一直持续攀升，人均家庭收入从2014年的54780.88元增长到2018年的114533.90元，其中增长幅度明显的是财产性收入和工资性收入，增长了2.39倍和2.12倍；从家庭收入构成结构看（表6-13），城镇家庭和农村家庭三年平均工资性收入都占到家庭收入的一半以上，城镇偏高一些。农村家庭收入中经营性收入占比较高为20.05%，城镇家庭的财产性收入占比高于农村，但财产性收入在家庭收入结构中仍占比最低；是否网购可以看出一个家庭数字金融程度高低，表6-14列出了使用网购和未使用网购家庭收入的对比，城镇家庭中使用网购的收入是未使用网购的1.73倍，农村为1.85倍，直观比较看，数字金融程度高的家庭，收入也高，而且数字金融对农村家庭提高收入的影响程度更大。

---

① 在CFPS数据中家庭收入包括五部分，其中，数字金融可能引起的收入增长的部分主要是工资性收入、经营性收入和财产性收入，在后期实证分析中就不再考虑转移性收入和其他收入的影响。

第二篇 数字金融支持文化消费提升实证篇

图 6-7 家庭收入及组成变化趋势图

数据来源：2014 年、2016 年、2018 年《中国家庭追踪调查》。

表 6-13 城镇和农村家庭收入结构对比表

	工资性收入	经营性收入	财产性收入	转移性收入
城镇	57.96%	9.57%	2.34%	21.11%
农村	51.14%	20.05%	1.36%	13.68%

数据来源：2014 年、2016 年、2018 年《中国家庭追踪调查》。

表 6-14 城镇和农村是否网购与家庭收入对比

	城镇（元）	农村（元）
总样本	92954.56	52872.13
使用网购	129264.50	88055.30
未使用网购	74791.76	47571.39

数据来源：2014 年、2016 年、2018 年《中国家庭追踪调查》。

第二，其他影响机制变量如表 6-15 所示。反映支付便利性的指标有覆盖广度指数、支付业务指数和网购频率指数，从时间变化趋势看，这三者都呈上升趋势，特别是支付业务指数和网购频率指数上升速度明显；缓解流动性约束的替代指标信贷业务指数四年内翻了一倍，有债务的家庭负债平均值在 44467.74 元，占平均家庭收入的 47.16%；降低不确定性影响机制替代变量中，保险业务指数和家庭礼金支出都有明显增长。

表 6-15 其他影响机制变量统计

变量		2014 年	2016 年	2018 年
支付便利性变量	覆盖广度指数	121.76	192.42	248.00
	支付业务指数	96.70	185.80	248.34
	网购频率指数	0.35	0.59	2.28
流动性约束变量	信贷业务指数	90.27	136.75	179.78
	有债务家庭负债（元）	44768.13	48141.04	30244.93
不确定性变量	保险业务指数	457.11	371.23	624.64
	家庭社会网络规模（礼金支出：元）	3283.12	4183.34	5022.93

三、影响机制检验结果及分析

（一）提升家庭收入机制检验

无论是理论分析还是实证检验，以往学者的研究结论都较为统一地指向数字金融的发展会提升居民收入水平，收入的提升会带动消费的提升。基于此，接下来验证收入的提升是否是数字金融发展提升居民文化消费的影响机制。首先，使用中介效应模型进行验证。表 6-16 中列（1）-列（3）展示了家庭收入是否为数字金融促进文化消费水平的影响机制，从回归结果看，列（1）检验了数字金融发展能够显著促进家庭文化消费水平的提高，列（2）显示了数字金融显著促进了家庭收入的提升，然后把家庭收入作为中介变量放入到式（6-5）中，通过观察核心解释变量数字金融发展回归的系数值以及显著性变化进行判断。列（3）为加入中介变量后数字金融发展对文化消费水平影响的回归结果，对比列（1）发现，数字金融发展的回归系数有所下降，说明家庭收入提升是数字金融发展促进文化消费水平提高的作用机制。研究假设 1 得到验证。

表 6-16 数字金融发展与文化消费水平和占比：提升家庭收入机制

变量	文化消费水平 (1)	家庭收入 (2)	文化消费水平 (3)
数字金融发展	0.0095*** (4.17)	0.0076*** (12.07)	0.0076*** (12.07)
家庭收入	—	—	0.0788** (2.99)
控制变量	是	是	是
家庭固定效应	是	是	是
年份固定效应	是	是	是
观测值数量	26626	26626	26626
R^2	0.1197	0.1454	0.0312

注：*、**、***分别代表10%、5%和1%的显著性水平，（ ）内数值为估计值对应的 t 值，下同。

本部分再次通过固定效应模型进行更多实证分析，试图得到数字金融影响家庭收入的更丰富的发现。表 6-17 为分城乡样本测算的数字金融发展对家庭收入的影响。首先用北大数字普惠金融指数作为数字金融发展的替代变量，列（1）-列（3）回归系数说明，数字金融对农村家庭收入的提升作用更强，这是数字金融普惠性特点的展现，也是数字金融能够助力乡村振兴的切实证据。除此之外，本书还使用了 CFPS 中家庭网上商业活动频率作为被解释变量，指代家庭数字金融使用的程度进行再次回归验证，表 6-17 的列（4）-列（6）回归结果亦能表明，数字金融发展对农村家庭收入的促进作用高于对城镇家庭。数字金融的发展不仅对提高文化消费水平、促进消费结构优化有积极作用，而且对缩小城乡贫富差距、促进共同富裕也有重大意义。

表 6-17 数字金融发展与家庭收入：分城乡样本

变量	总样本(1)	城市(2)	农村(3)	总样本(4)	城市(5)	农村(6)
数字金融发展	0.0076*** (12.07)	0.0078*** (10.16)	0.0084*** (6.46)	—	—	—
网上商业活动频率	—	—	—	0.0261*** (3.36)	0.0235*** (2.58)	0.0281* (1.78)
控制变量	是	是	是	是	是	是
家庭固定效应	是	是	是	是	是	是
年份固定效应	是	是	是	是	是	是
观测值数量	26626	13925	12701	26626	13925	12701
R^2	0.1197	0.1454	0.0910	0.1064	0.1275	0.0821

从我国目前情况看，财产性收入在家庭收入中占比仍偏低，稳定和增加居民财产性收入、稳定资本市场财产性收入预期是"十四五"时期促进居民收入增长的重要组成部分。我国金融市场信息不对称，是投资者趋利避害导致财产性收入一直在家庭收入中占较低比例的重要原因，创新金融产品和服务、完善国内金融体系、金融市场以及金融制度规则迫在眉睫。未来，数字金融的健康发展将会助力居民财产性收入的增加。

本书也测算了数字金融发展对各类家庭收入的影响情况（表 6-18），实证结果发现，数字金融发展能够促进城镇家庭的工资性收入和财产性收入，对经营性收入的影响作用不显著。对农村家庭而言，数字金融能够促进工资性收入和经营性收入，对财产性收入影响不显著，这一实证结果跟张勋等人（2021）的研究结论一致。数字金融的普惠性、公平性和共享性对落后地区带来创业活跃度和经济的增长，增加的工作机会和对非农业劳动的需求，都可以带动农村居民工资水平的提高，故表现为数字金融发展可以促进农村家庭工资性收入的提升。而对农村经营性收入的提升可以用集约边际（Intensive

Magin)和扩展边际(Extensive Margin)来解释①。一方面,从集约边际解释,数字金融可以有助于从事经营性业务的家庭扩大生产规模,提升收入。另一方面,从扩展边际解释,数字金融可以增强农户创业行为和创业绩效,增加财产性收入。

表6-18 数字金融发展与家庭收入:分收入类型

变量	城镇			农村		
	工资性收入	经营性收入	财产性收入	工资性收入	经营性收入	财产性收入
数字金融发展	0.0075** (2.46)	0.0030 (1.10)	0.0015* (1.73)	0.0066** (2.06)	0.0107** (2.36)	-0.0008 (-0.31)
控制变量	是	是	是	是	是	是
家庭固定效应	是	是	是	是	是	是
年份固定效应	是	是	是	是	是	是
观测值数量	13925	13913	13925	12701	12690	12701
R^2	0.0123	0.0014	0.0022	0.0100	0.0131	0.0026

(二)提升支付便利性机制检验

为了检验支付便利性是否为数字金融提升文化消费的作用机制,首先在基准回归的基础上,利用中国数字普惠金融指数的子指标来进行机制验证。根据前文介绍,数字普惠金融发展指数的一级指标中覆盖广度主要是通过拥有支付宝账号比例、支付宝绑卡比例和数量计算得来;使用深度主要通过对支付宝的支付业务、货币基金业务、信贷业务、保险业务、投资业务和信用业务数据计算得出。其中,覆盖广度和使用深度中的支付业务可以代表支付便利性,但是由于它们包括共同的支付便利性信息,如果放在同一模型下回归极易产生共线性的问题,因此,本书用这两类指数分别与居民文化消费进

---

① 集约边际:是指某块(幅)土地在利用中所达到的临界点,该点所用的资本和劳动的变量投入成本与其收益相等,即在边际成本超过边际收益之前,最后一个连续变量投入单位所达到之点正是集约边际;扩展边际:是指出口产品种类的增加或新的企业进入出口市场,LawLess和Bernard从企业角度对二元边际进行测度,将进出口企业数称为扩展边际,单位企业平均贸易额称为集约贸易边际。

行回归。为了进一步从需求层面来寻找数字金融通过支付便利性来增加居民文化消费的证据,本书还选取了网购频率作为衡量支付便利性的替代指标进行调节效应的检验,因为从现实来看,网购频率很大程度上体现了支付的便利。

表6-19为支付便利性与居民文化消费水平的回归结果,无论是使用覆盖广度、支付业务的固定效应模型检验,还是使用网购频率作为调节变量的调节效应检验,结果都一致指向数字金融能够提升支付便利性进而提升家庭文化消费水平。这并不难理解,如数字文化产品的消费和交易具有无实物性,数字金融的普惠性扩大了文化产品消费群体,从规模上促进文化消费水平的提高。再者,数字支付的快速发展也促进了文化产品供给端的转型升级,从平衡供需方面促进文化消费水平的提高。

表6-19 数字金融发展与文化消费水平:提升支付便利性机制

变量	文化消费水平	文化消费水平	变量	网购频率	文化消费水平
覆盖广度	0.0095*** (4.42)	—	数字金融发展	0.0136*** (13.99)	0.0065*** (2.72)
支付业务	—	0.0058*** (4.15)	网购频率×数字金融发展	—	0.0009** (2.51)
控制变量	是	是	是	是	是
家庭固定效应	是	是	是	是	是
年份固定效应	是	是	是	是	是
观测值数量	26626	26626	观测值数量	26626	26626
R^2	0.0313	0.0311	R^2	0.1666	0.0355

(三) 缓解流动性约束机制检验

进一步分析数字金融发展与居民文化消费增长的其他可能传导机制。易行健和周利(2018)的分析发现,金融发展可以促进资源合理有效地配置,使受流动性约束的消费者能够轻松利用金融市场实现跨期消费平滑,进而释放被抑制的消费需求。同理,发展数字金融也可以帮助居民优化资源配置,缓解流动性约束对居民文化消费的抑制作用。分析发现，在数字普惠金融的子指标中，与流动性约束相关的指标是信贷业务，信贷业务指数是通过个人消费信贷和小微经营者信贷的用户数、贷款笔数和贷款金额计算得出，因此，可以认为这一指标能够反映消费者流动性约束缓解情况。

表6-20是对总样本回归，结果显示数字金融能够通过提供贷款、缓解流动性约束促进居民文化消费水平。为了进一步解释，借鉴其他学者的方法，按照有无家庭债务进行分组回归，发现对于有负债的家庭，数字金融通过缓解流动性约束促进文化消费水平提高的作用效果更强，对于没有负债的家庭则不能，这进一步佐证了数字金融可以通过提供信贷业务缓解流动性约束来提高文化消费水平的结论。

表6-20 数字金融发展与文化消费水平：缓解流动性约束机制

因变量 （居民文化消费）	总样本	无负债家庭	有负债家庭
信贷业务	0.0095*** (3.61)	0.0081 (1.40)	0.0107* (1.88)
控制变量	是	是	是
家庭固定效应	是	是	是
年份固定效应	是	是	是
观测值数量	26626	16542	10084
R^2	0.0306	0.0344	0.0296

（四）降低不确定性机制检验

根据前文对降低不确定性的指标选择，本部分通过家庭社会网络和保险业务来替代，并以CFPS调查问卷中家庭一年中人情礼金支出作为家庭社会网络规模的替代变量，以数字普惠金融指数中保险业务指数作为保险的替代变量。接下来首先验证数字金融是否显著扩大了家庭社会网络，然后把数字金融和家庭社会网络进行交互，加入模型进行分析。

从表6-21回归结果发现，核心解释变量数字金融发展显著促进了家庭网络结构规模的扩大，而交互项系数均显著为正，这说明数字金融扩大了家庭社会网络规模，并且家庭社会网络的扩大对数字金融促进居民文化消费水平和占比起到了加强作用。这主要由于我国社会比较注重人际交往，家庭社交和互动产生的示范效应对其储蓄和消费的理念影响是客观存在的。同时，家庭社会网络的构建会形成风险共担，一定程度上会降低不确定性对家庭文化消费带来的冲击，促进居民文化消费的提升。数字普惠金融指数中保险业务指数对文化消费水平和文化消费占比的回归结果也可以得出，数字金融发展提供的保险业务使得家庭不确定性降低从而促进文化消费水平的提高，研究假设4得到验证。

表6-21 数字金融发展与文化消费水平：降低不确定性机制

变量	家庭社会网络	文化消费水平	文化消费水平	文化消费水平
数字金融发展	0.0029***	0.0095*** （4.17）	0.0089*** （3.49）	—
数字金融发展×家庭社会网络	—	—	0.1010** （2.03）	—
保险业务	—	—	—	0.0051* （1.75）
控制变量	是	是	是	是
家庭固定效应	是	是	是	是
年份固定效应	是	是	是	是
观测值数量	26626	26626	26626	26626
R^2	0.0495	0.0102	0.0293	0.0295

四、异质性检验结果及分析

前一部分主要通过实证分析了数字金融发展促进文化消费水平的机制，接下来进行异质性的分析，以便更细致地把握数字金融对促进文化消费水平的影响。

(一) 分受教育程度的异质性分析

近年来,随着我国经济社会的发展,教育普及率和教育水平不断攀升,数字时代的到来助推消费升级,文化消费随之迎来繁荣时期。一般的消费更多依赖于收入决定,收入高就更有可能消费奢侈的高价位的物质产品,收入低就可能只满足基础生存需求,而基础生存需求的消费需求弹性系数较小。文化消费需求弹性系数较大,而且文化消费除了受到收入的影响,文化水平和艺术修养对其影响至关重要。收入高的人可能更容易实现奢侈的物质消费,但如果受限于文化水平、艺术修养,也无法进行文化消费或只能消费较低层次的文化产品。因此,受教育程度高低会对文化消费产生不同影响。

首先将样本按户主受教育程度的差异分为文盲、小学、初中、高中(或中专)和大学学历以上(包括大专)五个子样本,并进行分组回归结果,如表6-22所示,数字金融对初中及以上人群文化消费水平的拉动作用明显,特别是对大学及以上教育程度的户主家庭影响系数最大,对初中以下受教育水平的户主家庭文化消费水平提升作用不显著,数字金融对低学历阶层的人群存在数字金融的"二级数字鸿沟"和"三级数字鸿沟"[①],会限制数字金融促进文化消费水平提高的作用发挥。中国教育部公布的2021年教育事业统计数据显示,我国16—59岁劳动年龄人口平均受教育年限从2010年的9.67年提高至2021年10.75年。文盲率从2010年的4.08%下降为2021年的2.67%,人口素质不断提高。结合以上分析可以推断,数字金融发展对文化消费的积极意义在当代更为突出。

进一步分析,表6-23显示数字金融促进了初中人群中教育培训的支出,对文化娱乐和旅游支出的作用不显著,但对于高中(中专)及以上学历水平较高的人群,数字金融主要促进了文化娱乐和教育培训的支出,而对旅游支出的影响不显著,这也呼应了前文的分析,在文化消费中,教育消费支出是其中偏基础型和刚性需求的文化消费。

---

① 一般认为,"一级数字鸿沟"是以数字基础设施"接入差距"为特征;"二级数字鸿沟"是以信息数字技术"使用差距"为特征;"三级数字鸿沟"是以利用学习数字金融产品能力所产生的"成果差距"为特征。

表 6-22 数字金融与文化消费水平：受教育程度的异质性

受教育程度	文盲	小学	初中	高中/中专	大学及以上
数字金融发展	0.0039 (0.47)	0.0083 (1.20)	0.0115** (2.35)	0.0078* (1.69)	0.0141*** (2.91)
控制变量	是	是	是	是	是
家庭固定效应	是	是	是	是	是
年份固定效应	是	是	是	是	是
观测值数量	4671	6060	8619	4430	2846
R^2	0.0839	0.0243	0.0373	0.0495	0.0604

表 6-23 数字金融与各类文化消费水平：受教育程度的异质性

受教育程度	初中			高中/中专			大学及以上		
	文娱支出	旅游支出	教育支出	文娱支出	旅游支出	教育支出	文娱支出	旅游支出	教育支出
数字金融发展	0.0063 (1.54)	0.0044 (0.97)	0.0185*** 3.71	0.0217*** (5.05)	0.0083 (1.49)	0.0110** (2.14)	0.0169*** (3.37)	0.0078 (1.01)	0.0226*** (3.15)
控制变量	是	是	是	是	是	是	是	是	是
家庭固定效应	是	是	是	是	是	是	是	是	是
年份固定效应	是	是	是	是	是	是	是	是	是
观测值数量	8619	8619	8619	4430	4430	4430	2846	2846	2846
R^2	0.0358	0.0487	0.0458	0.0486	0.0387	0.0731	0.0554	0.0373	0.0811

（二）分家庭收入的异质性分析

将家庭总样本分为不同收入阶层的家庭进行异质性分析。2014年、2016年、2018年CFPS样本中家庭收入的平均值是73834.64元，中位数为50000元，因此，根据样本数据划分为低收入家庭（3万元以下）、中低收入家庭（3万—5万元）、中等收入家庭（5万—8万元）、中高收入家庭（8万—15

万元)和高收入家庭(15万元以上)四个收入阶层。表6-24的回归结果表明,数字普惠金融的发展能明显地促进中等收入和中高收入阶层居民的文化消费支出,而低收入、中低收入和高收入阶层居民的文化消费对数字金融的发展反应并不敏感。这与本书所阐述的文化商品的需求收入弹性特点相一致,文化消费对低收入层次的人群来说属于奢侈品消费,对高收入阶层来说属于刚性需求,此时文化商品的需求收入的弹性系数较小,家庭收入在一定范围内的变化并不能有效地引起文化消费的变化。

高收入阶层往往受到较小的流动性约束,表现在数字普惠金融对其消费变化的影响作用较为有限,其对文化消费的需求不太会受制于数字金融的发展与否。对于收入低的人来说,一方面可能存在的"数字鸿沟"对文化消费提升作用形成了障碍,另一方面文化消费属于满足物质基础之上的精神文化消费,在较低收入的家庭中,数字金融会更明显地促进基础型消费的支出,所以由于收入限制对文化消费的提升作用还没产生。随着我国政府对共同富裕的推进,会有更多低收入人群逐渐迈入中等收入行列,数字金融在推动文化消费水平提高方面将会有很大发挥空间。

表6-24 数字金融与文化消费水平:家庭收入的异质性

家庭收入	低收入	中低收入	中等收入	中高收入	高收入
数字金融发展	-0.0038 (-0.62)	0.0038 (0.42)	0.0116* (1.23)	0.0225*** (4.06)	-0.0083 (-0.86)
控制变量	是	是	是	是	是
家庭固定效应	是	是	是	是	是
年份固定效应	是	是	是	是	是
观测值数量	8521	5462	5619	4862	2162
R^2	0.0361	0.0331	0.0209	0.0795	0.0606

(三)分年龄的异质性分析

按不同年龄阶层对样本进行分类回归,从表6-25回归结果看,数字金融对65岁以下群体文化消费的刺激作用都正向显著,特别是对35岁以下年轻人影响程度最强,而对65岁以上老年人并无显著影响。本书第四章对数字金融信贷业务的统计也发现,年龄越低,网贷参与率越高,年轻家庭使用过网贷的比例高达33.6%。一方面,青年人更容易接触和利用数字资源,微信支付、支付宝扫码、人脸识别成为当代青年消费者群体的生活常态;另一方面,根据生命周期理论,人一生中的消费更多会分配在青年时代,这时候的消费行为有非理性特征,在虚拟世界中,青年人心理上更倾向于使用"信贷""透支"等方式进行购买。最后,青年消费群体成长年代和环境更接受为文化价值付费,现在的90后甚至95后年轻人越来越愿意为文化活动买单,对动漫游戏、影视作品、电子娱乐等文化产品的消费热情较高。伴随着互联网成长起来的新生代已成为数字经济发展背景下最有活力的主力军。

"银发群体"的文化消费值得关注。第七次全国人口普查显示,我国65岁以上老年人口达到19064万人,占总人口的13.50%,部分地区已经进入深度老龄化阶段,开发老年人文化消费市场是应对当前低出生率、人口红利消退的重要途径。但遗憾的是,实证结果显示数字金融并未对其文化消费起到促进作用,究其原因一是老年人的消费习惯固化,对文化消费意识有待引导和加强;二是老年人会存在明显的数字鸿沟,使用数字金融方面存在壁垒;三是供给端对老年文化产品开发不重视或者产品单一,不能提供丰富的符合老年人的个性化、差异化的文化产品,老年文化消费市场蓝海有待开发。

表6-25 数字金融与文化消费水平:年龄的异质性

年龄	35以下	35—45岁	46—65岁	65岁以上
数字金融发展	0.0173*** (6.00)	0.0052* (1.76)	0.0058* (1.85)	-0.0049 (-0.77)
控制变量	是	是	是	是
家庭固定效应	是	是	是	是
年份固定效应	是	是	是	是
观测值数量	4908	5337	12384	3987
R^2	0.1289	0.0408	0.0320	0.0373

（四）分性别的异质性分析

无论从学术研究还是实践经验看，男性和女性受数字经济、数字金融的影响存在差异。2022年3月阿里研究院与中国就业形态研究中心课题组联合发布的《数字经济与中国妇女就业创业研究报告》指出，在数字贸易、电商、直播等领域，数字经济已经创造了5700万女性就业机会。数字经济能够为女性创造更多就业、创业机会，降低农村地区、偏远地区女性劳动者的就业创业壁垒，缩小城乡女性发展差距，提升女性就业创业质量。数字金融同样为女性创造巨大"数字红利"，实证研究发现数字金融能够促进女性机会驱动型创业活动的增加，尤其是对低教育程度的女性（强国令等，2022），在经济水平、城镇化水平和教育水平较低的地区数字金融对女性就业概率提升影响更明显（彭丽莹，2021）。《QuestMobile2022"她经济"洞察报告》显示，在数字经济发展驱动下，女性用户在购物消费、生活及娱乐等领域渗透进一步提升。女性用户对泛娱乐（短视频、在线视频、在线音乐、在线阅读、消除游戏）应用表现出明显的偏好，尤其在短视频领域，月人均使用时长已达56小时且依然持续增长中，女性用户的消费边界逐渐向汽车、游戏等典型男性消费市场扩充。由上述研究可推测，数字支付、互联网信贷、互联网理财等数字金融业务在"她经济"时代将有力推动女性对文化消费需求的增长。

鉴于以上事实分析，有必要分性别、分城乡进行实证检验，更加科学地论证数字金融对文化消费影响到底存在怎样的"男女有别"。从表6-26回归结果看，首先，总体样本回归系数表明数字金融发展均促进了男性和女性文化消费水平的提升，但对女性文化消费支出的影响更大。其次，分城乡回归结果表明，数字金融对农村男性文化消费提升影响不显著，数字金融主要拉动了城市男性、城市女性和农村女性的文化消费增长，且影响系数呈现为农村女性（0.0127）>城市女性（0.0122）>城市男性（0.0088）。所得结论与彭丽莹（2021）、强国令（2022）等学者的结论基本一致，与事实相符，进一步证实了数字金融的普惠性能够在农村市场、女性市场文化消费中发挥更强的推动力，数字金融对女性文化消费的影响力不容忽视，未来需要更好地利用数字金融的优势做好文化消费市场的下沉，进一步拓展女性文化消费市场的规模。

表 6-26 数字金融与文化消费水平：性别的异质性

性别	男性（总）	女性（总）	男性（城市）	男性（农村）	女性（城市）	女性（农村）
数字金融发展	0.0081*** (2.64)	0.0101*** (2.84)	0.0088** (2.31)	−0.0007 (−0.13)	0.0122*** (2.76)	0.0127* (1.74)
控制变量	是	是	是	是	是	是
家庭固定效应	是	是	是	是	是	是
年份固定效应	是	是	是	是	是	是
观测值数量	13887	12739	6666	7221	7259	5480
R^2	0.0267	0.0400	0.0246	0.0313	0.0468	0.0422

（五）分区域的异质性分析

由于地理环境和历史发展原因，我国东中西经济发展存在明显的区域不平衡，因此，推测这种现状格局会导致数字金融发展对居民文化消费的影响具有较大地区差异性。为了证实这种推测，本部分将总体样本划分为东部沿海地区、中部地区和西部地区①三个子样本并进行分组回归。表 6-27 的回归结果表明，数字金融的发展显著促进了中部地区的居民文化消费，而对东部沿海地区和西部地区的居民文化消费并无显著影响。这可能是因为中部地区经济发展和人均收入高于西部地区，有文化消费的基础能力，但由于文化产业发展水平、文化产品供给等方面的限制而无法全面释放，数字金融的发展恰好为文化产品的交易提供了渠道，文化消费提升效果更加明显。

---

① 东部地区：包括北京、天津、河北、辽宁、上海、江苏、浙江、福建、山东、广东、广西、海南 12 个省、自治区、直辖市；中部地区：包括山西、内蒙古、吉林、黑龙江、安徽、江西、河南、湖北、湖南 9 个省、自治区；西部地区：包括四川、重庆、贵州、云南、西藏、陕西、甘肃、宁夏、青海、新疆 10 个省、自治区、直辖市。

表 6-27 数字金融与文化消费水平：区域的异质性

地区	东部	中部	西部
数字金融发展	0.0049 (1.39)	0.0010* (1.74)	0.0012 (0.18)
控制变量	是	是	是
家庭固定效应	是	是	是
年份固定效应	是	是	是
观测值数量	11678	7924	7024
R^2	0.0309	0.0402	0.0185

第七章　数字金融与文化消费结构

本书第五章论证了数字金融能够促进文化消费占比（结构）的提升，但是数字金融影响文化消费结构的具体效应是怎样的，作用机制又是什么？对这些问题的解答会让我们更深刻地理解数字金融和文化消费的关系，因此，这些问题将在本章得到进一步的讨论和验证。

第一节　数字金融影响文化消费结构的基本检验

一、研究假设和模型构建

根据第五章数字金融对文化消费提升影响的理论机制分析，发现理论上数字金融能够通过一系列作用机制提升文化消费在总消费中的占比，优化消费结构促进消费升级。因此，本章首先提出如下研究假设：数字金融发展能够促进居民文化消费占比的提高，优化消费结构。

在本书第五章分析了数字金融发展影响文化消费提升的理论机制，本章在理论分析的基础之上进行实证性的检验。首先，在计量模型上根据 Hausaman 检验的结果，本部分采用面板固定效应进行实证检验①。构建基本模型

---

① 在用固定效应模型进行回归时，对 Con 即文化消费水平指标取对数，如此处理的原因是一方面可以缩小与解释变量数字普惠金融指数（Dif）数据之间的绝对差异，避免极端值的影响。另一方面处理之后可以尽可能满足经典线性模型假设，使回归结果更趋真实可信。

如下：

$$Con'_{i,t} = \alpha_0 + \alpha_1 Dif_{i,t-1} + \alpha_c Z_{i,t} + \mu_i + \delta_t + \varepsilon_{i,t} \tag{7-1}$$

式（7-1）中 $Con'_{i,t}$ 为家庭 i 在 t 时期的文化消费占总消费比即消费结构替代指标。由于隐私性保护，家庭追踪调查数据公开的相匹配地理信息只到省级层面，因此本书解释变量数字金融发展选用省级层面数字普惠金融指数来匹配家庭数据，并将数字金融发展指标滞后一期来削弱反向因果关系带来的内生性问题，$Dif_{i,t-1}$ 为家庭 i 所在省级层面在 $t-1$ 时期的数字普惠金融指数。$Z_{i,t}$ 代表一系列户主、家庭和地区控制变量，μ_i 表示家庭 i 的固定效应，δ_t 则表示时间固定效应，$\varepsilon_{i,t}$ 表示随机扰动项。(7-1) 模型是面板数据常用的线性回归模型，估计此模型得到的 $Dif_{i,t-1}$ 回归系数 δ_1 从整体上衡量了 Dif（数字金融发展）对 Con'（文化消费占总消费比）的影响大小。

二、主要变量的说明和描述

1. 相关变量选取

被解释变量文化消费占比。结合第六章对文化消费数据的定义，本书采用三类数据加和作为家庭文化消费支出代理变量，并对其作对数处理。采用了家庭文化消费占总消费支出比重作为消费结构的替代变量，检验数字金融是否促进了文化消费占比的提升，助力消费升级。

关注解释变量数字金融发展。参考以往学者的研究，本书采用了北京大学数字金融研究中心的中国数字普惠金融发展指数作为数字金融发展水平的代理变量。指标体系构建见本书第六章表6-3。

控制变量。除了关注的解释变量外，还有一些变量会影响到家庭文化消费的结构，本书在参考以往学者研究此问题时对控制变量选取的经验，把控制变量分为三类，户主特征变量、家庭特征变量和地区发展状况变量。户主作为家庭中对财务状况最为了解的人员，其年龄、受教育程度、风险态度、社会保障、健康状况等会影响整个家庭文化消费的总体态度，从而影响文化消费结构。家庭特征中家庭收入、家庭财务规模、家庭总房贷等经济因素则对文化消费支出能力有着直接的影响，而家庭人口规模大小、少儿占比、老年占比、是否居住城市等非经济因素也会对家庭整体文化消费结构有一定影响。地区发展状况则从文化消费环境、文化消费产品供给等方面影响着家庭文化消费的水平和结构，这里选用地区人均 GDP 和传统金融发展状况来加以控制。在加入三类控制变量后，能够更好地剥离出可能影响居民文化消费的其他因素，佐证数字金融在其中起到的作用。对控制变量的具体说明在第六章已有介绍，这里不赘述。

对解释变量、被解释变量和控制变量的指标解释如表 7-1 所示。

表 7-1 变量说明（CFPS）

变量			变量说明
解释变量		数字金融发展	北京大学数字普惠金融指数
被解释变量		文化消费占比	家庭文化消费支出占总消费支出比
控制变量	户主层面	年龄^2	户主年龄的平方
		户主受教育程度	文盲=0、小学=6、中学=9、高中/中专=12、大专=15、本科=16、硕士=19、博士=22
		风险态度	是否持有金融产品：是=1、否=0
		社会保障情况	医疗/养老/生育/工伤/生育保险，有其中一项=1，都没有=0
		健康状况	不健康=0、一般健康=1、比较健康=2、很健康=3、非常健康=4
	家庭特征	家庭人口规模	家庭成员人数
		少儿占比	0—14 岁人口数占家庭成员人数比
		老年占比	65 岁及以上人口数占家庭成员人数比
		家庭收入	除去财产性收入的全部家庭纯收入（取对数）
		家庭负债	总房贷（取对数）
		家庭财富规模	家庭净资产（百万）
		是否居住在城市	否=0、是=1
	地区层面	地区经济状况	地区人均 GDP（取对数）
		地区传统金融发展水平	金融机构人民币贷款余额与 GDP 之比

2. 数据来源和规范

将搜集到的 2014 年、2016 年、2018 三年的个人层面、家庭层面以及地区层面数据进行合并，并匹配 2013 年、2015 年、2017 年省级数字普惠金融指数组成面板数据。为了数据更加科学合理，剔除了存在缺失值的样本，并对剩余样本 99% 分位数以上数据进行缩尾处理。最终共生成 26626 个家庭样本数据，其中城市样本 13925 个，农村样本 12701 个。表 7-2 是相关变量的统计描述，对变量间方差膨胀因子进行测算发现，最大值为 2.15 平均值为 1.44，变量间不存在共线性的问题。

表 7-2 变量统计描述（CFPS）

		变量	样本量	平均值	标准差	最小值	最大值
被解释变量		文化消费占比	26626	0.09	0.14	0	0.90
核心解释变量		数字金融发展	26626	204.63	49.49	121.22	336.65
控制变量	户主层面	户主年龄^2	26626	2583.90	1439.84	256	9025
		受教育程度	26626	7.84	4.64	0	22
		风险态度	26626	0.06	0.24	0	1
		社会保障情况	26626	0.14	0.35	0	1
		健康状况	26626	1.90	1.19	0	4
	家庭特征	家庭人口规模	26626	3.66	1.80	1	19
		少儿占比	26626	0.09	0.16	0	0.75
		老年占比	26626	0.11	0.22	0	1
		家庭收入（元）（除财产性收入）	26626	72323.08	170042.80	0	11400000
		家庭负债（元）	26626	34659.61	508486.33	0	80000000
		家庭财富规模（百万）	26626	0.60	1.56	0	80.13
		是否居住城市	26626	0.52	0.50	0	1
	地区层面	经济状况（元）	26626	51928.75	26690.39	25201.78	153095
		传统金融发展水平	26626	1.41	0.41	0.79	2.61

3. 其他数据说明

在本章的实证分析中，除使用以上数据外，为处理内生性问题和稳健性检验，本章还使用了以下几类数据：第一，数字金融的工具变量。采用各省份在1990年的固定电话用户数历史数据作为数字金融发展的工具变量，并引入一个随时间变化的变量来构造面板工具变量。以本年移动互联网用户数分别与1990年各省固定电话用户数量构造交互项，作为该年数字金融发展的工具变量；第二，更换样本，使用2017年CHFS样本。控制变量①在选取的时候依然考虑户主层面、家庭层面和地区层面三方面的可能影响因素，共选取年龄的平方、受教育程度、是否居住在城市、社会保障情况、健康情况、家庭总收入、家庭总资产、家庭总负债、地区经济状况和地区传统金融发展水平，由于在数据使用上基本与第六章数字金融与文化消费水平实证检验中类似，所以这里不再展开具体阐述。本章使用CHFS样本时变量的统计描述见表7-3。

表7-3 变量统计描述（CHFS）

变量	样本量	平均值	标准差	最小值	最大值
文化消费占比	24144	0.08	0.13	0	0.90
数字金融发展	24144	0.44	0.50	0	1
年龄^2	24144	2665.71	1690.66	4	9801
受教育程度	24144	3.52	1.81	1	9
是否居住在城市	24144	0.34	0.47	0	1
社会保障情况	24144	0.92	0.29	0	1
健康状况	24144	2.50	1.03	1	5

---

① 部分变量的解释说明如下。文化消费：在CHFS调查问卷中有"您家去年平均每个月书报、杂志、光盘、影剧票、酒吧、网吧、养宠物、游乐场及玩具、艺术器材、体育用品等文化娱乐总支出有多少钱？"此题的统计数据作为家庭文化消费支出数据；数字金融发展：CHFS问卷中关于"你家是否有过网上购物的经历？"此题作为数字金融发展的代理变量，是=1、否=0；受教育程度：没上过学=1、小学=2、初中=3、高中=4、中专/职高=5、大专/高职=6、大学本科=7、硕士研究生=8、博士研究生=9；城乡：城市=0、农村=1；社会保障情况：社会医疗保险 有=1、无=0；健康状况：非常好=1、好=2、一般=3、不好=4、非常不好=5；地区经济：地区人均GDP；传统金融发展水平：年末金融机构人民币贷款余额与GDP之比。

续表

变量	样本量	平均值	标准差	最小值	最大值
家庭总收入（元）	24144	104494.77	223324.13	0	690180
家庭总资产（元）	24144	1193612	2325183	0	56200000
家庭总负债（元）	24144	71067.96	310919.48	0	20200000
经济状况（元）	24144	65059.25	29224.06	32454	136172
传统金融发展水平	24144	0.77	0.36	0.13	1.56

三、实证结果分析与稳健性检验

（一）基准回归结果分析

表7-4报告了基于公式（7-1）的回归结果。其中，列（1）为：没有加入控制变量的回归结果；列（2）为加入了户主年龄、受教育程度、健康状况、社会保障、户主风险态度部分控制变量的回归结果；列（3）为加入全部控制变量的回归结果；鉴于变量统计中文化消费占比为0的样本有8625个，故用Tobit模型再进行验证分析，列（4）为Tobit模型回归结果。文化消费在总消费中占比大小的变化体现了家庭消费结构的变迁，通过统计也发现，2014年样本中文化消费占总消费支出的8.84%，在2018年样本中这个比例提高到了11.73%，而文化消费占比提升往往意味着家庭处于消费升级阶段。表7-4列（3）对文化消费占比的回归结果看，回归系数为0.0003且显著为正，这说明数字金融促进了家庭文化消费占比的提升，数字金融对优化家庭消费结构，促进消费的升级具有积极意义，研究假设得到验证。同时，观察控制变量的回归系数发现，户主年龄、健康状况、家庭规模、少儿占比、老年占比、家庭收入、家庭负债、居住城市会对文化消费占比产生积极影响。

表 7-4 数字金融与居民文化消费

变量	文化消费占比			
	（1）	（2）	（3）	（4）
数字金融发展	0.0001*** (3.71)	0.0003*** (4.11)	0.0003*** (2.79)	0.0002*** (5.78)
户主年龄^2		−0.0000*** (−3.19)	−0.0001*** (−3.19)	−0.0000*** (−12.39)
受教育程度		0.0000 (0.02)	−0.0001 (−0.06)	0.0043*** (14.08)
风险态度		−0.0012 (−0.19)	−0.0011 (−0.18)	0.0530*** (10.68)
社会保障情况		0.0053 (1.45)	0.0005 (1.48)	0.0073** (2.08)
健康状况		−0.0022* (−1.71)	−0.0023* (1.48)	−0.0005 (−0.57)
家庭规模			0.0077*** (5.29)	0.0217*** (30.25)
少儿占比			−0.0611*** (−3.84)	0.0731*** (8.86)
老年占比			0.0202* (1.70)	−0.0449*** (−6.59)
家庭收入（除财产性收入）			−0.0043*** (−3.33)	0.0088*** (7.53)
家庭负债			−0.0008*** (−2.6)	−0.0011*** (−4.11)
家庭财富规模			0.0010 (1.05)	0.0051*** (6.08)
是否居住城市			−0.0128* (−1.65)	0.0171*** (6.56)

续表

变量	文化消费占比			
	(1)	(2)	(3)	(4)
传统金融发展水平			0.0033 (0.34)	-0.0018 (-0.58)
地区经济状况			0.0097 (0.54)	-0.0263*** (-6.61)
家庭固定效应	是	是	是	否
年份固定效应	是	是	是	否
观测值数量	26626	26626	26626	26626
R^2	0.0015	0.0033	0.0099	—

注：*、**、***分别代表10%、5%和1%的显著性水平，( )内数值为估计值对应的t值，下同。

（二）内生性讨论

在计量分析中，普遍会遇到两种情况带来的内生性问题。第一，遗漏变量问题。即使本书尽可能多地控制了可能影响文化消费的个人、家庭和地区层面的若干变量，但仍可能存在与数字金融发展相关的影响居民文化消费的其他因素；第二，反向因果关系，即不仅存在数字金融促进文化消费的占比，还可能存在居民文化消费占比影响当地数字金融的发展。为了尽可能避免以上问题，接下来本书采用控制固定效应和工具变量法解决。本章处理内生性所用到的方法与第六章相同，主要使用控制固定效应和使用工具变量。

1. 控制固定效应

表7-5的列（1）为控制了家庭固定效应、年份固定效应和省份固定效应的回归结果，表7-5列（2）为同时控制了家庭固定效应、年份固定效应、省份固定效应以及省份和年份交互项的回归结果。从回归结果看，在考虑了宏观因素系统性变化之后，数字金融发展对文化消费占比的影响系数依然显著为正，与之前验证结论一致。

2. 使用工具变量

依据前文对工具变量的说明和数据计算结果，首先从统计学角度验证了两者之间的相关性。第一阶段回归显示,固定电话工具变量和数字金融发展显著为正,符合预期。经过一系列检验,本书选取的工具变量通过了外生性检验和弱工具变量检验,证实选取的工具变量是有效的。表7-5列(3)为数字金融影响文化消费占比的回归结果,回归系数为0.0001且显著为正,与基准回归结果0.0003接近,说明了基准回归的结果是可信的。再一次验证数字金融能够促进消费结构的优化。

表7-5 内生性检验

变量	控制固定效应 文化消费占比 (1)	控制固定效应 文化消费占比 (2)	工具变量法 文化消费占比 (3)
数字金融发展	0.0029*** (2.99)	0.0028*** (2.70)	0.0001** (2.06)
控制变量	是	是	是
家庭固定效应	是	是	是
年份固定效应	是	是	是
省份固定效应	是	是	否
省份×年份固定效应	否	是	否
Kleibergen-Paap rk LM 统计量	—	—	3528.744 [0.000]
Kleibergen-Paap rk Wald F 统计量	—	—	396.353 {16.38}
观测值数量	26626	26626	16339
R^2	0.0091	0.0102	0.3640

注:[ ]数值为P值,{ }数值为Stock-Yogo弱识别检验10%水平上的临界值。

(三)稳健性检验

与第六章相同,本部分依然是通过使用2017年CHFS的24144个家庭样本进行稳健性检验,并采用双固定效应模型进行实证检验。表7-6列(1)为基于CHFS的全样本回归,数字金融对居民文化消费占比的影响系数为0.0419且显著为正。基于样本中有相当部分家庭是文化消费支出显示为0,

因此用 Tobit 模型对样本再次进行回归，表 7-6 列（2）Tobit 回归结果显示，数字金融对居民文化消费占比的影响系数为 0.0834 且显著为正，正向作用于消费升级。对比之前用 CFPS 样本回归的结果可判断，数字金融促进文化消费在总消费占比中的提升，促进了消费结构的优化，有助于消费升级。但值得注意的是，用 CHFS 数据回归的各系数结果明显大于用 CFPS 数据回归结果，这可能是由于 CHFS 采用的是 2017 年的截面数据，且用是否网购（0/1）来衡量数字金融发展所导致。

表 7-6 稳健性检验

变量	更换样本（CHFS）	
	文化消费占比	
	（1）	（2）
数字金融发展	0.0419*** (21.10)	0.0834*** (28.05)
控制变量	是	是
家庭固定效应	是	否
年份固定效应	是	否
观测值数量	24144	24144
R^2	0.1101	—

第二节 数字金融影响文化消费结构的机制检验

一、研究假设

文化消费作为消费类型中的一种，既符合消费的一般共性，又有自身独特之处。一般的商品消费更多由收入决定，收入高就更有可能消费高价位的物质产品，收入低就可能只满足基本生存需求，而基本生存需求的消费需求弹性系数较小。文化消费需求弹性系数较大，而且文化消费除了受到收入的影响，文化水平和艺术修养对其影响至关重要，收入高的人可能更容易实现奢侈的物质消费，如果受限于文化水平、艺术修养也无法进行文化消费或只能消费较低层次的文化产品，因此文化消费较一般物质消费有除了收入之外的其他门槛。

数字金融可以通过贷款来助力小微企业解决融资难的问题和促进企业创新，并增加农村家庭创业机会（何宗樾等，2021），因此会创造更多就业机会，产业的发展和就业机会增多会带来居民收入、促进消费（黄凯南等，2021），这一结论已经在许多以往的实证研究中得到论证。在本书第五章理论机制中也分析了数字金融通过增加居民收入产生财富效应，我国现阶段文化商品的需求收入弹性大于1，增加的收入会带来文化消费水平和文化消费占比的提高，但是目前也只是理论上的分析，缺乏从实证方面对这一观点的论证，因此，在理论机制分析基础上，本章提出如下研究假设：

假设1：数字金融能够通过提高家庭收入来提升家庭文化消费占比。

数字金融能够通过提升支付便利性而促进消费和消费升级的观点已经得到学者们理论和实证的检验（张勋等，2020；商海岩等，2021）。在本书第五章理论机制中阐述了数字金融的数字支付可以降低交易的现金和时间成本，可以降低现金支付的疼痛感，产生收入效应和替代效应。同时，文化商品精神性、非实物性的特点使得文化商品更容易实现线上支付和消费，释放人们对精神类文化消费的需求，理论上数字金融能够通过方便支付提高文化消费水平和文化消费占比，但遗憾的是，目前还没有相关实证研究去验证这一结论。

假设2：数字金融能够提升支付便利性进而提升家庭文化消费占比。

社会实践和学术研究都明显地证实了数字金融能够普惠更多弱势群体和边缘地区的人们获得信贷服务（尹志超等，2018；谢家智，2020）。本书第五章理论机制分析中认为数字金融更普惠的信贷服务能够缓解流动性约束，在当前消费升级背景下，当下资金的流动性增强更有利于产生文化消费的拉动效益，提高文化消费水平和文化消费占比。但理论的推理需要实证的进一步检验。

假设 3：数字金融能够缓解流动性约束进而提高家庭文化消费占比。

由第五章理论机制分析可知，第一，数字金融依托于互联网平台，能够在一定程度上以更低成本和更高效率扩大家庭社会网络，中国社会的人际关系特点又决定了密切的家庭社会关系能够形成风险共担，缓解不确定性对文化消费形成的约束，降低储蓄，刺激文化消费。同时，消费者在示范效应的作用下，会相互模仿和学习消费理念，在人们基本物质消费需求已经得到满足的情况下，会用更多时间和金钱追求发展和享受型消费；第二，数字金融提供的保险业务能够更大范围更便捷地渗透到边缘地区和弱势人群中，众所周知，保险是对冲未来不确定性风险的有效方式，特别对风险厌恶者而言，保险可以降低不确定性对当下消费的挤出效应，对促进文化消费水平提升，优化文化消费占比结构起到积极作用。

假设 4：数字金融能够降低不确定性进而提升家庭文化消费占比。

二、实证模型和数据

（一）模型构建

在本章前文中构建了公式（7-1）固定效应模型，并证实了数字金融提高了文化消费水平和文化消费占比，本章对其作用机制进行实证检验，模型主要采用的是调节效应模型和中介效应模型相结合的方法。

$$Y_{i,t} = \alpha_0 + \alpha_1 Dif_{i,t-1} + \alpha_c Z_{i,t} + \mu_i + \delta_t + \varepsilon_{i,t} \quad (7-2)$$

$$Y_{i,t} = \theta_0 + \theta_1 Dif_{i,t-1} + \theta_2 M_{i,t} + \theta_3 M_{i,t} * Dif_{i,t-1} + \theta_c Z_{i,t} + \mu_i + \delta_t + \varepsilon_{i,t} \quad (7-3)$$

式（7-2）中，$Y_{i,t}$ 为家庭 i 在 t 时期的文化消费占比指标，由于隐私性保护，家庭追踪调查数据公开的相匹配地理信息只到省级层面，因此本书解释变量数字金融发展选用省级层面数字普惠金融指数来匹配家庭数据，并将数字金融发展指标滞后一期来削弱反向因果关系带来的内生性问题，$Dif_{i,t-1}$ 为家庭 i 所在省级层面在 $t-1$ 时期的数字普惠金融指数。$Z_{i,t}$ 代表一系列户主、家庭和地区控制变量，μ_i 表示家庭 i 的固定效应，δ_t 则表示时间固定效应，$\varepsilon_{i,t}$ 表示随机扰动项。式（7-3）为调节效应模型，其中，$M_{i,t}$ 为数字金融影响居民文化消费水平和文化消费占比的可能的影响机制变量，$M_{i,t} \times Dif_{i,t-1}$ 为影响机制变量和核心解释变量的交互项。

$$M_{i,t}=\beta_0+\beta_1 Dif_{i,t-1}+\beta_c Z_{i,t}+\mu_i+\delta_t+\varepsilon_{i,t} \qquad (7-4)$$

$$Y_{i,t}=\gamma_0+\gamma_1 Dif_{i,t-1}+\gamma_2 M_{i,t}+\delta_c Z_{i,t}+\mu_i+\delta_t+\varepsilon_{i,t} \qquad (7-5)$$

式（7-4）和（7-5）为中介效应模型，在式（6-1）得出的数字金融发展对文化消费水平/文化消费占比线性回归系数显著性通过检验的基础上，分别构建数字金融发展 $Dif_{i,t-1}$ 对于影响机制变量 $M_{i,t}$ 的线性回归方程（7-4），以及数字金融发展 $Dif_{i,t-1}$ 与影响机制变量 $M_{i,t}$ 对文化消费占比 $Y_{i,t}$ 的线性回归方程（7-5），通过 β_1、γ_1 和 γ_2 等回归系数的显著性及大小变化情况判断影响机制是否存在。

（二）主要变量的说明和描述

1. 相关变量的选取

第一，被解释变量。文化消费占比，本章依然采用 CFPS 调查数据里家庭文化消费支出（文化娱乐+旅游+教育）占总消费支出比表示。

第二，解释变量数字金融发展。参考以往学者的研究，本书采用了北京大学数字金融研究中心的中国数字普惠金融指数作为数字金融发展水平的代理变量。在实证过程中，借鉴以往学者做法，本章也会使用 CFPS 数据中家庭网上商业频率[①]作为数字金融发展的替代变量进行辅助检验。

第三，影响机制变量。本部分依然采用的是家庭收入、支付便利性、流动性约束、不确定性四大机制检验，与第六章相同，因此这里不做赘述，对影响机制变量的详细阐述见第六章第三节内容。

第四，控制变量[②]。为了尽可能控制其他变量对家庭文化消费产生的影响，本书加入以下三类控制变量。①户主特征变量。包括：户主年龄、受教育程度、风险态度、社会保障情况和健康状况数据。借鉴其他学者的做法，控制了年龄的平方项来缓解遗漏变量偏误；②家庭特征变量。包括：家庭人

---

① 网上商业活动频率：CFPS 问卷中有一项问题，"您使用互联网络进行商业活动，如使用网银、网上购物的频率有多高？"对于此问题的回答进行赋值，从不=0、几个月一次=1、一个月1次=2、一个月2~3次=3、一周1~2次=4、一周3~4次=5、几乎每天=6。

② 本章在具体使用中介效应模型和调节效应回归中，因涉及不同的解释和被解释变量，需要控制的影响变量会根据具体情况有所调整，使模型应用更科学合理。

口规模、少儿占比、老年占比、是否居住在城市、家庭收入、家庭财富规模、家庭总房贷。由于数字普惠金融指数测度中包括货币基金业务，因此在计算家庭收入时减去了相应财产性收入来缓解逆向因果问题，并对家庭收入、家庭总房贷作对数处理；③地区发展状况变量。本书选用省级层面的人均GDP和传统金融发展情况。由于控制变量选取与第六章相同，这里不做赘述，详细阐述见第六章第三节内容。

2. 数据来源和规范

将搜集到的2014年、2016年、2018年三年的个人层面、家庭层面以及地区层面数据进行合并，并匹配2013年、2015年、2017年省级数字普惠金融指数组成面板数据。为了数据更加科学合理，本书剔除了存在缺失值的样本，并对剩余样本99%分位数以上数据进行缩尾处理。最终共生成26626个家庭样本数据，其中城市样本13925个，农村样本12701个。表7-7是本书相关变量的统计描述，对方差膨胀因子进行测算发现，变量间不存在共线性的问题。

表7-7 变量统计描述（CFPS）[①]

	变量	样本量	平均值	标准差	最小值	最大值
被解释变量	文化消费（元）	26626	0.09	0.14	0	0.90
核心解释变量	数字金融发展	26626	204.63	49.49	121.22	336.65

[①] 部分变量的解释说明：受教育程度：文盲=0、小学=6、中学=9、高中/中专=12、大专=15、本科=16、硕士=19、博士=22；健康水平：不健康=0、一般健康=1、比较健康=2、很健康=3、非常健康=4；风险态度：是否持有金融产品是=1、否=0；社会保障情况：医疗/养老/生育/工伤/生育保险，有其中一项=1 都没有=0；少儿占比：0~14岁人口数占家庭成员人数比；老年占比：65岁及以上人口数占家庭成员人数比；网购频率：从不=0、几个月一次=1、一个月1次=2、一个月2~3次=3、一周1~2次=4、一周3~4次=5、几乎每天=6。家庭收入：除去财产性收入的全部家庭纯收入；家庭负债：家庭总房贷；家庭财富规模：家庭净资产；是否居住在城市：是=1、否=0；地区经济状况：地区人均GDP；传统金融发展水平：年末金融机构人民币贷款余额与GDP之比。

续表

		变量	样本量	平均值	标准差	最小值	最大值
影响机制变量	家庭收入	全部家庭纯收入	26626	73834.61	171056.22	0	11400000
		工资性收入（元）	26626	40808.53	87027.54	0	10400000
		经营性收入（元）	26626	8810.84	32979.38	0	1500000
		财产性收入（元）	26626	1511.62	10071.32	0	800000
	支付便利	覆盖广度指数	26626	174.52	53.89	89.59	316.12
		支付业务指数	26626	161.87	65.91	44.50	343.86
		网购频率	26626	0.80	1.63	0	6
	流动性约束	信贷业务指数	26626	126.14	45.95	36.43	231.80
		有负债家庭的负债（元）	10084	44467.73	140135	0.01	4500000
	不确定性	保险业务指数	26626	450.84	115.05	306.80	785.39
		家庭社会网络规模（礼金支出：元）	26626	4283.34	6547.77	0	250000
控制变量	户主层面	户主年龄^2	26626	2583.90	1439.84	256	9025
		受教育程度	26626	7.84	4.64	0	22
		风险态度	26626	0.06	0.24	0	1
		社会保障情况	26626	0.14	0.35	0	1
		健康状况	26626	1.90	1.19	0	4
	家庭特征	家庭人口规模	26626	3.66	1.80	1	19
		少儿占比	26626	0.09	0.16	0	0.75
		老年占比	26626	0.11	0.22	0	1
		家庭收入（元）（除财产性收入）	26626	72323.08	170042.80	0	11400000
		家庭负债（元）	26626	34659.61	508486.33	0	80000000
		家庭财富规模（百万）	26626	0.60	1.56	0	80.13
		是否居住城市	26626	0.52	0.50	0	1
	地区层面	经济状况（元）	26626	51928.75	26690.39	25201.78	153095
		传统金融发展水平	26626	1.41	0.41	0.79	2.61

三、影响机制检验结果及分析

（一）提升家庭收入机制检验

首先，使用中介效应模型进行验证。表7-8中列（1）-列（3）展示了家庭收入是否为数字金融促进文化消费占比的影响机制。从回归结果看，列（1）检验了数字金融发展能够显著促进家庭文化消费占比的提高，列（2）显示了数字金融显著促进了家庭收入的提升，然后把家庭收入作为中介变量放入式（7-4）中，通过观察核心解释变量数字金融发展回归的系数值以及显著性变化进行判断。列（3）为加入中介变量后数字金融发展对文化消费占比影响的回归结果，对比列（1）发现，数字金融发展的回归系数有所下降，说明家庭收入提升是数字金融发展促进文化消费占比提高的作用机制，研究假设1得到验证。

表7-8 数字金融发展与文化消费水平和占比：提升家庭收入机制

变量	文化消费占比	家庭收入	文化消费占比
	（1）	（2）	（3）
数字金融发展	0.0003*** (2.79)	0.0076*** (12.07)	0.0002*** (2.84)
家庭收入	—	—	0.0001* (1.97)
控制变量	是	是	是
家庭固定效应	是	是	是
年份固定效应	是	是	是
观测值数量	26626	26626	26626
R^2	0.1064	0.1586	0.0221

注：*、**、***分别代表10%、5%和1%的显著性水平，（）内数值为估计值对应的t值，下同。

(二) 提升支付便利性机制检验

为了检验支付便利性是否为数字金融提升文化消费占比的作用机制,首先在基准回归的基础上,利用中国数字普惠金融指数的子指标来进行机制验证。根据前文介绍,数字普惠金融发展指数的一级指标中覆盖广度主要是通过拥有支付宝账号比例、支付宝绑卡比例和数量计算得来;使用深度主要通过对支付宝的支付业务、货币基金业务、信贷业务、保险业务、投资业务和信用业务数据计算得出。其中,覆盖广度和使用深度中的支付业务可以代表支付便利性,但是由于它们包括共同的支付便利性信息,如果放在同一模型下回归极易产生共线性的问题,因此,本书用这两类指数分别与居民文化消费进行回归。为了进一步从需求层面来寻找数字金融通过支付便利性来增加居民文化消费的证据,本书还选取了网购频率作为衡量支付便利性的替代指标进行调节效应的检验,因为从现实来看,网购频率很大程度上体现了支付的便利。

表 7-9 为支付便利性与居民文化消费占比的回归结果,无论是使用覆盖广度、支付业务的固定效应模型检验,还是使用网购频率作为调节变量的调节效应检验,结果都一致指向数字金融能够提升支付便利性进而提升家庭文化消费占比。但是与提升文化消费水平相比较,数字金融对促进家庭文化消费在总消费支出的占比上的影响力度有限,这主要是因为数字金融不仅能够促进文化消费水平的提升,同时还能促进其他一些消费类型的提升,从结果看,数字金融发展确实对优化消费结构、促进消费升级起到了正向影响作用,研究假设 2 得到验证。随着家庭收入的不断提升,文化产品供给侧不断优化,人们对文化消费的需求将得到持续释放,数字金融发展程度对提高文化消费在总消费中占比的意义将更明显。

表 7-9 数字金融发展与文化消费占比:提升支付便利性机制

变量	文化消费占比	文化消费占比	变量	网购频率	文化消费占比
覆盖广度	0.0002*** (2.60)	—	数字金融发展	0.0136*** (13.99)	0.0002* (1.59)

续表

变量	文化消费占比	文化消费占比	变量	网购频率	文化消费占比
支付业务	—	0.0001** （2.45）	网购频率× 数字金融发展	—	0.0005*** （3.59）
控制变量	是	是	是	是	是
家庭固定效应	是	是	是	是	是
年份固定效应	是	是	是	是	是
观测值数量	26626	26626	观测值数量	26626	26626
R^2	0.0980	0.0970	R^2	0.1666	0.0144

（三）缓解流动性约束机制检验

金融发展可以促进资源合理有效地配置，使受流动性约束的消费者能够轻松利用金融市场实现跨期消费平滑，进而释放被抑制的消费需求。同理，发展数字金融也可以帮助居民优化资源配置，缓解流动性约束对居民文化消费的抑制作用。分析发现，在数字普惠金融的子指标中，与流动性约束的相关指标是信贷业务，信贷业务指数是通过个人消费信贷和小微经营者信贷的用户数、贷款笔数和贷款金额计算得出，因此，可以认为这一指标能够反映消费者流动性约束缓解情况。

表7-10是数字金融发展影响文化消费占比的回归结果，从系数显著性看，信贷业务作为缓解流动性约束的替代变量能够显著促进文化消费占比的提高，从有无负债的分样本回归中也可看出，数字金融发展正向显著促进了有负债的家庭文化消费占比提高，对无负债的家庭影响效果不显著。以上回归结果均表明了数字金融的信贷业务能够缓解流动性约束进而促进文化消费水平和占比的提高，研究假设3得到验证。

表7-10 数字金融发展与文化消费占比：缓解流动性约束机制

因变量 （文化消费占比）	总样本	无负债家庭	有负债家庭
信贷业务	0.0001* （1.76）	0.0001 （0.51）	0.0004* （1.69）
控制变量	是	是	是
家庭固定效应	是	是	是
年份固定效应	是	是	是
观测值数量	26626	16542	10084
R^2	0.0093	0.0104	0.0148

（四）降低不确定性机制检验

根据前文对降低不确定性的指标选择，本部分通过家庭社会网络和保险业务来替代，并以 CFPS 调查问卷中家庭一年中人情礼金支出作为家庭社会网络规模的替代变量，以数字普惠金融指数中保险业务指数作为保险的替代变量。接下来首先验证数字金融是否显著扩大了家庭社会网络，然后把数字金融和家庭社会网络进行交互，加入模型进行分析。表 7-11 回归结果发现，核心解释变量数字金融发展显著促进了家庭网络结构规模的扩大，而交互项系数均显著为正，这说明了数字金融扩大了家庭社会网络规模，并且家庭社会网络的扩大对数字金融促进居民文化消费水平和占比起到了加强作用。这主要由于我国社会比较注重人际交往，家庭社交和互动产生的示范效应对其储蓄和消费的理念影响是客观存在的，同时，家庭社会网络的构建会形成风险共担，一定程度上会降低不确定性对家庭文化消费带来的冲击，促进居民文化消费的提升。数字普惠金融指数中保险业务指数对文化消费水平和文化消费占比的回归结果也可以得出，数字金融发展提供的保险业务使得家庭不确定性降低从而促进文化消费水平和占比的提高，研究假设 4 得到验证。

表 7-11 数字金融发展与文化消费占比：降低不确定性机制

变量	家庭社会网络	文化消费占比	文化消费占比	文化消费占比
数字金融发展	0.0029*** (4.06)	0.0003*** (2.79)	0.0002*** (3.49)	—
数字金融发展× 家庭社会网络	—	—	0.0110** (2.03)	—
保险业务	—	—	—	0.0002* (1.85)
控制变量	是	是	是	是
家庭固定效应	是	是	是	是
年份固定效应	是	是	是	是
观测值数量	26626	26626	26626	26626
R^2	0.0495	0.0102	0.0293	0.0093

第八章　数字金融与文化消费差距

由于我国长期存在的东中西区域发展不平衡和城乡二元结构等问题，在文化娱乐消费、旅游消费和教育消费上发展不平衡体现更为明显，如何促进区域和城乡文化消费均衡发展成为实现精神文化共同富裕的重要途径。本章意在此愿景下，探究数字金融是否对收敛区域文化消费增长和缩小城乡文化消费差距起到了积极作用，以及进一步探讨作用的效果和存在的问题。本章主要采用了 σ 收敛和 β 收敛检验数字金融影响地区文化消费增长的收敛性，采用非线性固定效应模型检验数字金融影响城乡文化消费差距的效应。

第一节　数字金融影响地区文化消费差距的实证检验

客观来看，实现共同富裕不仅体现在物质生活的提升层面，也是精神文化富足的过程，两者相辅相成、缺一不可，最终促进人的全面发展和社会全面进步。物质文明是精神文化消费的基础，反过来，更高水平的精神文化生产可以为物质建设提供精神动力。消费需求对整个经济起着重要的贡献作用，如何扩大居民消费特别是提高农村居民消费能力、平衡区域差距成为人们关注的重点。在我国消费升级的背景下，提升文化消费水平尤其经济不发达地区居民文化消费水平，是提升居民精神文化建设的重要途径，也是在共同富裕进程中实现从"富口袋"迈向"富脑袋"的客观必要。数字金融具有强包容性特点，在小微企业投融资、乡村产业发展等问题上提供助力，为缩小贫富差距,实现共同富裕提供新的解决思路。从 2019 年的数据统计上看,普惠金融做得最好的上海和最差的省份西藏,省级差距倍数为 2.8 倍,但是两者在数字普惠金融的差距倍数是 1.9 倍①。数字普惠金融不仅降低了省级之间的金融水平差距,也是当下促进文化消费、促进共同富裕的着力点。

一、研究假设

根据本书第五章理论机制的分析可知,新古典增长模型认为欠发达经济体和发达经济体在经济追赶中会形成"稳态"和"条件收敛"(Barro,1992;Rodrik,2014)。收敛模型主要有 σ 收敛、β 收敛和俱乐部收敛三种。学者们围绕经济增长收敛以及收敛影响因素的研究已经非常丰富,也有少部分学者把经济增长收敛理论研究方法扩展到教育、科技、消费等领域应用。在消费收敛性研究中,陈志建(2009)用地理加权回归内生区域分组法对 1994—2007 年我国城镇居民消费进行分析,发现我国省域存在 β 条件收敛,但收敛速度和半衰期不同,西部地区则存在俱乐部收敛。魏晓敏(2018)采用基尼系数测度了城市居民网络消费的差距,采用了加入空间计量分析的收敛性研究,分析发现区域间差异是居民网络消费差异的主要来源,整体差距呈现先降低后拉大的趋势,东中西三大地区存在 β 绝对收敛和 β 条件收敛。李景初(2021)对中国城乡居民消费结构的收敛性进行了研究,认为 2000—2020 年间,我国城乡居民消费差距存在 σ 收敛但不存在 β 绝对收敛,在控制收入、人力资本和经济收入后会出现 β 条件收敛。叶菁菁(2021)计算了 2001—2018 年期间中国省级层面消费升级指数,发现全国消费升级不断攀升但水平不高,东中西部地区存在 σ 收敛与 β 收敛且西部地区的收敛速度最快,东部最慢。

目前来看,还未有学者对文化消费的收敛性展开研究,本部分从现实情况和研究需要出发,对我国文化消费是否存在 σ 收敛和 β 收敛展开研究,并实证分析数字金融对文化消费的 β 收敛起到怎样的作用。因此,根据理论分

---

① 张颖馨,省级之间数字普惠金融差距降低,经济观察报. https://baijiahao.baidu.com/s?id=1632242317048149764&wfr=spider&for=pc,2019 年 4 月 30 日。

析和前人的研究提出如下研究假设：

假设1：数字金融和文化消费均存在地区增长σ收敛。

假设2：文化消费地区增长存在β绝对收敛和β条件收敛。

假设3：数字金融对地区文化消费增长的β条件收敛起到积极作用。

二、文化消费增长的σ收敛检验

（一）σ收敛模型构建

虽然我国数字普惠金融指数和文化消费在各省份间存在着不同的差距表现，但是从时间纵向变化来看，数字普惠金融指数和文化消费在各省份间的差距呈现收敛还是扩散？解释了这个问题，也就可能解释了"集聚发展强者愈强"和"普惠助力后发优势"两种力量哪种更为主导，"扩散"或"收敛"着中国数字金融和文化消费的发展走向。

根据第五章对收敛原理的介绍，σ收敛描述的是变量离差的衰减，即随着时间推移，落后的地区会追赶发达地区，在这里即为数字金融发展水平差值和文化消费水平差值不断缩小至稳态，表现的是总体数字金融、文化消费在各地区中分布格局的变化。本章使用北大数字普惠金融指数作为数字金融发展的替代指标，以省级层面的人均教育文化和娱乐支出作为文化消费的替代指标，人均文化消费数据来源于中国统计年鉴。首先，分别讨论数字金融和文化消费的σ收敛趋势。

具体而言，σ收敛模型可以定义为：

$$\sigma_t = \sqrt{\frac{1}{n}\sum_{i=1}^{n}\left(lnDif_{i,t} - \frac{1}{n}\sum_{i=1}^{n}lnDif_{i,t}\right)^2} \quad (8-1)$$

$$\sigma'_t = \sqrt{\frac{1}{n}\sum_{i=1}^{n}\left(lnCul_{i,t} - \frac{1}{n}\sum_{i=1}^{n}lnCul_{i,t}\right)^2} \quad (8-2)$$

式（8-1）为数字金融σ收敛模型，式（8-2）为文化消费σ收敛模型，其中，i代表地区（本书代表省级地区），n代表地区数量，t代表年份，$lnDif_{i,t}$代表t年i地区的数字普惠金融指数对数值，$lnCul_{i,t}$代表t年i地区的人均文化消费的对数值，σ_t代表t年数字金融发展的σ收敛检验系数，σ'_t代

表 t 年文化消费的 σ 收敛检验系数。如果 $σ_{t+1} < σ_t$ 则可以认为 $t+1$ 年的数字金融发展较 t 年更趋收敛。如果 $σ'_{t+1} < σ'_t$ 则可以认为 $t+1$ 年的文化消费较 t 年更趋收敛。

（二）σ 收敛结果分析

数字金融 σ 收敛分析。图 8-1 展示了根据式（8-1）计算得出的 2013—2020 年省级层面数字普惠金融指数及分指数 σ 收敛系数，可以看到 2013—2017 年间，我国省级数字金融发展有非常明显的收敛趋势，σ 收敛系数从 0.16 下降到 0.084，收敛速度较快，但从 2018 年开始，省级 σ 收敛速度有所放缓，甚至出现轻微反弹。为了探究近两年地区数字普惠金融收敛变化原因，本书还对分指数的 σ 收敛进行测算，从图 8-1 中可以看出，覆盖广度一直维持 σ 收敛态势，且收敛速度明显。σ 收敛系数从 2013 年的 0.22 下降到 2020 年的 0.085；数字化程度近两年从 0.055 下降到 0.054，数字化程度处于收敛趋势，但趋势变化较小；但是，使用深度从 2018 年的 0.14 上升到 0.16，说明使用深度近两年的变化趋势与 2013—2017 年的持续收敛趋势相比出现了反弹，呈现出了扩散发展趋势。

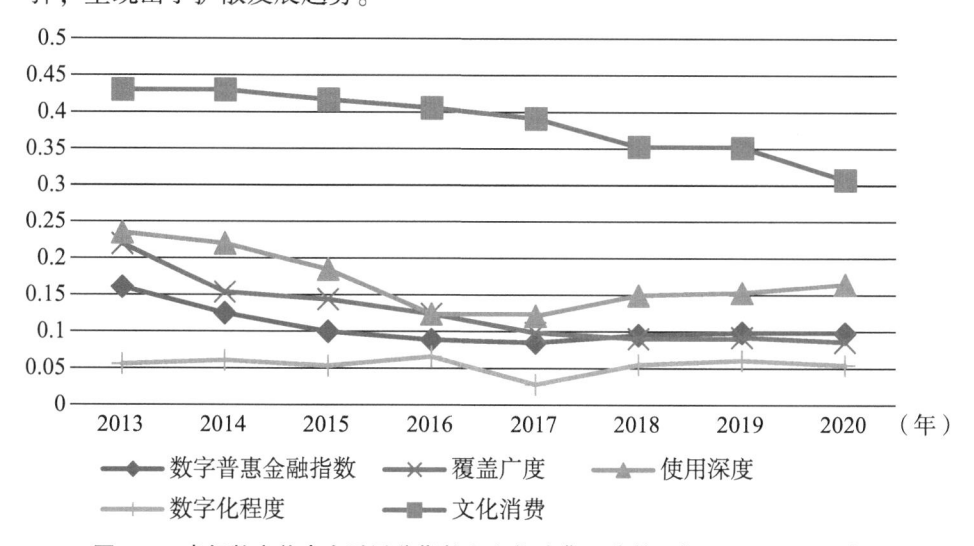

图 8-1 省级数字普惠金融及分指数和文化消费 σ 收敛系数（2013—2020 年）

数据来源：北京大学数字普惠金融指数和《中国统计年鉴》。

以上分析可以发现，近两年数字金融发展在省级间表现出了收敛放缓趋势，这主要是使用深度呈现出了扩散趋势所致。因此，在覆盖广度和数字化程度呈现趋向均衡发展的同时，要注意使用深度在各地区的发展差距，这也说明了我国在地区间、城乡间逐渐跨越数字金融的"一级数字鸿沟"（数字基础设施接入能力差距），未来需要更多措施来消弭"二级数字鸿沟"（数字技术使用能力差距）和"三级数字鸿沟"（利用学习数字金融产品能力所产生的成果）可能带来的拉大差距的后果。

文化消费 σ 收敛分析。图 8-1 所示，通过式（8-2）计算发现文化消费呈现 σ 收敛趋势，特别是 2017—2020 年间文化消费 σ 收敛系数从 0.391 下降到 0.307，收敛速度较快。2013 年以来文化消费在省级层面上一直处于 σ 收敛的趋势，分析可能有以下几点原因：一是国家政策的影响。2015 年国家提出打赢脱贫攻坚战，对中西部贫困地区和贫困人群缩小收入差距起到了重要的作用。收入差距在省级层面上的收敛可能是文化消费收敛的一个原因；二是数字经济的发展、数字金融的助力，使得文化产品的供给一定程度上突破了空间地理因素的制约，使得由于地理空间限制而文化消费水平低的省份能借助数字技术释放和满足文化消费者需求，进而缩小文化消费省级差距。以上结果，可以验证研究假设 1，即数字金融和文化消费地区增长均存在明显的 σ 收敛。

三、文化消费增长的 β 收敛检验及实证分析

（一）β 收敛模型构建和变量说明

模型构建。根据新古典经济学中经济趋同理论提出来的 β 收敛是本部分主要研究基础，主要从增长率的视角分析文化消费增长率是否趋同并达到稳态。假定初始文化消费水平低的地区比文化消费水平高的地区具有较快的增长速度，即各地区文化消费水平的增长率与其初始水平呈负相关。β 收敛又分为 β 绝对收敛和体检收敛，β 绝对收敛认为假定不存在任何条件要求下，文化消费发展都会呈现收敛状态。首先，建立 β 绝对收敛模型如下：

$$\ln\left(\frac{Cul_{i,t}}{Cul_{i,t-1}}\right)=\alpha+\beta\ln Cul_{i,t-1}+\mu_i+\delta_t+\varepsilon_{i,t} \qquad (8-3)$$

其中，$Cul_{i,t-1}$ 为 i 地区初始文化消费水平，$Cul_{i,t}$ 为 i 地区 t 期的文化消费水平，$\dfrac{Cul_{i,t}}{Cul_{i,t-1}}$ 为 $t-(t-1)$ 时间阶段内 i 地区文化消费水平的增长率。α 为常数项，μ_i 表示省份 i 的固定效应，δ_t 则表示时间固定效应，$\varepsilon_{i,t}$ 表示随机扰动项，β 为待估参数。若 $\beta<0$ 且显著，表示初始文化消费水平和其增长率呈负相关关系，则说明存在 β 绝对收敛，此时收敛速度为 $\theta=\dfrac{\ln(1+T\beta)}{T}$（T 为时间阶段），半生命周期为 $\tau=-\dfrac{\ln 2}{\ln(1+\beta)}$，随着时间推移会最终形成统一的稳态值为 $\gamma=\dfrac{\alpha}{1-\beta}$；若 $\beta>0$，则认为文化消费水平是发散的，不存 β 绝对收敛。

β 条件收敛是基于控制了各地区之间在诸多影响变量的基础上进行的，为了更好地研究数字金融是否影响了文化消费增长率的 β 收敛，需要在模型（8-3）的基础上加入数字金融发展和其他若干控制变量。如果此时回归系数 $\beta<0$ 且显著则说明存在 β 条件收敛。建立 β 条件收敛模型如下：

$$\ln\left(\dfrac{Cul_{i,t}}{Cul_{i,t-1}}\right)=\alpha+\beta\ln Cul_{i,t-1}+\varphi\ln Dif_{i,t-1}+\theta\ln Z+\mu_i+\delta_t+\varepsilon_{i,t} \qquad (8\text{-}4)$$

其中，$\dfrac{Cul_{i,t}}{Cul_{i,t-1}}$ 为 $t-(t-1)$ 时间阶段内 i 地区文化消费水平的增长率，$Dif_{i,t-1}$ 为初始时期的数字金融发展水平，Z 为一系列其他控制变量。若 $\beta<0$ 且显著，则表示消费水平存在 β 绝对收敛，β 绝对值越大，表示收敛速度越快。φ 的大小正负则体现了数字金融发展对文化消费增长率的影响情况。根据模型中估计值计算区域文化消费增长率趋同速度 $\theta=\dfrac{\ln(1+T\beta)}{T}$。其中，$\beta$ 是代表文化消费的趋同系数，模型中设定的时间间隔 T=1，消除这一差距一半所需要的时间叫作趋同的半生命周期，即 $\tau=-\dfrac{\ln 2}{\ln(1+\beta)}$。

变量说明和数据来源。第一，被解释变量文化消费增长率。本部分重点关注的是数字金融会对文化消费增长率产生什么影响。考虑到滞后影响，本书选用 2014—2020 年省级层面居民人均教育文化和娱乐支出来衡量文化消费水平，文化消费增长率为后一期居民人均教育文化和娱乐支出与初始期居民人均教育文化和娱乐支出的比值。此部分数据主要来源于中国统计年鉴；第二，关注解释变量文化消费水平和数字金融发展。文化消费水平来源于中国统计年鉴中的人均教育文化和娱乐支出，数字金融发展变量选用2014—2020年北大数字普惠金融指数作为数字金融发展的替代变量；第三，除了控制数字金融发展外，根据研究还需要控制以下变量：文化体育与传媒支出，选取政府对文化、体育与传媒的财政支出来衡量；地区经济状况，以地区人均GDP来衡量；第三产业发展水平，以第三产业增加值占GDP的比重计算得出；居民可支配收入，选取居民人均可支配收入来度量。这些数据均来自中国统计年鉴和中经网数据库。

(二) β 收敛检验和实证结果分析

全国样本的文化消费 β 绝对收敛分析。使用模型（8-3）进行检验，表8-1结果展示了2014—2020年间，全国及区域层面文化消费的 β 绝对收敛情况。从全国样本可以看出，系数 β 的值为负且显著，表明在不考虑其他条件下，全国文化消费增长率趋于收敛，初始文化消费水平落后的地区会以更高的增长率追赶文化消费水平高的地区，最终形成文化消费增长率趋同的稳态结构。根据收敛速度、半生命周期、稳态值公式测算出，全国层面文化消费水平落后地区追赶高水平地区的速度是31.4%，大概用2.207年能消除增长率的一半差异，最终达到1.640稳态值。

接下来分地区测算文化消费的 β 绝对收敛情况，这里分了东、中、西部①地区来分析。东中西部地区 β 值均为负且都显著，三大地区均存在 β 绝对收敛现象。从系数大小比较看，收敛速度西部大于东部，中部地区收敛速度最慢，即西部和东部各省市内文化消费水平落后地区追赶高水平地区的速度相对更快，区域内达到文化消费增长率最终趋同的时间要快于中部地区。以下三点分析给出可能的解释。

---

① 东部地区：包括北京、天津、河北、辽宁、上海、江苏、浙江、福建、山东、广东、广西、海南12个省、自治区、直辖市；中部地区：包括山西、内蒙古、吉林、黑龙江、安徽、江西、河南、湖北、湖南9个省、自治区；西部地区：包括四川、重庆、贵州、云南、西藏、陕西、甘肃、宁夏、青海、新疆10个省、自治区、直辖市。

第一,打赢脱贫攻坚战,利于西部地区在收入和生活条件上的改善,更有利于经济的平衡发展和人民生活水平的共同提高,自然利于文化消费的趋同发展;第二,东部地区区域间协调发展基础条件较好,如东部地区有长三角、珠三角和京津冀经济带,这些区域经济发达,各省市间行政壁垒逐渐打破,政府间区域合作意识强,科技、人才、市场、资金在区域内能够得到较好的流动和共享,形成了良好的区域互动和一体化发展机制,文化消费的成本也会降低,溢出效应也会使初始落后地区具有"后发优势",从而形成落后地区能够更快追赶发达地区的现象。同时,东部地区乡村振兴的实效成果更为显著,这些都有利于文化消费增长的收敛;第三,中部地区由于经济水平和区域间协调发展的机制尚未很好建立,无论在经济还是消费上,低水平省份追赶高水平省份都没有东、西部更有优势,所以呈现中部地区 β 绝对收敛速度较慢的现象。

表8-1 全国及各地区文化消费的 β 绝对收敛检验

β 绝对收敛	全国	东	中	西
文化消费	-0.270*** (-3.27)	-0.267* (-1.72)	-0.165* (-1.01)	-0.275** (-2.48)
常数项	2.079*** (3.47)	2.107* (1.80)	1.318 (1.11)	2.052** (2.66)
控制变量	否	否	否	否
固定效应	是	是	是	是
时间效应	是	是	是	是
收敛速度 (θ)	0.314	0.310	0.180	0.322
半生命周期 (τ)	2.207	2.235	3.850	2.159
稳态值 (γ)	1.640	1.663	1.131	1.609
样本量	186	72	54	60
R^2	0.824	0.367	0.406	0.440

注:*、**、***分别代表10%、5%和1%的显著性水平,( )内数值为估计值对应的 t 值。

文化消费的 β 条件收敛分析。根据式（8-4）进行回归，表 8-2 列出了 β 条件收敛的结果。就结果来看，全国及东、中、西部地区收敛系数都显著为负，表明文化消费存在显著的 β 条件收敛趋势，因此，文化消费地区增长既存在显著的 β 绝对收敛又存在 β 条件收敛，研究假设 2 得到验证。与 β 绝对收敛系数相比，β 条件收敛的绝对值更大，意味着在考虑了数字金融发展水平、政府对体育文化及教育支出、经济发展水平、第三产业占比、人均可支配收入控制变量的影响后，其文化消费的收敛速度更快，这时，三大地区 β 绝对收敛速度呈现西部>中部>东部。从表 8-2 的各变量系数可以看出，全国及三大地区不仅文化消费收敛速度有所差异，文化消费区域收敛的影响因素也各有不同。

第一，从全国来看，文化消费收敛系数为-0.413，收敛速度为53.27%，半生命周期为1.301。政府体育文化与传媒支出回归系数为正，说明政府对体育文化与传媒的支出越大，越能够促进文化消费发展向高值收敛，这可能是因为我国经济从高速发展转向高质量发展中，政府更加重视通过对体育文化与传媒支出来满足人们对美好生活的追求，明显加大的文化基础设施和公共文化服务的建设客观上促进了人们文化消费水平的提升；第三产业的发展对文化消费的收敛也起到了积极作用，结果也是符合客观事实的。样本数据显示，我国第三产业占比从2014年的46.32%提升到2020年的53.89%，第三产业的进步为文化产业发展提供了更好的产业基础和市场环境，文化产业发展提速刺激了大众文化消费的释放，以前属于奢侈消费的许多文化消费都慢慢开始渗透普通百姓的日常生活；人均可支配收入的回归系数显著为正，成为影响文化消费收敛的积极因素，从经济学角度看，无论是凯恩斯的绝对收入假说还是弗里德曼的永久收入理论，都指出了消费水平会受收入的直接影响。马斯洛的需求层次理论也揭示了人类生存基本需求被满足后，文化消费的需求会提升，回归结果符合理论预期；而数字金融发展和地区经济水平的回归系数并不显著，表明数字金融发展和地区经济发展无助于促进文化消费增长率的收敛趋势，这考虑数字金融出现时间并不长，长期看对文化消费增长率的影响可能存在非线性关系，但在考察期内，总体样本回归发现，数字金融收敛文化消费增长的作用还未明显显现。

第二,东部地区文化消费收敛系数为-0.274,收敛速度为32.02%,半生命周期为2.166。政府体育文化与传媒支出、第三产业占比和人均可支配收入对文化消费发展的影响为正,这三者是加速东部地区文化消费增长趋于收敛的主要影响因素;而数字金融和地区经济水平对文化消费增长收敛的影响不显著。这可能是由于东部地区历来经济基础较好,有京津冀、长三角、珠三角经济带的带动和辐射,政府支出、第三产业发展和可支配收入的增加会通过溢出效应和带动效应收敛城乡之间、发达省份与欠发达省份的文化消费差距。

第三,中部地区文化消费收敛系数为-0.429,收敛速度为56.04%,半生命周期为1.238。数字金融对文化消费增长的影响显著为正,说明数字金融加速了中部地区文化消费增长,中部地区由于地理因素的制约,既没有东部地区经济基础好,也没有东部地区传统金融水平高,数字金融的出现带动了文化消费的快速提升;可支配收入的提高对文化消费增长的影响是积极的,而地区经济对文化消费增长的影响显著为负,说明经济发展水平不利于其文化消费增长率的提升,会阻碍其文化消费收敛于稳态水平,这可能因为中部地区国民收入当中固定资产投资比重较大,而这一部分并没有带动文化消费增长率的提升;体育文化与传媒支出和第三产业发展对中部地区文化消费的收敛作用不显著。

第四,西部地区文化消费收敛系数为-0.475,收敛速度为64.44%,半生命周期为1.076。体育文化与传媒支出和地区经济水平促进了西部地区文化消费增长,而数字金融、第三产业发展、居民可支配收入对文化消费增长没有作用。这可能是由于西部地区正处于文化产业集聚周期的成长阶段,政府的投资和经济的发展是此阶段提升文化消费增长的重要动力,文化消费增长更多依赖于政府的投入大小;第三产业发展在信息共享、科技交流和区域协调上受制于交通条件和地广人稀地理特点,没有对文化消费增长起到显著作用;数字基础设施的建设也会影响西部地区数字金融的普及和应用,特别是农村地区、偏远地区、老年群体和少数民族群体可能会存在更为严重的"数字鸿沟"问题,这些都会造成数字金融对文化消费收敛影响不显著;样本中人均可支配收入东部地区为34624.63元,中部地区为22223.71元,西部地区为

19324.92元，西部地区仅为东部地区的55.8%，为中部地区的87.0%，众所周知，文化消费一定是在收入达到一定程度满足基本消费的基础上产生的一种消费需求和行为，因此，西部地区人均可支配收入没有对文化消费增长起到显著作用。而东部和中部地区可支配收入达到了人均22000元以上，能够对本地区文化消费增长起到积极作用。

综上，通过β条件收敛检验的结果分析可得出，数字金融对地区文化消费增长的β条件收敛整体效应作用不显著，但是在分区域回归中促进了中部地区文化消费的β条件收敛，假设3并不完全成立或者说部分成立，也就是说数字金融仅对中部地区文化消费增长的β条件收敛效应显著，数字金融还未形成对全国整体文化消费的β条件收敛效应。

表8-2　全国及各地区文化消费的β条件收敛检验

β条件收敛	全样本	东	中	西
文化消费	-0.413*** (-5.22)	-0.274* (-1.86)	-0.429** (-2.31)	-0.475*** (-3.52)
数字金融发展	0.061 (0.20)	-0.928 (-1.20)	0.846* (1.85)	0.692 (1.23)
体育文化与传媒支出	0.127*** (3.31)	0.118* (1.70)	0.094 (1.47)	0.275** (2.38)
人均GDP	-0.090 (-0.51)	-0.046 (-0.12)	-0.704** (-2.63)	0.725** (2.13)
第三产业占比	0.441*** (2.79)	0.678** (2.42)	0.179 (0.41)	-0.174 (-0.65)
人均可支配收入	1.320*** (4.00)	1.982* (1.73)	1.417*** (2.78)	-0.495 (-0.75)
常数项	-12.800*** (-4.57)	-16.820* (-1.81)	-9.760** (-2.44)	-6.024 (-1.22)
固定效应	是	是	是	是
时间效应	是	是	是	是
收敛速度（θ）	0.533	0.320	0.560	0.644

续表

β条件收敛	全样本	东	中	西
半生命周期（τ）	1.301	2.166	1.238	1.076
稳态值（γ）	1.637	1.663	1.131	1.609
样本量	186	72	54	60
R^2	0.867	0.894	0.932	0.864

注：*、**、***分别代表10%、5%和1%的显著性水平，（ ）内数值为估计值对应的t值。

第二节 数字金融影响城乡文化消费差距的实证检验

一、研究假设

本书第五章讨论了数字金融发展对城乡文化消费的影响机制。分析机制认为数字金融会存在缩小城乡文化消费差距的积极效应（收敛效应），也存在扩大城乡消费差距的负面效应（马太效应），数字金融对城乡文化消费差距的净效应取决于积极效应和负面效应力量相对强弱的对比。在数字金融发展的初始阶段，扩大城乡文化消费差距的效应可能会占主导地位，而随着数字金融的发展，扩散效应和溢出效应的加剧，缩小城乡文化消费差距的效应占主导地位，合力使城乡文化消费差距转向缩小。因此，提出研究假说：

假说1：数字金融的发展使城乡文化消费差距呈现先扩大后缩小的"倒U型"规律。

假说2：中国数字金融的发展对高分位数城乡文化消费差距的收敛效应更明显。

从之前对数字金融发展的统计结果看，我国数字金融发展水平存在区域不平衡，东部地区整体数字金融发展明显快于中、西部地区，推测数字金融对城乡文化消费差距的影响在不同地区的表现可能不同,东部地区数字金融发展与城乡文化消费差距的"倒U型"拐点可能出现在更早的年份和数字金融水平更高的位置。据此,提出假说3:

假说3:数字金融发展对文化消费的积极作用,农村强于城镇,且东部地区数字金融发展与城乡文化消费差距曲线的"倒U型"拐点会出现在比中、西部地区更早的时期和数字金融水平更高的位置。

二、模型构建及变量说明

(一)模型构建

本书研究的是数字金融的发展对城乡文化消费差距的影响,同时,还设立了数字金融对城镇与农村居民文化消费水平的影响模型,以期考察数字金融对城乡文化消费差距影响的主要机制。设定模型如下:

$$Theil_{i,t}=\alpha_{1,0}+\alpha_{1,1}\ln Dif_{i,t}+\alpha_{1,2}\ln Dif_{i,t}^2+\alpha_{1,3}Z_{i,t}+\mu_{1,i}+\varepsilon_{1,i,t} \quad (8-5)$$

$$\ln Ccg_{i,t}=\alpha_{2,0}+\alpha_{2,1}\ln Dif_{i,t}+\alpha_{2,2}Z_{i,t}+\mu_{2,i}+\varepsilon_{2,i,t} \quad (8-6)$$

$$\ln Rcg_{i,t}=\alpha_{3,0}+\alpha_{3,1}\ln Dif_{i,t}+\alpha_{3,2}Z_{i,t}+\mu_{3,i}+\varepsilon_{3,i,t} \quad (8-7)$$

其中,$Theil$ 表示城乡居民文化消费差距的水平;$\ln Ccg$ 表示城镇居民文化消费水平的对数值;$\ln Rcg$ 表示农村居民文化消费水平的对数值;$\ln Dif$ 代表的是数字金融的对数值;Z 表示模型中相应的控制变量;μ 代表个体效应,ε 是随机误差项,i 表示省份(i = 1,2,3,…,31),t 表示时间(t = 2011,2012,…,2018)。

(二)变量说明

①被解释变量:城乡居民文化消费差距。衡量城乡居民消费差距的方法有几种,比如城乡居民人均文化消费比、洛伦兹曲线、基尼系数、结构相对系数、泰尔指数等。根据可得数据和研究需要,本书选用泰尔指数(Theil)来表征城乡居民文化消费差距,公式如下:

$$Theil_{i,t}=\left(\frac{C_{1t}}{C_t}\right)\ln\frac{C_{1t}/P_{1t}}{C_t/P_t}+\left(\frac{C_{2t}}{C_t}\right)\ln\frac{C_{2t}/P_{2t}}{C_t/P_t} \quad (8-8)$$

其中,C_{1t} 与 C_{2t} 分别代表城镇和农村居民 t 时期文化消费总支出。C_t 表

示 t 时期的总文化消费支出。P_{1t} 和 P_{2t} 分别代表 t 时期城镇和农村居民人口数，P_t 代表 t 时期的总人口数，泰尔指数越小，表明城乡文化消费发展越趋向于均衡性。

②核心解释变量：数字金融发展（$\ln Dif$）。目前由北大数字金融发展中心编制的中国普惠金融指数具有较强的权威性，在一定程度上能够反映中国数字金融发展现状。因此本章依然以各省数字金融指数取对数作为核心解释变量。

③控制变量选取：参考以往文献，本章主要加入了以下可能会对城乡文化消费差距产生影响的因素作为控制变量：城乡收入差距（Theil 指数测算）、文教娱乐固定资产投资（固定资产投资中的文化体育类投资）、服务业发展（第三产业增加值/GDP）、城镇化率（城镇人口/总人口）、人口结构（总抚养比）、政府行为（政府财政支出/GDP）、文教娱乐财政支出（文教娱乐财政支出）这些变量分别从宏观经济、城乡发展和社会人口等方面对影响城乡文化消费差距的因素进行了控制。上述各回归变量的基本统计描述如表 8-3 所示。

数据来源及说明：本书使用 2011—2018 年的北大数字普惠金融指数省级数据进行测算，文化消费使用的是省级层面居民人均教育文化和娱乐支出，文化消费和其他控制变量数据均来自国家统计局和中经网等数据库资料。为达到回归效果的稳定，对数字普惠金融指数、文教娱乐固定资产投资、文教娱乐财政支出三个变量取对数进行回归。各变量的统计性描述结果如表 8-3 所示，各变量的方差膨胀因子均小于 5，均值为 3.31，可视为变量间不存在多重共线性。

表 8-3 变量的统计特征

变量	变量说明	样本量	平均值	标准差	最小值	最大值	方差膨胀因子
城乡居民文化消费差距	泰尔指数计算	248	0.125	0.114	0.017	0.943	—
数字金融发展	数字普惠金融指数	248	5.064	0.679	2.786	5.934	2.550

续表

变量	变量说明	样本量	平均值	标准差	最小值	最大值	方差膨胀因子
城乡收入差距	泰尔指数计算	248	0.103	0.048	0.020	0.247	4.430
服务业发展	固定资产投资中的文化体育类投资	248	4.963	0.952	2.083	6.937	4.281
城镇化率	第三产业增加值/GDP	248	0.461	0.095	0.297	0.831	3.353
城镇化率	城镇人口/总人口	248	0.561	0.132	0.227	0.896	2.585
人口结构	总抚养比	248	0.362	0.065	0.193	0.506	2.342
政府行为	政府财政支出/GDP	248	0.281	0.211	0.110	1.379	4.110
文教娱乐财政支出	政府文教娱乐财政支出	248	4.253	0.602	2.635	5.774	2.854

三、回归结果分析与稳健性检验

进行指标描述统计后，依据上文中模型（8-5）进行 GMM 估计，以克服潜在的内生性问题。从各检验统计量的结果值看出，GMM 估计符合外生性和相关性的假设条件，其中 Hansen 检验 p 值为 0.54，表明工具变量满足外生性假设，最小特征统计量大于临界值 20.25（对应 5% 显著水平），其他各检验统计量结果也均显示拒绝弱工具变量假设。因此，采用 GMM 模型分析数字金融与城乡居民文化消费差距的关系较为合理。此外，为便于比较，表 8-4 列（5）和列（6）也分别报告了固定效应和随机效应估计结果作为对照。

（一）总体估计结果分析

表 8-4 列出了总体样本的回归结果，为进一步避免遗漏变量而存在的内生性问题，在基准估计中采用了逐步回归法，回归结果见表 8-4 列（1）~列（4）。从列（4）看出，数字金融发展系数显著为正，而数字金融发展^2 系数

显著为负，说明数字金融与城乡文化消费差距之间呈现"倒U型"关系。表明数字金融发展初期对城乡文化消费差距起到了拉大作用，而随着数字金融的深入发展，城乡文化消费差距会随之逐渐缩小，数字金融发展与城乡消费差距之间并非简单的线性关系，假说1得到验证。

具体来看，当数字金融发展变量的值达到5.437，即对应数字金融发展指数达到229.8[①]时，其对城乡居民文化消费差距的影响出现拐点，影响方向发生改变，由之前拉大城乡文化消费差距的作用效果转变为缩小文化消费差距。从现实来看，2016年，我国平均数字金融指数达到230.4，因此，2016年是数字金融的发展对城乡文化消费差距的影响开始由扩大转为缩小的转折年份。数字金融发展与城乡文化消费差距之间呈现"倒U型"关系，这可能是基于互联网技术的数字金融首先在城镇地区发展和使用，因此在发展初期，数字金融的广泛使用首先在城市出现，城镇居民会较早地使用数字金融各项服务，因此呈现出对文化消费的拉动效应，随着数字金融服务广度的不断延伸和城市对周边地区的扩散效应，数字金融发展拉动农村文化消费的边际效应会超越城镇，最终促使我国数字金融产生缩小城乡文化消费差距的作用结果。

控制变量的影响基本符合预期。从表8-4列（4）结果看出，城乡收入差距系数为正但不显著，表明城乡收入差距扩大并未对城乡居民文化消费差距扩大形成明显促进作用。文教娱乐固定资产投资和服务业发展系数均显著为负，表明文教娱乐固定资产投资增加以及服务业发展会显著缩小城乡文化消费差距。这是因为文教娱乐固定资产投资决定着城乡文化设施及娱乐用品的数量，其增加会吸引城乡居民文化消费，第三产业发展可以提供更多的文化产品和服务，有助于带动城乡居民文化产品和服务消费的提升。再者，服务业发展可以通过吸纳农村劳动力提升农村居民的收入，有利于缓解文化消费城乡之间差距。城镇化率、人口结构、政府行为和文教娱乐财政支出系数均为正，但仅后三者显著，说明城镇化率提升并未产生明显改变城乡文化消费差距的效应。儿童和老年人的抚养比增加扩大了城乡居民文化消费差距，这

---

① 拐点计算：$lnindex = -\dfrac{2.338}{[2\times(-0.215)]} = 5.437$，此时对应数字普惠金融指数为229.8。

可能是由于适合老年人和少年儿童消费的文化产品和服务城镇相对农村更加丰富。另外，城镇老年人对文化消费的投入相对较多，城镇父母为培养少年儿童会消费更多的文化产品和服务，因此会显著拉大城乡居民文化消费差距。财政支出占 GDP 比重提升以及文教娱乐财政支出增加都会影响居民文化消费。近年来政府加大了对农村地区的财政支出以及文教娱乐财政支出力度，由于政府财政支出对消费具有替代效应，农村居民一部分文化消费被替代，因此财政支出占 GDP 比重提升和文教娱乐财政支出增加，拉大了城乡居民文化消费差距。

表 8-4　数字金融发展与城乡居民文化消费差距的估计结果

解释变量	GMM				FE	RE
	（1）	（2）	（3）	（4）	（5）	（6）
数字金融发展	2.161** (0.937)	2.222** (0.926)	2.591*** (0.898)	2.338** (0.955)	0.200** (0.092)	0.322*** (0.078)
数字金融发展^2	-0.198** (0.084)	-0.202** (0.083)	-0.238*** (0.081)	-0.215** (0.086)	-0.025** (0.016)	-0.046*** (0.009)
城乡收入差距	0.012 (0.106)	0.001 (0.106)	0.0277 (0.093)	0.062 (0.090)	0.436 (0.382)	-0.083 (0.185)
文教娱乐固定资产投资	—	0.009** (0.003)	-0.013*** (0.004)	-0.013*** (0.004)	0.005 (0.013)	-0.017* (0.010)
服务业发展	—	—	—	-0.062* (0.033)	0.740*** (0.167)	0.221*** (0.084)
城镇化率	-0.076*** (0.028)	-0.128*** (0.030)	-0.030 (0.030)	0.010 (0.030)	2.320*** (0.345)	-0.245*** (0.098)
人口结构	—	—	0.206*** (0.043)	0.205*** (0.041)	0.473* (0.245)	0.366*** (0.104)
政府行为	0.182*** (0.019)	0.152*** (0.024)	0.157*** (0.023)	0.170*** (0.024)	0.570*** (0.201)	0.176*** (0.041)
文教娱乐财政支出	0.032*** (0.003)	0.039*** (0.004)	0.042*** (0.004)	0.043*** (0.005)	-0.023 (0.032)	0.044*** (0.019)

续表

解释变量	GMM				FE	RE
	（1）	（2）	（3）	（4）	（5）	（6）
常数项	-5.976** (2.608)	-6.114** (2.574)	-7.193*** (2.497)	-6.513** (2.652)	0.737** (0.360)	-0.539** (0.214)
Kleibergen-Papp rk LM 统计量	25.431***	26.992***	27.264***	27.199***	—	—
Cragg-Donald Wald 统计量	23.241***	23.678***	23.118***	22.751***	—	—
Hansen 检验	0.089	0.108	0.446	0.539	—	—
样本量	248	248	248	248	248	248
R^2	0.714	0.721	0.765	0.770	0.623	0.507

注：括号内为相应的标准误，***、**、*分别表示在1%、5%和10%的水平上显著。Kleibergen-Papp rk LM 检验与 Cragg-Donald Wald 检验报告的均为统计值，Hansen 检验报告的为 p 值。

（二）分位数回归结果分析

为验证数字金融发展对不同程度的城乡文化消费差距是否具有异质性，本书接下来进行了分位数回归来加以说明（图8-2）。从回归结果看，随着不同分位点持续变化，数字金融的系数随着文化消费差距的扩大呈现逐渐增大趋势，而数字金融平方项的负向影响也呈现逐渐增大趋势，并在此基础上计算出在10%、50%及90%分位点处，数字金融对城乡居民文化消费差距的边际影响分别为-0.0458、-0.1180及-0.1956。这说明数字金融发展水平对文化消费差距较小的地区存在拉大差距的效应。而对城乡文化消费差距较大的地区，数字金融的发展起到缩小差距的积极效应。由此得出，数字金融的发展对高分位数城乡文化消费差距的收敛效应更明显，假说2得到验证。

（三）稳健性检验

为检验前文主要结论的可靠性，本书接下来分别采用更换核心解释变量和样本期的方法进行如下稳健性检验。

替换核心解释变量。对于核心解释变量，前文主要采用数字金融指数代

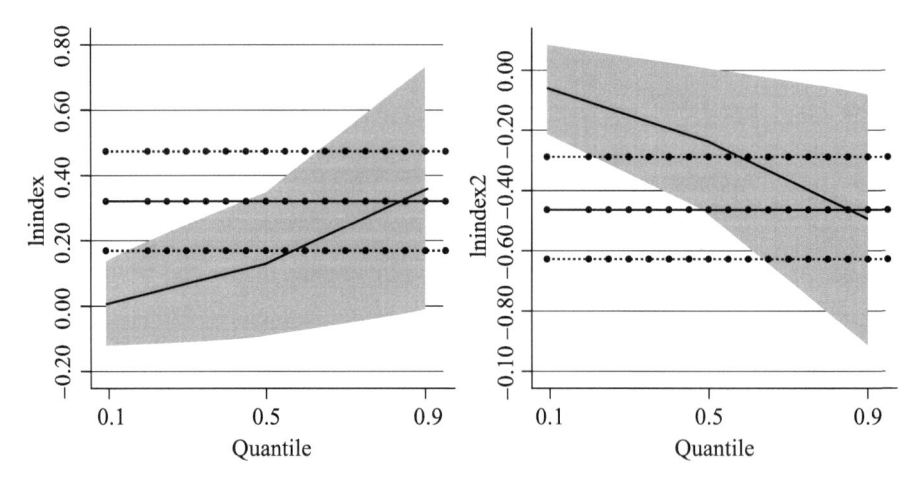

图 8-2 全分位点处核心解释变量及平方项系数变化

表数字金融发展水平,现在以数字金融使用广度来替代核心解释变量重新进行回归,结果如表 8-5 所示。可以发现,采用 GMM 模型回归后,核心解释变量估计系数的符号没有变化且显著,符合理论预期,因而前文主要结论稳健。

更换样本期。考虑到样本选择的问题可能会影响估计的准确性,从而影响前文主要结论,本书将 2011 年和 2018 年样本进行剔除,然后进行估计,结果如表 8-5 所示。不难发现,各变量的估计系数符号均未发生变化,关注核心解释变量通过显著水平检验,说明前文的估计结果是稳健的。

表 8-5 稳健性检验

	替换核心解释变量	更换样本期	原始总体样本
数字金融发展	0.169*** (0.054)	3.953** (1.918)	2.338** (0.955)
数字金融发展^2	-0.025*** (0.006)	-0.361** (0.174)	-0.215** (0.086)
城乡收入差距	0.209 (0.266)	0.029 (0.069)	0.062 (0.090)
文教娱乐固定资产投资	-0.029*** (0.009)	-0.009* (0.005)	-0.013*** (0.004)

续表

	替换核心解释变量	更换样本期	原始总体样本
服务业发展	0.087 (0.100)	-0.090** (0.039)	-0.062* (0.032)
城镇化率	-0.252** (0.113)	0.027 (0.037)	0.010 (0.030)
人口结构	0.193** (0.098)	0.168*** (0.050)	0.205*** (0.041)
政府行为	0.130* (0.075)	0.209*** (0.018)	0.170*** (0.024)
文教娱乐 财政支出	0.044*** (0.010)	0.044*** (0.006)	0.043*** (0.005)
常数项	-0.147 (0.149)	-10.990** (5.312)	-6.513** (2.652)
样本量	248	186	248
R^2	0.585	0.879	0.770

注：括号内为相应的标准误，***、**、*分别表示在1%、5%和10%的水平上显著。

（四）进一步探讨

分城镇和农村进行估计。在对总体进行估计后，本书将样本进一步划分为城镇和农村两个大类，依据上文模型（8-6）和模型（8-7）进行分组线性回归，进一步考察数字金融发展对城乡文化消费的异质性影响，估计结果如表8-6所示。结果显示，数字金融发展对城镇和农村居民文化消费的影响系数分别为0.376和1.233，数字金融的发展对城镇和农村居民文化消费均有促进作用，作用效果农村强于城镇。这可能是由于数字金融在消费水平较低和消费模式较为单一的农村地区出现时，对农村居民消费的影响更明显，对文化消费的释放力度更大。虽然数字金融的普及城镇先于农村，但对居民文化消费的拉动作用农村强于城镇，这也进一步佐证了数字金融与城乡文化消费差距之间呈现"倒U型"关系，而且形成原因主要是农村数字金融普及相对城镇滞后以及其对农村文化消费拉动效应更显著两方面。

表 8-6 数字金融发展与文化消费水平：分城镇和农村样本回归

变量	城镇		农村	
	FE	GMM	FE	GMM
数字金融发展	0.096*** (0.024)	0.376*** (0.100)	-0.104 (0.067)	1.233*** (0.143)
城镇文化消费	0.438*** (0.144)	0.616*** (0.124)	—	—
农村文化消费	—	—	2.097*** (0.339)	-0.283** (0.120)
文教娱乐固定资产投资	-0.007 (0.024)	-0.108*** (0.023)	-0.003 (0.053)	0.005 (0.033)
服务业发展	1.033*** (0.302)	0.372 (0.233)	-1.613** (0.691)	-0.210 (0.271)
城镇化率	1.085 (0.675)	-0.578** (0.259)	4.936*** (1.635)	-0.225 (0.371)
人口结构	-0.922** (0.004)	-0.394 (0.002)	-3.760*** (0.009)	-1.740*** (0.003)
政府行为	-0.069 (0.382)	-0.993*** (0.130)	1.796** (0.833)	-1.405*** (0.149)
文教娱乐财政支出	0.0291 (0.059)	0.0328 (0.031)	-0.0195 (0.137)	-0.104*** (0.040)
常数项	1.872* (1.102)	0.342 (0.845)	-13.360*** (1.999)	4.570*** (0.656)
Kleibergen-Papp rk LM 统计量	—	52.473	—	54.605
Cragg-Donald Wald 统计量	—	289.154	—	358.536
Hansen 检验		0.043		0.370
样本量	248	248	248	248
R^2	0.784	0.797	0.816	0.669

注：括号内为相应的标准误，***、**、*分别表示在1%、5%和10%的水平上显著。Kleibergen-Papp rk LM 检验、Cragg-Donald Wald 检验报告的均为统计值，Hansen 检验报告的为 p 值。

分区域回归结果分析。利用模型（8-5）本书进一步将样本划分为东部、中部和西部三类分别进行 GMM 估计，进一步考察影响效应是否具有区域异质性。估计结果如表 8-7 所示，通过回归系数对比发现数字金融的发展对西部居民城乡文化消费差距的影响显著为正，且远高于整体样本回归系数。对东部地区居民城乡文化消费差距的影响略弱于整体样本，对中部地区居民城乡文化消费差距的影响不显著。经计算得出，东部、中部和西部的拐点分别是数字金融指数达到 266.9、315.8 和 230.0。其中，东部地区出现拐点对应的年份为 2016 年，西部出现拐点对应的年份为 2017 年，中部地区在样本期内几乎没有达到拐点，假说 3 得到验证。

为了更好地说明中部地区数字金融与城乡文化消费差距的关系，本书还对中部地区测算了不包含数字金融发展^{2}的线性回归，结果显示数字金融发展的估计系数为 0.008 且显著，意味着在样本期内数字金融的发展扩大了中部地区城乡居民文化消费差距，与表 8-7 中估计显示中部地区尚未达到"倒 U 型"拐点这一结果一致。

表 8-7 数字金融发展与城乡文化消费差距：分东、中、西部样本回归

因变量 （城乡文化消费差距）	东部	中部	西部	整体
数字金融 发展	2.000** (0.779)	0.244 (0.807)	9.408*** (2.602)	2.338** (0.955)
数字金融 发展^2	-0.179*** (0.069)	-0.021 (0.073)	-0.865*** (0.240)	-0.215** (0.086)
城乡收入 差距	0.550*** (0.189)	0.611*** (0.107)	-0.523** (0.211)	0.062 (0.090)
文教娱乐固定资产投资	-0.008** (0.004)	-0.007** (0.003)	0.001 (0.007)	-0.013*** (0.004)
服务业发展	-0.034 (0.042)	-0.031 (0.039)	0.020 (0.113)	-0.062* (0.033)
城镇化率	0.0350 (0.066)	-0.215*** (0.042)	-0.238* (0.136)	0.010 (0.029)

续表

因变量 (城乡文化消费差距)	东部	中部	西部	整体
人口结构	0.056 (0.044)	0.032 (0.036)	0.213* (0.113)	0.205*** (0.041)
政府行为	−0.030 (0.071)	0.114*** (0.031)	0.162*** (0.030)	0.170*** (0.023)
文教娱乐 财政支出	0.020*** (0.004)	0.031*** (0.005)	0.022* (0.012)	0.043*** (0.005)
常数项	−5.620*** (2.162)	−0.698 (2.234)	−25.540*** (7.138)	−6.513** (2.652)
Hansen 检验	0.250	0.507	0.362	0.540
样本量	88	64	96	248
R^2	0.615	0.923	0.745	0.770

注：括号内为相应的标准误，***、**、*分别表示在1%、5%和10%的水平上显著。

第三篇

数字金融提升文化消费战略篇

第九章 数字金融提升文化消费战略的宏观背景

本书第一、第二篇主要是从理论和实证层面给出数字金融支持文化消费提升的证据,并得出更丰富的结论。因果关系在被论证之后,对政府、企业、消费者往往带来很多启示,如何更好地利用数字金融提升文化消费水平、加速文化消费结构优化、缩小文化消费差距,探索数字金融提升文化消费的发展战略就成为接下来必须要研究的课题。战略方针的提出首先基于对宏观环境、微观环境的透彻分析,本章则主要针对数字金融提升文化消费战略的宏观背景进行分析。

第一节 数字经济赋能高质量发展的新阶段

一、数字经济上升为国家发展战略

发展数字经济意义重大,是把握新一轮科技革命和产业变革新机遇的战略选择。当今时代,数字技术、数字经济是世界科技革命和产业变革的先机,是新一轮国际竞争重点领域,我们一定要抓住先机、抢占未来发展制高点。

党的十八届五中全会提出,实施网络强国战略和国家大数据战略。把加快构建高速、移动、安全、泛在的新一代信息基础设施作为拓展基础设施建设空间的重要内容,全面部署实施"宽带中国"战略,提出加快网络、通信基础设施建设和升级，全面推进三网融合，将大数据视作战略资源并上升为国家战略，期望运用大数据推动经济发展、完善社会治理、提升政府服务和监管能力。党的十九大继续提出发挥互联网、大数据、人工智能的重要作用，推动其与实体经济深度融合，并重视全社会基本公共服务的覆盖面和均等化水平，提出促进"智慧社会"建设。党的二十大则围绕"做优做强做大我国数字经济"提出了许多战略方针和举措，包括促进数字经济和实体经济深度融合，打造具有国际竞争力的数字产业集群；发挥制度优势，形成发展数字经济强大合力；发挥国内超大规模市场优势，拓展数字经济应用新场景；发挥人才优势，激发数字经济发展的创新动力；发挥高水平开放优势，提升数字经济全球治理话语权。与国家发展战略紧密配合的是一系列具体政策文件的出台，如数字化转型政策、数字政府政策、数字经济产业政策、数字人才政策等专项政策。

二、数字经济成为推动中国经济高质量发展新引擎

随着科技的迅猛进步和数字化转型的推动，数字经济所带来的巨大机遇和变革正在深刻影响着经济格局。数据直观地展示了数字经济在中国经济中的重要地位。以网络零售交易规模为例，从2012年的13100亿元增长到2022年的137853亿元，这一数字呈现出强劲的增长态势。同时，互联网用户数量也突破9亿人。这些数字是中国经济正在蓬勃发展的有力证明。

数字经济的崛起为中国经济带来了诸多好处。首先，它为创新和创业创造了更多的机会。由于数字技术的应用，创业门槛大幅降低，创业者可以利用互联网平台和数字工具迅速推出新产品和服务。其次，数字经济推动了中国经济结构的优化和升级。传统产业在数字经济的引领下进行了数字化改造，实现了生产、管理和营销等环节的高效运作。与此同时，新兴产业如电子商务、共享经济等迅速崛起，为经济增长和就业创造带来了新的动力。此外，数字经济还推动了消费需求的升级。在线购物、移动支付、数字娱乐等数字化消费方式的普及，推动了消费需求的升级和消费结构的优化，进一步激发了消费活力。最后，数字经济加速了中国产业的国际化和全球化进程。通过

数字技术的跨境应用和互联网平台的连接，为中国企业更便捷地参与国际市场竞争，拓展海外业务，提供了更多合作机会和创新空间，促进了国际合作与交流，推动了产业的国际化发展。

三、数字技术促进消费提质升级

在数字经济蓬勃发展的时代背景下，数字技术正成为推动中国消费市场提质升级的关键力量。互联网、人工智能、大数据和物联网等技术的飞速发展，为消费者带来了更智能、便捷和个性化的消费体验。数字技术的广泛应用为文化消费战略带来了新的机遇和挑战。最新数据显示，截至2022年12月，我国网民规模达10.67亿，互联网普及率达75.6%。与此同时，中国支付清算协会发布的《中国支付产业年报2022》显示，截至2021年底，中国网络支付用户规模达9.04亿，占网民整体的87.6%。这些数字背后体现了数字技术在中国消费市场中的巨大影响力。

首先，数字技术为文化产品的生产和传播提供了全新的方式和渠道。通过互联网和数字平台，文化产品的生产、推广和销售成本大幅降低，效率大幅提升。音乐、电影、文学作品等文化产品可以通过数字化方式传播，触达更广泛的受众群体。其次，数字技术为个性化消费提供了更多可能。借助大数据和人工智能的应用，企业能够根据消费者的喜好、需求和行为进行精准推荐和定制化服务。这种个性化消费模式既满足了消费者多样化的需求，又提升了消费者的消费体验。再次，数字技术还促进了线上线下融合的消费模式。消费者可以通过线上渠道进行商品搜索、比价和购买，同时也可以选择线下实体店进行实际体验和购买。这种线上线下融合的消费模式提供了更多选择和便利，满足了消费者不同场景下的需求。最后，数字技术为文化消费的版权保护和内容监管提供了新的手段。借助数字水印、区块链等技术，可以对文化产品的版权进行更加精确和有效的管理，减少侵权和盗版的风险。同时，数字技术也可以进行内容监管，确保文化产品的合法性和道德性。这种技术手段的应用为文化消费者提供了更加安心和可信赖的消费环境。

第二节 消费升级与"双循环"新发展格局

一、"双循环"新发展格局应对百年未有之变局

2001 年加入 WTO 后，我国经济保持快速增长，我国提出构建"双循环"新发展格局，一是用好国际国内两个市场、两种资源；二是要在这个基础上加快形成以国内大循环为主体的经济格局；三是新发展格局绝不是封闭的国内循环，而是开放的国内国际"双循环"；四是对外开放是中国的基本国策，要全面提高对外开放水平，建设更高水平开放型经济新体制。

"双循环"背景下，文化贸易要更多依托国内优势产业，而国内的优势产业，在国际上往往也很有竞争力。文化贸易要在内容和服务上下功夫，走文化产业高质量发展之路，这也是促进提高中国文化软实力的战略要求。中国文化产业必须实施"走出去"战略，特别是借助数字技术的优势，推动数字文化产业多点出海，以中国文化产品为载体，在全球范围传播中华文化，阐发中国精神，展现中国面貌。

二、"一带一路"+西部陆海新通道+自贸区自贸港建设

2022 年政府工作报告指出，推进西部陆海新通道建设是共建"一带一路"的重要领域。在加快形成"双循环"新发展格局的背景下，西部陆海新通道作为连接"一带"与"一路"，联通中国西部与东盟国家市场的国际贸易大通道，将成为促进"双循环"新发展格局加快形成的先导和基础性的重大工程。对内，西部陆海新通道带动西部地区开放发展；对外，西部陆海新通道衔接"一带"与"一路"，从沿海地区开放为主，转变为沿海内陆协同、整体开放。特别是在中欧班列的带动下，沿线通道经济、口岸经济、枢纽经济快速发展，为内陆城市对外开放拓展了新空间。

这些城市因为中欧班列物流汇聚功能带来了更多人流、商流、资金流、

信息流的汇集，进而带动加工贸易、先进制造、保险物流、金融服务等产业在西部地区的兴起和集聚，形成了一定规模的产业集群。随着产业兴旺、人口集聚，城市加快繁荣，一些重要枢纽城市，如成都、重庆、西安以及乌鲁木齐，正由过去的开放末梢转变成为开放前沿。截至2022年上半年，我国已分6批设立21个自贸试验区和海南自由贸易港，实现了东中西地区全覆盖。自由贸易区和自由贸易港的建设，将吸引外资在数字经济、数据安全、集成电路、跨境金融等领域加强技术交流，在航空、人工智能等方面完善国内供应链建设。同时，也有助于发展跨境数字贸易和免税经济，引导境外消费回流。

三、产业和消费双升级

发展经济学理论把国家工业化随人均收入增长而发生结构转变的过程分为3个阶段：工业化起始阶段、工业化实现阶段和后工业化阶段。2019年我国人均GDP突破1万美元，人均可支配收入30733元，对照工业化发展理论，我国正处于工业化实现的后期阶段，总体上已经进入消费升级的加速期。具体表现为：（1）居民消费增长率高，与GDP增长差距日渐缩短。2021年我国社会消费品零售总额超过40万亿元，比上年增长12.5%；内需对经济增长的贡献率接近80%，比2020年提高了4.4个百分点，消费增长成为经济增长的主要支撑；（2）人均可支配收入递增，恩格尔系数逐年降低趋势明显。国家统计局公布的数据显示，中国食品烟酒支出占消费支出的比重（恩格尔系数）从2012年的33.0%下降至2021年的29.8%，下降3.2个百分点。居民恩格尔系数的下降，标志着中国居民生活水平进一步提高，这也是居民消费进入升级通道的主要依据；（3）新兴消费业态不断涌现，消费结构向高层次转化。消费者更加注重消费质量的提升，精神文化类消费需求随之提高。消费结构升级助推现代服务业发展和产业结构的升级。

新信息技术的广泛应用以及新业态新消费模式的加速普及，为产业消费双升级提供了发展的机遇。数字金融在促进文化消费提升的进程中应把握新兴文化消费发展契机，大力推动线上消费蓬勃发展，实现线上线下深度融合。

同时紧抓科技革命和产业变革机遇，积极推动文化产业数字化转型，加快新旧动能转换，巩固产业升级为具有长期生命力的数字化新模式，全方位推动产业升级发展。

第三节　物质和精神共同富裕的新要求

一、乡村振兴是实现共同富裕的必由之路

产业兴旺、生态宜居、乡风文明、治理有效、生活富裕是乡村振兴的总体要求，而乡村文旅产业的发展是实现农民增收、农村进步及共同富裕的现实需要和重要抓手。2021年1—10月中国乡村游客规模同比增长43.4%，是恢复最为强劲的旅游形态之一，可见即便是在疫情的重大影响下，乡村文旅产业依然展现出了强劲的韧性。数字金融与乡村振兴、乡村文旅产业发展在目标上天然契合。

数字金融在乡村振兴中发挥着重要的作用。随着信息技术的快速发展，数字金融为乡村地区提供了独特的机遇和优势。首先，数字金融可以促进农村金融服务的普惠性和便捷性。通过移动支付、互联网金融等技术手段，农民可以方便地进行支付、存取款等金融操作，大大提高了金融服务的可及性和便利性。其次，数字金融可以推动乡村经济的转型升级。通过数字金融的支持，乡村地区可以开展电子商务、农产品溯源、农村旅游等创新业态，拓宽农民的收入渠道，促进农村经济的多元化发展。同时，数字金融还可以提升农村金融机构的风控和服务能力，为农村企业和农民提供更加全面、专业的金融支持，助力乡村经济的高质量发展。此外，数字金融还能够促进乡村文化的传承和创新。通过数字化技术，可以将乡村的传统文化、民俗风情以及乡土特色产品进行有效的推广和传播。同时，数字金融也为文化创意产业的发展提供了新的机遇，通过数字媒体、在线销售等方式，将乡村文化产品打造成具有市场竞争力的品牌，促进乡村文化产业的繁荣。

二、物质文明和精神文明相协调的中国式现代化

在中国式现代化的进程中，数字金融发挥了重要的作用。通过数字化技术和金融创新，数字金融为人民提供了更加便捷、高效的金融服务，提升了人民的物质生活水平。同时，数字金融也为文化消费提供了新的渠道和方式，丰富了人们的精神文化生活，助力实现物质文明和精神文明的协调发展。

文化和旅游产业是典型的满足人民群众精神文化生活需求的幸福产业，文化和旅游消费是人民群众精神文化生活的重要内容和必需品，在推动文化和旅游高质量发展过程中，抓好文化和旅游消费的高质量发展，是促进精神生活共同富裕的重要手段。党的十八大以来，以习近平同志为核心的党中央始终坚持把社会效益放在首位，社会效益和经济效益相统一，推进文化事业和文化产业全面发展，公共文化服务整体水平明显提高，人民精神文化生活日益丰富活跃。文化产业持续健康发展，新型文化企业、文化业态、文化消费模式不断涌现，文化和旅游融合发展深入拓展，人民群众日益增长的文化和旅游消费需求日益得到满足，旅游作为幸福产业的地位更加凸显，全民健身纳入国家战略，统筹发展体育事业和体育产业，这为实现共同富裕奠定了坚实基础。

三、文化消费助力精神生活共同富裕

客观来看，实现共同富裕不只是物质生活的提升，也是精神文化富足的过程，两者相辅相成、缺一不可，最终促进人的全面发展和社会全面进步。物质文明是精神文化消费的基础，反过来，更高水平的精神文化生产可以为物质建设提供精神动力。2020 年底，我国如期完成新时代脱贫攻坚目标任务，贫困地区居民人均可支配收入从 2013 年的 6079 元增长到 2020 年的 12588 元，年均增长 11.6%，区域性整体贫困得到解决，创造了减贫治理的中国样本。现阶段，我国进入巩固脱贫攻坚成果、全面推动乡村振兴的新发展阶段，在实现共同富裕的宏伟目标下，提升文化消费水平尤其是经济不发达地区居民文化消费水平，是共同富裕进程中实现从"富口袋"迈向"富脑袋"的客观

必要。

2021年全国居民人均教育文化娱乐支出比2012年增长106.0%，年均增长8.4%，快于全国居民人均消费支出0.4个百分点，占人均消费支出的比重达10.8%，消费结构优化升级。但通过计算还发现，2020年东部地区居民人均教育文化娱乐支出是西部地区的1.63倍，城镇居民是农村居民的1.98倍，地区差距和城乡差距较大仍然是当下较为突出的问题，由此可见，实现共同富裕尤其是精神共富迫切需要解决发展不平衡的问题。

第四节　文化与科技融合发展的新时代

一、文化科技融合发展是实现文化强国的重要方式

新时代，文化与科技的融合发展成为实现文化强国的重要方式。文化科技融合旨在通过将先进科技与传统文化相结合，创新文化表达方式和传播途径，推动文化创意产业的发展，提升文化软实力，实现文化的传承、创新和传播。

文化科技融合促进了文化创意产业的蓬勃发展。借助先进的科技手段，如人工智能、虚拟现实、增强现实等，文化创意产业得以实现数字化、智能化的转型升级。通过数字化媒体、在线平台等，文化产品可以更加广泛地传播和推广，满足人们多样化的文化需求，推动文化产业的繁荣。文化科技融合推动了传统文化的创新和传承。通过科技手段，传统文化可以以更加生动、多样的形式呈现给人们。例如，利用虚拟现实技术可以重现古代建筑风貌，让人们身临其境地感受古代文化的魅力；利用人工智能技术可以对传统文化进行深度研究和保护，促进传统文化的传承和弘扬。此外，文化科技融合也促进了文化的全球传播。随着信息技术的发展，文化产品可以快速、广泛地传播到全球各地。通过互联网和社交媒体平台，人们可以跨越时空的限制，与世界各地的人们分享自己的文化，实现文化的多元交流与融合。

二、文化科技融合激发数字文化产业发展

近年来,随着科技创新的发展,文化科技融合发展成为必然趋势,中国文化产业也随之发生了巨大的结构变迁,步入以数字文化产业为主要特征的新时代。国家统计局的数据显示,2021年全国规模以上文化及相关产业中,数字文化新业态特征较为明显的16个行业小类实现营业收入39623亿元,比上年增长18.9%,两年平均增长了20.5%。2021年我国数字经济总规模超过45万亿元,其中数字文化产业作为数字经济的重要组成部分发展迅猛。文化产业数字化转型升级已是大势所趋。

文化和科技的融合催生了多样化的新型文化消费业态,形成新的消费增长极,并呈现场景化流通、数字化消费、沉浸式体验的特点。如区块链技术在文化、娱乐、游戏、影视、媒体、内容、知识产权等方面的应用,给中国文创产业转型升级带来了全新机遇,促进了文化消费内容升级。"元宇宙"火爆背后,日新月异的科学技术正在重构旅游消费场景,科技逐渐成为文旅转型的重要手段。2021年爆火的"NFT"(Non-Fungible Token:非同质化代币),让数字化商品也能有明确稀缺性和所有权,数字文化商品的创新和发展,会带动文化IP产品创造一种数字消费新形式。2023年以来,AIGC人工智能生成技术再次革新文化的创作和生产方式,未来甚至会彻底改变数字文化创意产业的面貌。

第十章　数字金融提升文化消费的环境及案例分析

本章首先利用 SWOT 分析进行微观环境分析，探析数字金融提升文化消费面临的优势、劣势、机遇和挑战。我国在数字金融支持文化消费提升方面有明显的市场规模优势、模式创新优势和消费能力不断提升的优势，但同时也面临着数字金融提升文化消费的适配产品缺乏、信用和监管体系偏弱等问题，在国家政策和数字金融快速发展的加持下，数字金融推动文化消费提升将持续发力。其次，本章还通过选取具有代表性的案例进行剖析，提炼总结数字金融提升文化消费的模式，指出数字金融提升文化消费的发展战略和路径选择。

第一节　数字金融提升文化消费的 SWOT 分析

一、优势分析

（一）我国金融科技整体竞争力处于世界前列

技术实力方面，我国金融科技整体竞争力处于世界前列，尤其在移动支付、大数据分析、人工智能等方面取得了显著成就。移动支付的普及和便捷性为文化消费提供了便利，大数据分析和人工智能的应用可以为文化产业提供精准的市场洞察和个性化推荐服务。市场规模方面，中国庞大的人口基数和不断增长的中等收入群体为文化消费提供了广阔的市场需求。数字金融通过提供便捷的支付和结算方式，促进了文化消费的扩大和多样化，满足了人们多层次、多样化的消费需求。金融创新方面，中国的数字金融领域不断创新，涌现出了众多具有竞争力的金融科技企业和创新产品。例如，移动支付、电子票务、在线文化娱乐平台等，为文化消费提供了全新的体验和服务模式。政策支持方面，中国政府高度重视金融科技发展，出台了一系列支持政策和监管措施。政策的引导和支持为金融科技企业提供了良好的发展环境，推动了数字金融与文化消费的融合。

据胡润研究院发布的《2022年中全球独角兽榜》显示，蚂蚁集团和微众银行分别以8000亿元和2200亿元的市值排在金融科技行业独角兽企业中的第一和第三位。用户规模方面，微信支付依托微信社交平台，支付宝依托天猫以及淘宝等电商平台，其用户数量均已突破12亿，2021年初上线的抖音支付，其日活跃用户已经超过6亿，成为继支付宝、微信之后的第三大移动支付工具。

（二）数字金融模式创新应用更趋广泛

首先，多样化的支付方式。数字金融为文化消费者提供了多种支付方式，如移动支付、电子支付、虚拟货币等。这些支付方式的出现使得文化消费更加便捷灵活，消费者可以根据自身需求选择最适合的支付方式进行消费，提高了支付的便利性和用户体验。其次，跨界合作与创新。数字金融为文化产业与其他行业的跨界合作提供了支持和契机。通过数字金融平台的整合和创新，文化产业可以与电商、旅游、餐饮等行业进行合作，共同打造文化消费的全新体验和增值服务，促进了文化产业的融合发展。最后，数据驱动的精准营销。数字金融通过数据分析和用户画像，可以实现对文化消费者的精准营销。借助大数据技术，数字金融可以了解用户的兴趣偏好、消费习惯等信息，精准定位目标消费群体，并提供个性化的推荐和营销活动。

（三）居民文化消费能力不断攀升

党的十八大以来，各地贯彻落实全面建成小康社会的战略目标，出台实施了一系列惠民富民政策措施，居民收入较快增长，收入结构不断改善，城乡和地区居民收入差距不断缩小，恩格尔系数不断下降，居民消费水平持续提高。统计数据显示，2021年全国居民人均消费支出24100元，比2012年的12054元增加12046元，人均消费支出累计名义增长99.9%，年均名义增长8.0%，扣除价格因素，累计实际增长67.4%，年均实际增长5.9%。人均教育文化和娱乐支出从2014年的人均1392.66元增长到2019年的2513元，年均增速达12.5%。2021年我国人均教育文化娱乐支出同比增长27.9%（图10-1），其中，城镇居民教育文化娱乐人均消费支出3322元，同比增长28.2%，2021年我国农村居民教育文化娱乐人均消费支出1645元，同比增长25.7%，增长率领涨其他类型的消费支出，特别是催生的数字文化消费展现出强大的市场活力，文化消费展现了作为消费拉动的生力军作用。

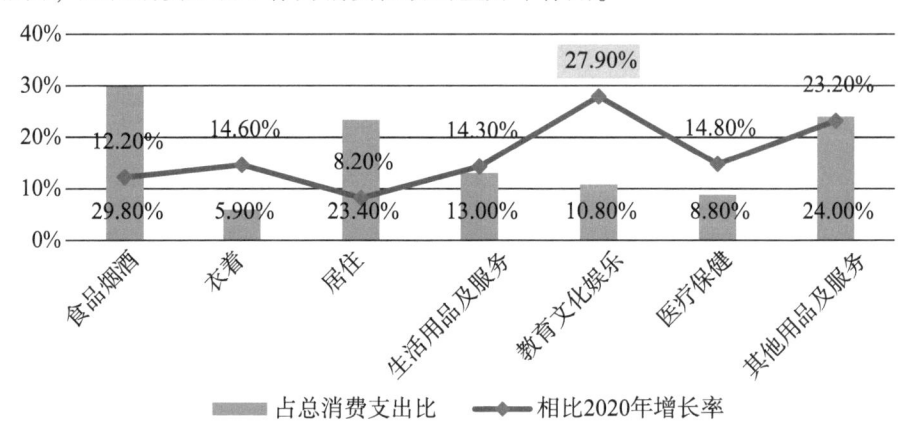

图10-1 各类人均消费支出占比及增长率（2021年）

数据来源：国家统计局。

二、劣势分析

（一）数字金融提升文化消费的适配产品不足

在数字技术的引领下，金融产品呈现出多样化发展的态势。但总体来看，文化产业的对口产品较少且适用性不高。如：在数字金融提升乡村文旅产业和文化消费的过程中，发现切合乡村文旅产业特征的数字信贷与数字保险数量严重不足，相关产品没有根据乡村旅游经营规模小、从业人员多、外部环境影响大的特点进行设计。大多数信贷产品将旅游融入大类服务行业中，缺乏对乡村文旅产业的准确定位，无法采取正确的抵押担保方式来解决乡村文旅产业的贷款抵押担保难题。由保险公司主导的"互联网+"金融模式往往是为了解决农村农业发展的桎梏，较少涉及文旅产业，而传统的旅游保险则需要在险种数量、理赔金额、风险管理等方面进行改进，以寻求更为合理的产品体系。

（二）数字金融助力文化消费提升的信用体系滞后

数字金融扩大了城市和乡村的征信范围，利用大数据、人工智能、云计算等新兴技术，也可以解决信用风险识别难的问题。尽管如此，我国目前的信用体系仍然存在一些问题，特别是在征信系统建设方面滞后。首先，信用信息的标准化和平台建设方面存在严重滞后。由于国家尚未建立统一的信用信息采集、归集和分类管理标准，各地区和各部门先行建设信用平台和制定相关标准，导致各地区和行业之间的信用信息采集和平台建设标准各不相同。这给地区间、行业间的信用信息共享以及国家信用平台归集地方信用信息带来了很大的困难。问题的核心在于完整统一的社会服务需求与分散的数据、供给格局之间存在矛盾。其次，信用服务市场和机构的发展还不充分。这主要表现为高质量数据缺乏制约了信用服务市场的发展，信用服务机构结构失衡，商业征信机构的发展滞后，而且信用服务产品单一，主要是一些低端产品。从区域发展上看，乡村地区信用体系建设尤为欠缺。此外，信息孤岛现象严重，部分互联网平台自行采集与估算信用，其数据准确性也有待提升，这些都成为数字金融提升文化产业发展和文化消费作用效能的重要障碍。

（三）数字金融潜在金融风险不容忽视

数字金融促进文化产业资源配置，但数字金融作为新型业态，发展周期较短，相关的监管政策与风险防范机制尚未完善，潜在的金融安全隐患不容忽视。具体表现在以下几个方面：一是部分机构以发展数字金融为名义，暗地里进行不法勾当，从事金融诈骗、网络欺诈等活动，同时由于诈骗行为日益产业化与隐蔽化，使对金融知识了解较少的消费者更容易上当受骗。二是数字金融行业仍存在客户信息数据泄露隐患，而有些群体还没有完全具备关于隐私保护的认知能力，相关法律法规也有待完善。三是现存监管政策对数字金融的覆盖不够全面，面对金融风险不具备事前预警能力，对数字金融安全发展造成挑战。

三、机会分析

（一）国家和政府支持政策频出

2012—2022 年 10 年间，我国数字金融发展有了较大突破，数字支付、数字信贷、数字保险等都实现了不同程度的发展。国家大力支持数字金融事业，进行顶层设计。2015 年，国务院发布了《关于促进农村电子商务加快发展的指导意见》《关于加快发展农村电子商务的意见》等一系列政策，加快农村电子商务数字化转型发展。2016 年，作为二十国集团轮值主席国，我国政府 9 月在杭州峰会上发布了《G20 数字普惠金融高级原则》，第一次强调了数字技术是普惠金融发展的关键推动力，开始把推广数字普惠金融上升到政府战略层面。2019 年、2022 年中国人民银行印发了《金融科技（FinTech）发展规划（2019—2021 年）》《金融科技发展规划（2022—2025 年）》。除了金融科技、数字金融直接相关的文件外，在国家层面的许多战略文件中也能够体现国家对数字金融发展的重视。

（二）数字金融进入加速发展期

2021 全球数字经济大会发布的数据显示，2020 年中国数字经济规模达 5.4 万亿美元，位居全球第二。增速方面，我国数字经济同比增长 9.6%，稳居全球第一，有望在未来数年内凭借数字经济的超强活力，实现"换道超车"。赛迪顾问发布的《2021 金融数字化服务白皮书》指出："数字金融的变革正全面开启，中国正进入'数字金融发展 2.0'时代，并表现出金融效率提升、金融成本降低的发展趋势。"在不改变金融行业本质的前提下，以金融科技等手段优化传统金融运行方式，已成为数字金融发展的明确路径。在数字经济和数字金融良好的发展势头下，未来定会有源源不断的创新金融产品出现，在场景应用上有新拓展、在技术层面上有新突破、在业态融合上有新发展，在推动文化产业高质量发展和文化消费提升方面值得期待。

(三) 文化消费新业态、新场景不断涌现

近年来，我国文化消费需求旺盛，增长速度快，市场潜力巨大，尤其是新型文化业态消费已经成为文化消费增长的新引擎。以网络视听、在线展览、在线演艺等为代表的数字文化产业快速发展，数字文化消费规模持续扩大，呈现出供需两旺的发展态势，展现出巨大的发展潜力。根据国家统计局发布的数据，2021 年，全国规模以上文化及相关产业企业实现营业收入 11.9 亿元，比 2020 年增长 16.0%，两年平均增长 8.9%。其中新型文化业态发展动力强劲，新型文化业态特征较为明显的 16 个行业比 2020 年增长 18.9%，两年平均增长 20.5%，高于文化企业平均水平 11.6 个百分点，占文化企业营业收入的比重已达 33.3%，比 2020 年提高 0.8 个百分点。

四、面临的挑战

(一) "数字鸿沟" 问题依然存在

在数字金融推动文化消费的过程中，仍然存在技术普及和数字素养的差异。部分人群对数字技术的了解和运用能力较低，导致其无法享受到数字金融带来的便利和优势。这加剧了数字鸿沟的存在，使一部分人无法参与文化消费的数字化进程中。我国地域广阔，经济发展水平和信息技术应用程度存在较大差异。一些地区的数字基础设施建设相对滞后，数字金融服务的普及程度较低，这导致了数字鸿沟在不同地区之间的存在，一些地区的文化消费者无法享受到数字金融带来的便利和优势。数字金融虽然为文化消费带来了便利，但在数字不平等方面也存在一定的问题。一些人由于经济、教育等原因，无法享受到数字金融带来的优势，这加剧了社会中的 "数字鸿沟" 和不平等现象。

(二) 数字金融消费者权益保护的法律法规有待健全

金融消费者是金融市场的重要参与者，也是金融业持续健康发展的推动者。原银保监会发文称，2021 年第四季度银行业消费投诉比第三季度环比增长 3.8%。信用卡业务和个人贷款业务投诉分别环比增长 1.3% 和 3.7%，理财

类业务投诉环比减少4.2%。金融消费者权益保护的形势依旧严峻。在金融机构消费者权益保护问题频出的现状背后，当前金融消费者权益保护的制度设置仍有待完善。经济发展新常态下被高增长掩盖的矛盾风险逐渐显现，多样化的金融机构体系、复杂的产品结构体系、信息化的交易体系愈加明显。从金融监管的双峰理论来看，不仅应重视数字金融系统性风险，还应当从加强消费者权益保护的角度加强行为监管。

第二节　案例分析与总结

一、案例：中国电影市场的数字支付兴起与票房发展

2010—2019年，我国电影票房从101.72亿元增长到642.66亿元，荧幕数从6000多块增长到接近7万块，我国电影产业规模经历了长足的发展。数字支付的兴起改变了消费者购票方式，促进了电影市场的发展，2010年以来在线票务平台迅速崛起，八年间在线化率提升至80%以上。

第一阶段：数字支付的实惠+便捷促使在线电影购票的兴起。

一方面，在线电影购票在价格上更有吸引力。2010年美团推出的电影票团购价格一般为影院正价的20%~30%，院线会员所享受的价格是正价的50%~60%，团购电影票价格优势明显。另一方面，在线选座服务，提供给消费者更友好的服务。在线电影票务平台出现后，迅速成为团购网站主要的业绩增长点之一。2011年，美团网电影票务收入突破1.2亿元，占当年美团网全部营业收入的8%。此后，在线电影票务平台迅速兴起，各类相关平台均在这一赛道有所布局：包括传统垂直票务网站大麦网、格瓦拉、网票网等；团购网站美团网、拉手网、大众点评团、团800电影票等；电影社区类如时光网和豆瓣电影；院线自建的购票平台万达院线购票平台等。

第二阶段："院线+平台"进一步合作带来业绩增量。

2003—2013年10年间，全国银幕数从1953块增长至18195块，广东、

北京、上海等票房收入前十的省区市影院数达到全国的56.14%，银幕数达全国的60.17%。与在线票务平台合作或上线自有在线票务业务，成为院线提升竞争力的有效手段，团购补贴的成本开始由院线承担。2012年春节期间，万达院线与美团网在44个城市开展合作后，当日即售出10多万张电影票，销售额突破300万元，刷新了此前由美团网创造的国内电影票单日团购销售纪录。院线与平台在在线票务方面的合作，为在线票务平台抢占市场份额提供了新的渠道与资金支持，进一步推动了在线票务平台的发展。至2013年底，电影票务在线化率达到22.3%。

第三阶段：互联网巨头入局推动在线票务平台超越线下。

2013年起，BAT三巨头相继入局，美团电影亦更名为猫眼电影，在线票务平台开始进入巨头纷争的时代，中小平台迅速出清。一方面，在互联网巨头的资金支持下，票补大战开打。至2015年票补大战高潮时，在线票务平台全年投入的票补达40亿元以上。另一方面，两次移动通信基础设施的升级换代，促进了中国移动互联网快速发展。至2015年，中国移动互联网网民达到6.2亿人，在线票务平台的便利性优势进一步凸显；而互联网巨头的流量优势更加快了在线票务平台超越线下的进程。至2015年3月，电影票务在线化率超过50%。猫眼电影、淘票票、微票儿、百度糯米成为赛道主要玩家。2017年行业进一步整合，随着微影时代并入猫眼，猫眼微影与淘票票的双寡头格局形成，当年电影票务在线化率达82.3%。

二、总结：数字支付推动电影票房增长的机制

首先，线上营销和优惠活动增加电影购票量。数字支付的普及使电影院可以更好地进行线上营销和优惠活动。电影院可以通过合作电商平台或自己的移动应用，推出在线购票优惠、会员福利、折扣券等活动，吸引更多用户购买电影票。这种线上营销和优惠活动的开展为电影票房的增长提供了支持和推动。

其次，数据分析与个性化推荐精准激发购买欲望。数字支付的发展带来了大量的用户数据，电影院可以利用这些数据进行深度分析和个性化推荐。

通过分析用户的观影偏好、消费行为和历史记录，电影院可以向用户提供个性化的电影推荐和定制化的优惠策略。这种个性化服务能够激发用户的购票兴趣，提高观影频率和票房收入。

最后，线上购票推动电影多元化发展。数字支付的普及为电影市场的多元化发展提供了支持。通过在线购票，用户可以更方便地选择和观赏各类电影，包括国内外电影、独立电影、艺术片等。用户的购票选择变得更加灵活，电影市场也更加多元化，这进一步推动了电影票房的增长。

第十一章　数字金融提升文化消费的战略选择

本书在第九章分析了数字金融提升文化消费面临的宏观背景，第十章用SWOT分析法总结了数字金融提升文化消费面临的微观环境，包括面临的优势、劣势、机遇和挑战，在典型案例分析的基础上总结归纳了我国数字金融提升文化消费战略的几种模式。本章在以上分析的基础上对数字金融提升文化消费的发展战略和路径选择做出阐述。

第一节　战略路径：完善—提升—跨越

一、完善：加强政府顶层设计，"自上而下"推进金融生态建设

做好数字金融发展顶层设计，强化监管规则和措施。按照国家"十四五"规划和2035年远景目标纲要关于"稳妥发展金融科技，加快金融机构数字化转型"的重要战略部署，在做好《金融科技（FinTech）发展规划（2019—2021年）》实施评估工作的基础上，与时俱进地优化完善金融科技发展顶层规划，明确"十四五"时期金融科技应用方向和重点。考虑到金融科技在助力文化消费、消费升级、缩小城乡文化消费差距等方面的应用潜力，建议将金融科技支持文化消费、消费升级、缩小城乡文化消费等纳入新一轮金融科技发展规划，充分发挥金融科技赋能作用，为健全具有高度适应性、竞争力、普惠性的现代金融体系积极贡献力量。

持续加强金融科技监管规则和工具体系建设，以促进技术安全应用、防控金融科技风险、加强金融消费者保护为切入点，持续完善金融科技监管标准规则，着力维护"规范发展、合规经营、守正创新"的金融科技行业秩序。持续增强监管科技和数字化监管能力，有效防范金融科技风险。推动金融科技伦理建设，贯彻落实金融科技"负责任创新"的原则，构建完善"政府引导、行业自律、机构自治、公共监督"多位一体的金融科技伦理治理体系。

二、提升：夯实基础设施建设，实现"多点突破"到"纵深发展"

着力加强相对落后地区数字普惠金融向纵深发展。我国数字普惠金融已走过粗放式的"圈地时代"，基本实现全区域覆盖，但是在使用深度上却依然存在比较明显的地区差距和城乡差距，不利于促进文化消费的平衡发展。因此，需要在西部地区、农村、城市郊区等相对落后地区推动金融教育常态化发展，通过扩大数字普惠金融宣传和培训，改变人们对数字普惠金融不安全性的过度担忧产生的抵触心理，在观念意识上能够接受并使用数字普惠金融，跨越信息不对称性。另外，需要大力创新数字普惠金融产品和服务，数字普惠金融和传统金融合作，开发针对不同人群、地区的高质量、精准金融产品和服务，侧重扩展数字普惠金融的使用深度，增强用户黏性，真正实现数字金融对落后地区和特殊人群的可及、可负担以及可持续。

三、跨越：培养数字金融素养，破除落后地区"数字鸿沟"桎梏

推动乡村金融教育常态化发展，积极普及金融与数字技术的基础知识，提升村民的数字金融素养。

一是采用线上线下相结合的模式进行科普，线上灵活运用微博、抖音等热门媒体平台宣传金融知识，帮助村民掌握数字金融工具，培养金融风险防范意识。二是线下开展定向金融培训，加快金融知识融入教育体系的进程，村委会可与乡村学校、企事业单位等联合开展相关专题教育活动，增加村民对数字金融的信任度。三是应加快人才进乡的步伐，推进乡村数字金融人才的引进与储备，通过提升薪酬、提供补贴、进行专业化培训等加强自身人才

队伍建设。努力缩小"数字鸿沟",加强数字金融对农村收入和文化消费的提升作用。

本书研究结论发现数字金融对农村工资性收入和经营性收入有显著促进作用,提升收入是促进其文化消费提升的首要任务。从夯实乡村新型基础设施建设、加强乡村金融教育两方面入手,填补乡村"数字鸿沟"。加强乡村数字基础设施建设,缩小城乡数字化发展差距。探索5G等新兴前沿技术在乡村的应用,完成相关基站设立,推动乡村文化产业数智转型。加快将乡村居民纳入全国征信系统的步伐,缓解信息不对称所带来的乡村居民信贷融资难的问题,优化乡村数字金融生态环境,保证乡村文化产业发展过程的良性循环。数字金融监管机制需要平衡创新激励与风险防范,确保依托于其普惠特质的乡村文旅产业能够持续、健康发展。继续有效推进数字金融对农村地区工资性收入、经营性收入和财产性收入的提高,增强农村居民的文化消费能力。

第二节　实施策略:创新—拓展—治理

一、创新:加强数字金融创新,精准适配文化消费多层次需求

创新文旅数字金融产品,提高支持乡村文旅产业发展的对口程度,利用数字技术改进金融产品,提高数字金融产品与文化产业的适配度,满足文化消费市场主体对金融的多元化需求,推动文化产业链稳固升级。提升国民金融素养和加强金融产品创新,充分发挥数字金融对中小企业的保障作用。小微企业占我国市场主体的96.5%,贡献了GDP的60%,提供就业占80%,而通过本章研究也发现数字金融促进文化消费提升对"低收入""低学历""老年人"仍然存在壁垒。

因此,首先,扩大数字金融产品和服务的覆盖面,对于弱数字化人群比如老年人、低收入人群、低学历人群等特殊群体,进行"降维服务"和"下沉服务"。通过扩大数字金融宣传和培训,改变人们对数字金融不安全性的过

度担忧产生的抵触心理，在观念意识上能够接受并会使用数字金融，跨越信息不对称性；其次，创新数字金融产品和服务，数字金融和传统金融合作，开发针对不同人群、地区的高质量、精准金融产品和服务，侧重扩展数字金融的使用深度，增强用户黏性；最后，重视消费者数字金融素养的提升，并最终实现个人财富的保值增值所需要的金融知识、技能、态度等要素的集合。因此，政府应更大力度地构建多元系统的数字金融教育格局，积极推动各层次人群充分利用数字金融进行创业、投资和理财，切实提升居民工资性收入、财产性收入和经营性收入，缩小城乡差距，推进共同富裕。

二、拓展：培育文化消费新业态，开发老年文化消费蓝海市场

发挥数字金融对文化企业的支撑力，培育文化消费新业态。我国文化企业多为小微企业，金融服务水平是其发展的重要保障因素，数字金融较传统金融来说，会以更低门槛和更高效率为小微文化企业提供金融支持和服务，有利于文化企业创新发展。积极搭建文化金融组织服务体系，鼓励银行业金融机构设立文化金融部门，塑造文化产业金融服务平台，为文化企业提供高效便捷的金融服务。建立文化金融合作试验区、文化金融服务中心，将资源整合及增值服务作为平台服务的重要内容。数字金融能够促进文化企业全要素生产率的提高，激励企业创新，激励文化和科技的深度融合，从供给端创新文化产品，引领文化消费新业态。

积极开发老年文化消费蓝海市场。老年文化消费市场的开发重点体现在加大创新提供"适老型"文化产品，引导老年文化消费理念和提高老年人数字技术使用能力。首先，在当下市场上盘活现有资源，对现有文化资源进行"适老型"改进和拓展，引导老年人进入博物馆、展览馆、美术馆等。还要对老年市场进行深度分析，划分各类子市场，如综艺节目、电视剧、旅游类、公共文化服务等文化产品，在定制化、个性化的制作上下功夫。再者，做好文化市场营销，顺应老年人消费心理和培养消费习惯，建设老年人公共设施和环境，建设老年友好型社会。注重不同产业间融合，"康养产业+文化产业"的结合更有利于老年人对文化产品的消费，但要注意文化消费陷阱，保障老

年人消费权益，打消文化消费顾虑。最后，缩小数字鸿沟，畅通老年人数字文化产品渠道，共享社会进步、技术革新的成果。

三、治理：实现数据信息共享，健全覆盖全社会征信体系

加快将乡村居民纳入全国征信系统的步伐，优化乡村数字金融生态环境，保证乡村文旅产业发展过程的良性循环。一是推动征信平台建设，采集乡村居民在生产经营与生活消费中的信用数据，制定科学完备的信用评价体系，建立标准统一的数据交换平台，实现乡村征信系统的专业化管理。二是完善信息共享机制，各级政府应尽快收集整理分散在不同机构中的乡村信用资料，在此基础上建立乡村信用信息数据库，并逐步推进不同平台之间的数据网络对接工作，支持传统正规金融机构和新兴互联网金融平台实现信用信息共享。三是完善信用支持机制，营造良好的乡村信用环境，针对乡村金融发展特征建立数字金融失信名单，依据相关法律法规对失信人群予以惩戒，确保鼓励乡村文旅产业发展的专项资金用在刀刃上。

参考文献

[1] ADORNO TW, HORKHEIMER. Dialectic of Enlightenment [M]. London: The Free Press, 1979.

[2] AGRAWAL A, CATALINI C, GOLDFARB A. The Geography of Crowdfunding [R]. National Bureau of Economic Research, 2011.

[3] AHLERS G K C, CUMMING D, GUNTHER C. Signaling in equity crowdfunding [J]. Entrepreneurship Theory and Practice, 2015, 39 (4): 955-980.

[4] AJZEN I, FISHBEIN M. Attitude-behavior relations: A theoretical analysis and review of empirical research [J]. Psychological Bulletin, 1977, 84 (5): 888-918.

[5] AJZEN I, FISHBEIN M. Understanding Attitudes and Predicting Social Behavior [M]. New Jersey: Prentice-hall, 1980.

[6] Alfred Marshall. Principles of Economics [M]. Product Description, 1890.

[7] AMIT R, ZOTT C. Value creation in e-business [J]. Strategic Management Journal, 2001, 22 (6-7): 493-520.

[8] ARNER D W, BUCKLEY R P, ZETZSCHE D A, VEIDT R. Sustainability, FinTech and financial inclusion [J]. European Business Organization Law Review, 2020, 21 (1): 7-35.

[9] BARRO R J, SALA-I-MARTIN X. Convergence [J]. Journal of Political Economy, 1992, 100 (2): 223-251.

[10] BETTINGER A. Fintech: A series of 40 times shared models used at Manufacturers Hanover Trust Company [J]. Interfaces, 1972: 2 (4): 62-63.

［11］BICAN P M, BREM A. Digital business model, digital transformation, digital entrepreneurship: Is there a sustainable "digital"? ［J］. Sustainability, 2020, 12 (13): 5239.

［12］BORENSTEIN S, SALONER G. Economics and electronic commerce ［J］. Journal of Economic Perspectives, 2001, 15 (1): 3-12.

［13］BOURDIEU P. Distinction ［M］. London and New York: Routledge, 1984.

［14］BRITO D L, HARTLEY P R. Consumer rationality and credit cards ［J］. Journal of Political Economy, 1995, 103 (2): 400-433.

［15］CABALLERO R J. Consumption puzzles and precautionary savings ［J］. Journal of Monetary Economics, 1990, 25 (1): 113-136.

［16］Camilo Herrera. Consumption Base Theory of Development: An Application to the Rural Cultural Economy Ann Markusen, conference on "Opportunities and Challenges Facing the Rural Creative Economy" ［J］. North-eastern Agricultural and Resource Economics Association (NAREA), 2006 (3): 13-14.

［17］CAMPBELL J Y, MANKIW G. The response of Consumption to Income: a Cross ［J］. European Economic Review, 1995, 35 (4): 723-767.

［18］CARROLL C D, HALL R E, ZELDES S P. The buffer-stock theory of saving: Some macroeconomic evidence ［J］. Brookings Papers on Economic Activity, 1992, 1992 (2): 61-156.

［19］CARROLL C D. How does future income affect current consumption? ［J］. The Quarterly Journal of Economics, 1994, 109 (1): 111-147.

［20］YARTEY C A. Financial development, the structure of capital markets, and the global digital divide ［J］. Information Economics and Policy, 2008, 20 (2): 208-227.

［21］CHEN C. Cite Space II: Detecting and visualizing emerging trends and transient patterns in scientific literature ［J］. Journal of the American Society for Information Science and Technology, 2006, 57 (3): 359-377.

［22］CHRISTIDIS K, DEVETSIKIOTIS M. Blockchains and smart contracts for the internet of things ［J］. IEEE access, 2016, 4: 2292-2303.

[23] CIAIAN P, RAJCANIOVA M, KANCS A. The economics of Bitcoin price formation [J]. Applied Economics, 2016, 48 (19): 1799-1815.

[24] CIBORRA C. Imbrication of representations: Risk and digital technologies [J]. Journal of Management Studies, 2006, 43 (6): 1339-1356.

[25] DAGUM C. A new approach to the decomposition of the Gini income inequality ratio [J]. Empirical Economics, 1997, 22 (4): 515-531.

[26] DEATON A. Saving and Liquidity Constraints [J]. Economertrica, 1991 (59): 1221-1248.

[27] EFANOV D, ROSCHIN P. The all-pervasiveness of the blockchain technology [J]. Procedia Computer Science, 2018, 123: 116-121.

[28] BELL D, JAYNE M. The creative countryside: Policy and practice in the UK rural cultural economy [J]. Journal of Rural Studies, 2010, 26 (3): 209-218.

[29] BIHAGEN E, KATZ-GERRO T. Culture consumption in Sweden: The stability of gender differences [J]. Poetics, 2000, 27 (5-6): 327-349.

[30] FREY B S, POMMEREHNE W W. Muses and Markets: Explorations in the Economics of the Arts [M]. Oxford: Basil Blackwell Ltd, 1989.

[31] FRIEDMAN M. The Quantity Theory of Money: A Restatement [M]. Chicago: University of Chicago Press, 1956.

[32] GOMBER P, KOCH J A, Siering M. Digital Finance and FinTech: current research and future research directions [J]. Journal of Business Economics, 2017, 87 (5): 537-580.

[33] GRINBERG R. Bitcoin: An innovative alternative digital currency [J]. Hastings Science and Technology Law Journal, 2012, 4: 159.

[34] HELLMANN T, MURDOCK K, STIGLITZ J. Financial restraint: toward a new paradigm [J]. The Role of Government in East Asian Economic Development: Comparative Institutional Analysis, 1997: 163-207.

[35] HOFFMAN D L, NOVAK T P, SCHLOSSER A. The Evolution of the Digital Divide: How Gaps in Internet Access May Impact Electronic Commerce [EB/OL]. (2000-03-01) [2008-11-03]. http://jcmc.indiana.edu/vol5/is-

sue3/hoffman. html.

[36] HOWELL S T, NIESSNER M, YERMACK D. Initial coin offerings: Financing growth with cryptocurrency token sales [J]. The Review of Financial Studies, 2020, 33 (9): 3925-3974.

[37] DUESENBERRY J S. Income, saving and the theory of consumer behavior [J]. 1949.

[38] TOBIN J. Wealth, liquidity, and the propensity to consume [R]. Cowles Foundation for Research in Economics, Yale University, 1971.

[39] JIN D. The inclusive finance have effects on alleviating poverty [J]. Open Journal of Social Sciences, 2017, 5 (3): 233-242.

[40] SINTAS J L, ? LVAREZ E G. The consumption of cultural products: an analysis of the Spanish social space [J]. Journal of Cultural Economics, 2002, 26 (2): 115-138.

[41] KANG T S, MA G. Recent episodes of credit card distress in Asia [J]. BIS Quarterly Review, June, 2007: 55-68.

[42] KEYNES J M. The General Theory of Employment Terest and Money [M]. London: Macmillan and Company, 1936.

[43] LEE C, GREEN R T. Cross-cultural examination of the Fishbein behavioral intentions model [J]. Journal of International Business Studies, 1991, 22 (2): 289-305.

[44] LI J, WU Y, XIAO J J. The impact of digital finance on household consumption: Evidence from China [J]. Economic Modelling, 2020, 86: 317-326.

[45] LUPTON D. Feeling your data: Touch and making sense of personal digital data [J]. New Media & Society, 2017, 19 (10): 1599-1614.

[46] MA Y, LIU D. Introduction to the special issue on Crowdfunding and FinTech [J]. Financial Innovation, 2017, 3 (1): 1-4.

[47] BITTENCOURT M. Financial development and inequality: Brazil 1985-1994 [J]. Economic Change and Restructuring, 2010, 43 (2): 113-130.

[48] MASLOW A H. A theory of human motivation [J]. Psychological Re-

view, 1943, 50 (4): 370-396.

[49] MODIGLIANI F, BRUMBERG R. Utility Analysis and the Consumption Function: An Interpretation of Cross-Section Data. In: Kurihara, K., Ed., Post Keynesian Economics [M]. New Brunswick: Rutgers University Press, 1954.

[50] KNEAFSEY M. Rural cultural economy: Tourism and social relations [J]. Annals of Tourism Research, 2001, 28 (3): 762-783.

[51] MUSHTAQ R, BRUNEAU C. Microfinance, financial inclusion and ICT: Implications for poverty and inequality [J]. Technology in Society, 2019, 59: 101154.

[52] Nicholas Garnham. Arguments about the Media and Social Theory [J]. Prentice Hall, 1983: 173.

[53] NUNN N, QIAN N. US food aid and civil conflict [J]. American Economic Review, 2014, 104 (6): 1630-1666.

[54] OZILI P K. Contesting digital finance for the poor [J]. Digital Policy, Regulation and Governance, 2020, 22 (2): 135-151.

[55] PANGRAZIO L, SELWYN N. 'Personal data literacies': A critical literacies approach to enhancing understandings of personal digital data [J]. New Media & Society, 2019, 21 (2): 419-437.

[56] PARK H S. Relationships among attitudes and subjective norms: Testing the theory of reasoned action across cultures [J]. Communication Studies, 2000, 51 (2): 162-175.

[57] HALL R E. Stochastic implications of the life cycle-permanent income hypothesis: theory and evidence [J]. Journal of Political Economy, 1978, 86 (6): 971-987.

[58] RODRIK D. When ideas trump interests: Preferences, worldviews, and policy innovations [J]. Journal of Economic Perspectives, 2014, 28 (1): 189-208.

[59] RUSKIN J. Arts & Economics [M]. Analysis & Cultural Policy, 1871.

[60] SAMLI A C. International Consumer Behavior: Its Impact on Marketing Strategy Development [M]. California: Greenwood Publishing Group, 1995.

[61] PAIS M S, SARMA M. Financial Inclusion and Development A cross-country analysis [J]. Indian Council for Research on International Economic Relations, 2008 (1): 1-28.

[62] SCHOOLER R D. Product bias in the Central American common market [J]. Journal of Marketing Research, 1965, 2 (4): 394-397.

[63] SHAW E S. Financial Deepening in Economic Development [M]. New York: Oxford University Press, 1973.

[64] SONG Q, LI J, WU Y, YIN Z. Accessibility of financial services and household consumption in China: Evidence from micro data [J]. The North American Journal of Economics and Finance, 2020, 53: 101213.

[65] CHAN T W, GOLDTHORPE J H. Social stratification and cultural consumption: Music in England [J]. Oxford Journals, 2007 (1): 1-19.

[66] Theil, Henri. Economics and Information Theory [M]. North Holland Publishing Company: Amsterdam, 1967.

[67] VAN DIJK J, HACKER K. The digital divide as a complex and dynamic phenomenon [J]. The Information Society, 2003, 19 (4): 315-326.

[68] BAUMOL W J, BOWEN W G. Performing arts the economic dilemma: a study of problems common to theater, opera, music and dance [M]. Surrey: Ashgate Pub Co, 1993.

[69] WANG Q, YANG J, CHIU Y, LIN T Y. The impact of digital finance on financial efficiency [J]. Managerial and Decision Economics, 2020, 41 (7): 1225-1236.

[70] WANG X, HE G. Digital financial inclusion and farmers' vulnerability to poverty: Evidence from rural China [J]. Sustainability, 2020, 12 (4): 1668.

[71] Zetsche D A, Buckley R P, Arner D W, Barberis J N. From FinTech to Techfin: the regulatory challenges of data-driven finance [J]. New York University Journal of Law & Business, 2017, 14: 393.

[1] 曹凤岐. 互联网金融对传统金融的挑战 [J]. 金融论坛, 2015, 20 (1): 3-6, 65.

［2］曾洁华，钟若愚．互联网推动了居民消费升级吗：基于广东省城市消费搜索指数的研究［J］．经济学家，2021（8）：31-41．

［3］车放．新时期我国文化消费问题研究［D］．东北师范大学，2008．

［4］车树林，顾江，李苏南．固定资产投资、居民文化消费与文化产业发展：基于省际动态面板系统 GMM 估计的实证检验［J］．经济问题探索，2017（8）：151-157．

［5］车树林，顾江．收入和城市化对城镇居民文化消费的影响：来自首批 26 个国家文化消费试点城市的证据［J］．山东大学学报（哲学社会科学版），2018（1）：84-91．

［6］陈冲，吴炜聪．消费结构升级与经济高质量发展：驱动机理与实证检验［J］．上海经济研究，2019（6）：59-71．

［7］陈丹，姚明明．数字普惠金融对农村居民收入影响的实证分析［J］．上海金融，2019（6）：74-77．

［8］陈鑫，王文姬，张苏缘．互联网发展能否有效缩小城乡居民文化消费差距？［J］．农村经济，2020（12）：87-93．

［9］陈胤默，王喆，张明．数字金融研究国际比较与展望［J］．经济社会体制比较，2021（1）：180-190．

［10］陈永伟，程华．元宇宙的经济学：与现实经济的比较［J/OL］．财经问题研究：1-21［2022-03-05］．

［11］陈志建．我国省域地区消费收敛局域空间差异分析［J］．经济前沿，2009（11）：10-18．

［12］陈中飞，江康奇．数字金融发展与企业全要素生产率［J］．经济学动态，2021（10）：82-99．

［13］陈柱，迟云瑞．金融科技对小微商贸企业融资影响的实证研究［J］．商业经济研究，2021（23）：162-165．

［14］褚翠翠，佟孟华，李洋，等．中国数字普惠金融与省域经济增长：基于空间计量模型的实证研究［J］．经济问题探索，2021（6）：179-190．

［15］丁晓蔚．从互联网金融到数字金融：发展态势、特征与理念［J］．南京大学学报（哲学·人文科学·社会科学），2021，58（6）：28-44，162．

［16］范周．科学对待"元宇宙"［N］．社会科学报，2021-12-02（006）．

［17］范周．推动"十四五"文化产业新发展［J］．红旗文稿，2020（21）：31-34，1．

［18］龚滔．改革开放以来我国动漫消费的发展变化及特征［J］．湖湘论坛，2020，33（3）：102-109．

［19］顾海峰，卞雨晨．财政支出、金融及FDI发展与文化产业增长：城镇化与教育水平的调节作用［J］．中国软科学，2021（5）：26-37．

［20］顾江，陈广，贺达．人口结构与社会网络对城市居民文化消费的影响研究：基于省际动态面板的GMM实证分析［J］．福建论坛（人文社会科学版），2016（6）：158-164．

［21］顾江，陈鑫，郭新茹，等．"十四五"时期健全现代文化产业体系的逻辑框架与战略路径［J］．管理世界，2021，37（3）：9-18，2．

［22］顾江，王文姬．科技创新、文化产业集聚对城镇居民文化消费的影响机制及效应［J］．深圳大学学报（人文社会科学版），2021，38（4）：47-55．

［23］顾江，张苏缘．财政支出对文化消费水平的影响：基于城乡二元结构视角［J］．阅江学刊，2021，13（4）：104-113+125．

［24］郭峰，王瑶佩．传统金融基础、知识门槛与数字金融下乡［J］．财经研究，2020，46（1）：19-33．

［25］郭峰，王靖一，王芳等．测度中国数字普惠金融发展：指数编制与空间特征．经济学（季刊），2020（4）．

［26］郭华，张洋，彭艳玲，等．数字金融发展影响农村居民消费的地区差异研究［J］．农业技术经济，2020（12）：66-80．

［27］郭琴．电子竞技几个基本问题的理论综述：概念、分类及其与游戏和体育的关系［J］．广州体育学院学报，2021，41（6）：32-36．

［28］郭全中．元宇宙的缘起、现状与未来［J］．新闻爱好者，2022（1）：26-31．

［29］韩若冰．数字化背景下角色经济转型升级与生态化发展［J］．中国文化产业评论，2020，28（1）：331-342．

［30］何宗樾，宋旭光．数字金融发展如何影响居民消费［J］．财贸经济，

2020，41（8）：65-79.

[31] 何宗樾，张勋，万广华．数字金融、数字鸿沟与多维贫困[J]．统计研究，2020，37（10）：79-89.

[32] 赫国胜，柳如眉．人口老龄化、数字鸿沟与金融互联网[J]．南方金融，2015（11）：11-18+37.

[33] 胡鞍钢，周绍杰．中国如何应对日益扩大的"数字鸿沟"[J]．中国工业经济，2002（3）：5-12.

[34] 胡淳仪．NFT艺术品的发展现状和未来导向[J]．文化产业，2022（3）：112-114.

[35] 黄晨熹．老年数字鸿沟的现状、挑战及对策[J]．人民论坛，2020（29）：126-128.

[36] 黄隽，曾丹．中国文化消费收入弹性的变动趋势研究[J]．经济纵横，2021（9）：80-91.

[37] 黄凯南，郝祥如．数字金融是否促进了居民消费升级？[J]．山东社会科学，2021（1）：117-125.

[38] 黄倩，李政，熊德平．数字普惠金融的减贫效应及其传导机制[J]．改革，2019（11）：90-101.

[39] 黄益平，黄卓．中国的数字金融发展：现在与未来[J]．经济学（季刊），2018，17（4）：1489-1502.

[40] 贾康，张晶晶．当前经济形势和数字经济与实体经济融合发展的战略思考[J]．上海商学院学报，2022，23（3）：56-69.

[41] 解学芳．"互联网+"时代文化产业跨界发展与混业经营研究[J]．文化产业研究，2019（2）：2-14.

[42] 金世和．对我国文化消费结构问题的探讨[J]．长白学刊，1998（2）：55-59.

[43] 赖敏，方杰．网络文学影视改编的文化产业影响研究[J]．西南石油大学学报（社会科学版），2018，20（3）：78-87.

[44] 雷蒙德·W·戈德史密斯．金融结构与经济增长[M]．上海：三联书店，1994.

[45] 李保艳，刘永谋．元宇宙的本质、面临的风险与应对之策［J］．科学·经济·社会，2022，40（1）：15-26．

[46] 李春涛，闫续文，宋敏，等．金融科技与企业创新：新三板上市公司的证据［J］．中国工业经济，2020（1）：81-98．

[47] 李丹．数字普惠金融：让更多人共享增长成果［J］．中国金融家，2016（9）：43-45．

[48] 李继尊．关于互联网金融的思考［J］．管理世界，2015（07）：1-7+16．

[49] 李景初．经济高质量发展背景下我国城乡消费结构差距的收敛性分析［J］．商业经济研究，2021（24）：47-50．

[50] 李天晖．对我国城镇居民文化消费影响因素的区域差异实证研究［D］．山东大学，2020．

[51] 李天宇，王晓娟．数字经济赋能中国"双循环"战略：内在逻辑与实现路径［J］．经济学家，2021（5）：102-109．

[52] 李永杰．数字文化产业高质量发展［N］．中国社会科学报，2021-11-08（002）．

[53] 李志军，杨秋萍．数字金融与企业金融化［J］．云南财经大学学报，2021，37（12）：52-70．

[54] 李志兰，牛全保，李东进．文化消费支出决策：价值感知、参照群体影响和资源约束［J］．经济经纬，2019，36（6）：117-124．

[55] 栗洪伟．国外文化消费理论研究综述［J］．河南财政税务高等专科学校学报，2013，27（4）：23-26．

[56] 梁榜，张建华．数字普惠金融发展能激励创新吗：来自中国城市和中小企业的证据［J］．当代经济科学，2019，41（5）：74-86．

[57] 林丕．关于我国文化产业、文化消费的几个问题［J］．新视野，2009（5）：20-21．

[58] 林晓珊．增长中的不平等：从消费升级到消费分层［J］．浙江学刊，2017（3）：112-120．

[59] 刘伟伟．科技金融对文化产业发展的影响研究［D］．上海师范大

学,2018.

[60] 刘夏明,魏英琪,李国平.收敛还是发散?:中国区域经济发展争论的文献综述[J].经济研究,2004(7):70-81.

[61] 刘心怡,易曼丽.数字普惠金融发展对农村居民文化消费的影响研究[J].产业创新研究,2021(17):106-108.

[62] 娄方园,邹轶韬,高振,等.元宇宙赋能的图书馆社会教育:场景、审视与应对[J/OL].图书馆论坛:1-9[2022-03-05].

[63] 娄高阳,陈刚.基于CiteSpace V的国内电子竞技研究可视化分析[J].湖北体育科技,2022,41(1):15-22+54.

[64] 陆建栖,陈鑫,陈亚兰.江苏省文化消费升级战略与有效路径研究[J].文化产业研究,2020(2):73-89.

[65] 陆立新.文化产业与中国经济增长的动态关系[J].统计与决策,2009(20):86-87.

[66] 陆岷峰,徐阳洋.低碳经济背景下数字技术助力乡村振兴战略的研究[J].西南金融,2021(7):3-13.

[67] 罗纳德·I.麦金农.经济发展中的货币与资本[M].上海:三联书店,1997

[68] 马克思.1844年经济学哲学手稿[M].中共中央马克思恩格斯列宁斯大林著作编译局,译.北京:人民出版社,2000.

[69] 毛中根,杨丽姣.文化消费增长的国际经验及中国的政策取向[J].经济与管理研究,2017,38(1):84-91.

[70] 倪春蕾,张宇.文化企业投融资问题研究[J].新经济,2016(12):54-55.

[71] 聂正彦,苗红川.我国城镇居民文化消费影响因素及其区域差异研究[J].西北师大学报(社会科学版),2014,51(5):139-144.

[72] 宁光杰,林子亮.信息技术应用、企业组织变革与劳动力技能需求变化[J].经济研究,2014,49(8):79-92.

[73] 彭刚,张文铖.数字金融与后小康社会相对贫困治理[J].中国物价,2021(12):53-55.

［74］钱海章，陶云清，曹松威，等．中国数字金融发展与经济增长的理论与实证［J］．数量经济技术经济研究，2020，37（6）：26-46.

［75］乔彬，赵广庭，沈烁华．数字普惠金融能促进企业绿色创新吗？［J/OL］．南方金融：1-14［2022-03-05］.

［76］秦枫，周荣庭．网络文学IP运营与影视产业发展［J］．科技与出版，2017（3）：90-94.

［77］邱晗，黄益平，纪洋．金融科技对传统银行行为的影响：基于互联网理财的视角［J］．金融研究，2018（11）：17-29.

［78］任红葆．文化消费简论［J］．社会科学，1986（10）：22-24.

［79］任佳宝．文化产业集聚对文化消费水平的影响研究［D］．西安建筑科技大学，2019.

［80］任文龙，张苏缘，陈鑫．金融发展、收入水平与居民文化消费：基于城乡差异的视角［J］．农村经济，2019（11）：118-127.

［81］任晓怡．数字普惠金融发展能否缓解企业融资约束［J］．现代经济探讨，2020（10）：65-75.

［82］商海岩，孙云涵，赵培坊．数字经济、普惠金融与农村消费升级［J］．农村金融研究，2021（10）：37-46.

［83］石明明，张小军．金融危机视域下的美国消费型社会困境及其对中国的启示［J］．当代经济管理，2009，31（9）：77-8.

［84］朔风．以文化金融创新促进文化产业高质量发展［N］．中国文化报，2021-12-01（007）.

［85］宋晓玲．数字普惠金融缩小城乡收入差距的实证检验［J］．财经科学，2017（6）：14-25.

［86］粟麟，杨伟明．数字金融：发展现状、未来趋势与监管启示［J］．北方金融，2021（6）：8-12.

［87］孙艳阳，俞尚茗．互联网+文化产业的机遇与挑战：基于新冠疫情影响下的文化产业新业态分析［J］．大众文艺，2020（14）：229-230.

［88］唐松，伍旭川，祝佳．数字金融与企业技术创新：结构特征、机制识别与金融监管下的效应差异［J］．管理世界，2020，36（5）：52-66+9.

[89] 唐勇,吕太升,侯敬媛.数字普惠金融与农村居民消费升级[J].武汉金融,2021(7):18-26.

[90] 滕磊,马德功.数字金融能够促进高质量发展吗?[J].统计研究,2020,37(11):80-92.

[91] 王光宇.互联网金融蓬勃兴起[J].银行家,2013(1):20-21.

[92] 王建磊.新媒体产业资本流通与价值转移的影响机制研究:以网络视听行业为例[J].新闻大学,2020(12):93-104+122.

[93] 王平,王琴梅.消费金融驱动城镇居民消费升级研究:基于结构与质的多重响应[J].南京审计大学学报,2018,15(2):69-77.

[94] 王琴,岳中刚,杨颖.数字金融与乡村旅游产业创业型企业的成长[J].南京邮电大学学报(社会科学版),2021,23(5):48-61+102.

[95] 王文姬,顾江.长江经济带文化产业效率的测度及时空演化[J].南京社会科学,2021(6):169-178.

[96] 王文姬,顾江.数字金融发展与居民文化消费增长[J].农村经济,2022(7):77-88.

[97] 王文姬,刘柏阳,李欣哲.数字普惠金融如何影响城乡文化消费差距?[J].农村经济,2021(10):90-98.

[98] 王文姬.新冠疫情对江苏文化企业发展的影响[J].文化产业研究,2020(2):300-311.

[99] 王璇.数字普惠金融发展对城乡居民消费差距的影响研究[D].重庆工商大学,2020.

[100] 王勋,黄益平,苟琴,等.数字技术如何改变金融机构:中国经验与国际启示[J].国际经济评论,2022(1):70-85+6.

[101] 王亚南,方彧.全国各地农村文化消费影响因素比较[J].广义虚拟经济研究,2010(3):79-90.

[102] 王永仓,温涛.数字金融的经济增长效应及异质性研究[J].现代经济探讨,2020(11):56-69.

[103] 威廉·配第.赋税论献给英明人士货币略论[M].陈冬野,等,译.北京:商务印书馆,1978.

[104] 魏晓敏，王林杉．中国居民网络消费的区域差异测度及收敛性研究［J］．数量经济技术经济研究，2018，35（7）：130-145．

[105] 温涛，陈一明．数字经济与农业农村经济融合发展：实践模式、现实障碍与突破路径［J］．农业经济问题，2020（7）：118-129．

[106] 吴金旺，顾洲一．数字普惠金融文献综述［J］．财会月刊，2018（19）：123-129．

[107] 吴金旺，郭福春，顾洲一．数字普惠金融发展影响因素的实证分析：基于空间面板模型的检验［J］．浙江学刊，2018（3）：136-146．

[108] 吴甜甜．城镇居民收入对文化消费支出的影响分析［D］．西北师范大学，2016．

[109] 向勇．新时代创意者经济：数字文化产业的创新逻辑［J］．群言，2020（4）：21-24．

[110] 肖远飞，张柯扬．数字普惠金融能否提高经济高质量发展？：基于长尾理论视角［J］．中国集体经济，2021（19）：21-23．

[111] 谢丹妮，徐芳．移动支付视角下金融扶贫服务站高质量发展困境与思考［J］．金融经济，2020（4）：86-90．

[112] 谢家智，吴静茹．数字金融、信贷约束与家庭消费［J］．中南大学学报（社会科学版），2020，26（2）：9-20．

[113] 谢平，石午光．数字加密货币研究：一个文献综述［J］．金融研究，2015（1）：1-15．

[114] 谢绚丽，沈艳，张皓星，等．数字金融能促进创业吗？——来自中国的证据［J］．经济学（季刊），2018，17（4）：1557-1580．

[115] 徐望．基于文化消费心理偏好与习性的营销策略探索［J］．江南论坛，2021（9）：36-38．

[116] 亚伯拉罕·马斯洛．激励与个性［M］．许金声，译．北京：中国人民大学出版社，2004．

[117] 亚伯拉罕·马斯洛．人类激励理论［M］．北京：中国人民大学出版社，2006．

[118] 亚当·斯密．国富论：上卷［M］．杨敬年，译．西安：陕西人民

出版社，2001.

［119］颜建军，冯君怡．数字普惠金融对居民消费升级的影响研究［J］．消费经济，2021，37（2）：79-88.

［120］杨涛，高峰，吕仲涛，等．数字金融发展现状与展望［J］．金融理论探索，2022（1）：30-38.

［121］叶菁菁．中国居民消费升级水平的地区差异、分布动态及收敛性研究［J］．经济问题探索，2021（4）：12-26.

［122］易行健，张波，杨汝岱，等．家庭社会网络与农户储蓄行为：基于中国农村的实证研究［J］．管理世界，2012（5）：43-51+187.

［123］易行健，周利．数字普惠金融发展是否显著影响了居民消费：来自中国家庭的微观证据［J］．金融研究，2018（11）：47-67.

［124］尹志超，张号栋．金融可及性、互联网金融和家庭信贷约束：基于CHFS数据的实证研究［J］．金融研究，2018（11）：188-206.

［125］张家平，程名望，龚小梅．中国城乡数字鸿沟特征及影响因素研究［J］．统计与信息论坛，2021，36（12）：92-102.

［126］张李义，涂奔．互联网金融对中国城乡居民消费的差异化影响：从消费金融的功能性视角出发［J］．财贸研究，2017，28（8）：70-83.

［127］张立波．区块链赋能数字文化产业的价值理路与治理模式［J］．学术论坛，2021，44（4）：113-121.

［128］张茂元，邱泽奇．近代乡绅技术观转型的社会经济基础：以近代珠三角机器缫丝技术应用为例［J］．开放时代，2016（5）：144-155+9-10.

［129］张琴韵．我国科技金融发展水平对全要素生产率的影响研究［D］．青岛科技大学，2019.

［130］张伟，吴晶琦．数字文化产业新业态及发展趋势［J］．深圳大学学报（人文社会科学版），2022，39（1）：60-68.

［131］张勋，万广华，吴海涛．缩小数字鸿沟：中国特色数字金融发展［J］．中国社会科学，2021（8）：35-51+204-205.

［132］张勋，杨桐，汪晨，万广华．数字金融发展与居民消费增长：理论与中国实践［J］．管理世界，2020，36（11）：48-63.

[133] 张翼. 当前中国社会各阶层的消费倾向：从生存性消费到发展性消费 [J]. 社会学研究, 2016, 31（4）：74-97+243-244.

[134] 张翼. 互联网金融趋势下国内商业银行发展策略研究 [J]. 商, 2016（4）：194.

[135] 张玉喜, 张倩. 区域科技金融生态系统的动态综合评价 [J]. 科学学研究, 2018, 36（11）：1963-1974.

[136] 张芷若, 谷国锋. 科技金融与科技创新耦合协调度的空间格局分析 [J]. 经济地理, 2019, 39（4）：50-58.

[137] 张子豪, 谭燕芝. 数字普惠金融与中国城乡收入差距：基于空间计量模型的实证分析 [J]. 金融理论与实践, 2018（6）：1-7.

[138] 赵惠芳, 周春晖, 方诗慧, 等. 动漫周边的市场潜力与发展机遇研究 [J]. 中国市场, 2021（30）：118-119.

[139] 赵娟. "互联网+" 背景下的大学生文化消费研究 [D]. 天津理工大学, 2018.

[140] 赵涛, 张智, 梁上坤. 数字经济、创业活跃度与高质量发展：来自中国城市的经验证据 [J]. 管理世界, 2020, 36（10）：65-76.

[141] 赵晓鸽, 钟世虎, 郭晓欣. 数字普惠金融发展、金融错配缓解与企业创新 [J]. 科研管理, 2021, 42（4）：158-169.

[142] 赵雪薇, 丁宁, 孙世豪. 数字金融发展促进居民消费升级了吗？——来自中国家庭的微观证据 [J]. 兰州财经大学学报, 2021, 37（5）：61-75.

[143] 周凯, 杨婧言. 数字文化消费中的沉浸式传播研究：以数字化博物馆为例 [J]. 江苏社会科学, 2021（5）：213-220.

[144] 周利, 冯大威, 易行健. 数字普惠金融与城乡收入差距："数字红利"还是"数字鸿沟" [J]. 经济学家, 2020（5）：99-108.

[145] 邹静, 张宇. 数字金融的研究现状、热点与前沿：基于 Cite Space 的可视化分析 [J]. 产业经济评论, 2021（5）：133-146.

附 录

关于"数字金融"的 Citespace 文献可视化分析。依据中国知网（CNKI）学术期刊和 Web of Science（WOS）核心合集进行文献资料收集。在 CNKI 和 WOS 分别采用主题词"数字金融"和"digital finance"进行检索，检索文献类型分别为"CSSCI"和"SSCI"，检索时间设置为 2013-01-01 至 2021-12-31，最后对检索结果进行手动筛选得到 CNKI 样本 475 篇，WOS 样本 393 篇。

附表1 2013—2021 年数字金融研究 SSCI 发文前 10 情况表

序号	词频	节点中心度	首次出现年份	国家
1	84	0.27	2013	美国
2	74	0.22	2016	中国
3	49	0.39	2013	英国
4	25	0.11	2016	意大利
5	24	0.12	2016	西班牙
6	22	0.09	2014	澳大利亚
7	17	0	2014	加拿大
8	15	0.06	2019	德国
9	14	0.09	2017	荷兰
10	12	0	2014	瑞典

附表 2　2013—2021 年数字金融研究 CSSCI 和 SSCI 高频关键词

序列	CSSCI 高频关键词				SSCI 高频关键词			
	频次	节点中心度	首次出现年份	关键词	频次	节点中心度	首次出现年份	关键词
1	119	0.94	2013	数字金融	30	0.04	2019	innovation
2	38	0.12	2013	普惠金融	25	0.03	2017	digital finance
3	19	0.02	2013	乡村振兴	23	0.14	2013	technology
4	13	0.05	2017	金融科技	22	0.11	2013	model
5	13	0.02	2013	融资约束	21	0.07	2019	impact
6	13	0.09	2013	小微企业	19	0.22	2017	performance
7	10	0.08	2019	数字经济	18	0.08	2018	finance
8	10	0	2013	企业创新	17	0.17	2013	market
9	9	0.01	2013	普惠效应	13	0.08	2017	financial inclusion
10	8	0.03	2020	中介效应	12	0.07	2014	information

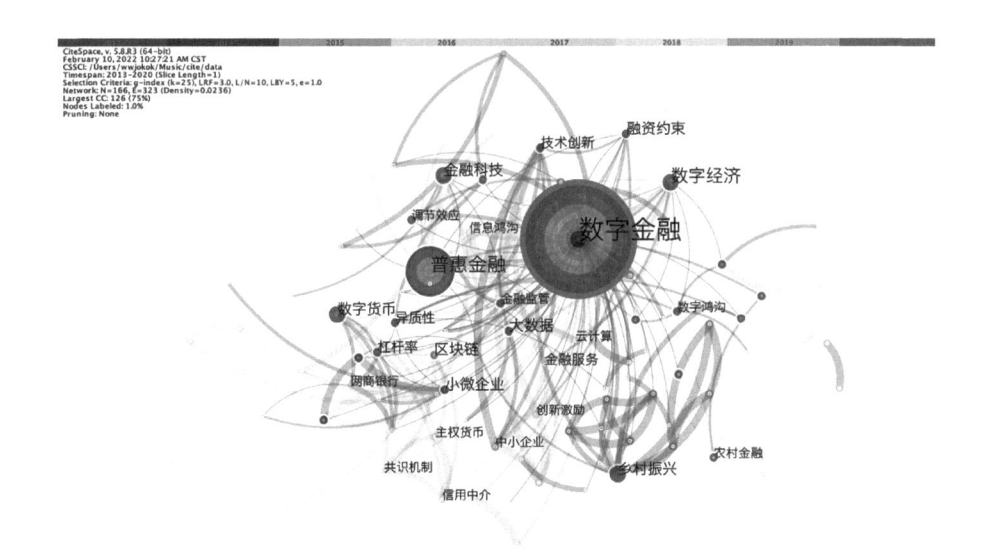

附图 1　2013—2021 年数字金融研究 CSSCI 关键词共现图谱

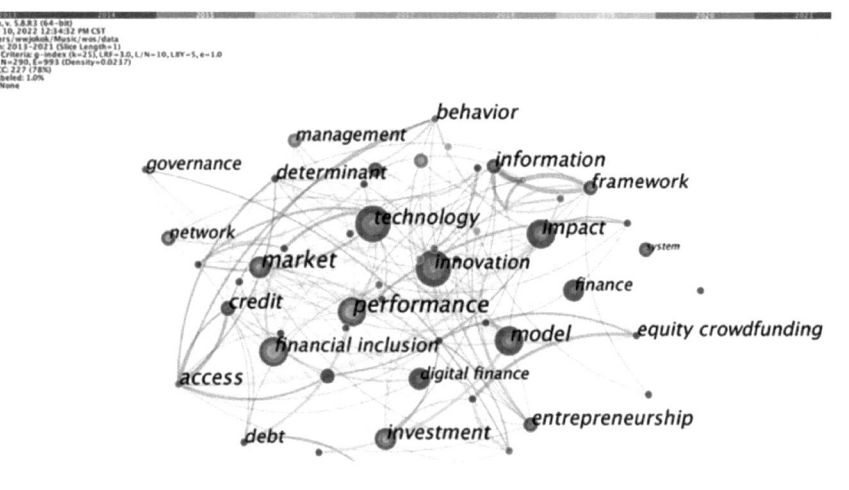

附图2　2013—2021年数字金融研究SSCI关键词共现图谱

附表3　2013—2021年数字金融研究CSSCI和SSCI关键词聚类表

ID	CSSCI聚类	标签词（选取前5个）	SSCI聚类	标签词（选取前5个）
0	数字金融	数字金融；城乡发展差距；协同效应；教育水平；金融交易；	digital finance	digital finance；information acquisition；social trust；green control techniques；equity crowdfunding
1	数字经济	数字金融；技术创新；金融监管；创新驱动；网络借贷；	Business model	digital transformation；digital technologies；digital collaboration value chain；digital awareness
2	普惠金融	普惠金融；农村金融；金融扶贫；精准扶贫；数字产业链金融；	accuracy	xpert mtb/rif；accuracy；trial；setting；feature
3	区块链	移动支付；中国人民银行；系统性金融危机；银行主导；网商银行；	Local journalism	internet banking；model；consumer adoption；research agenda；mobile banking

附　录

续表

ID	CSSCI 聚类	标签词（选取前5个）	SSCI 聚类	标签词（选取前5个）
4	经济增长	数字普惠金融；居民收入；创新能力；居民创业；居民消费水平；	Financial inclusion	digital finance; financial inclusion; financial institutions; epidemiological approach; estate planning
5	调节效应	调节效应；中介效应；数字金融；劳动就业；信贷错配；	entrepreneurial finance	entrepreneurial finance; corporate governance; initial coin offering; securities laws; token offering
6	小微企业	小微企业；数字普惠金融；数字化转型；普惠效应；企业创新；	equity	education; young; youth; capability; socialization
7	乡村振兴	乡村振兴；数字金融；数字农业；绿色金融；农业碳排放；	Smart cities	social media; research projects; responsible research; social networks; delphi method

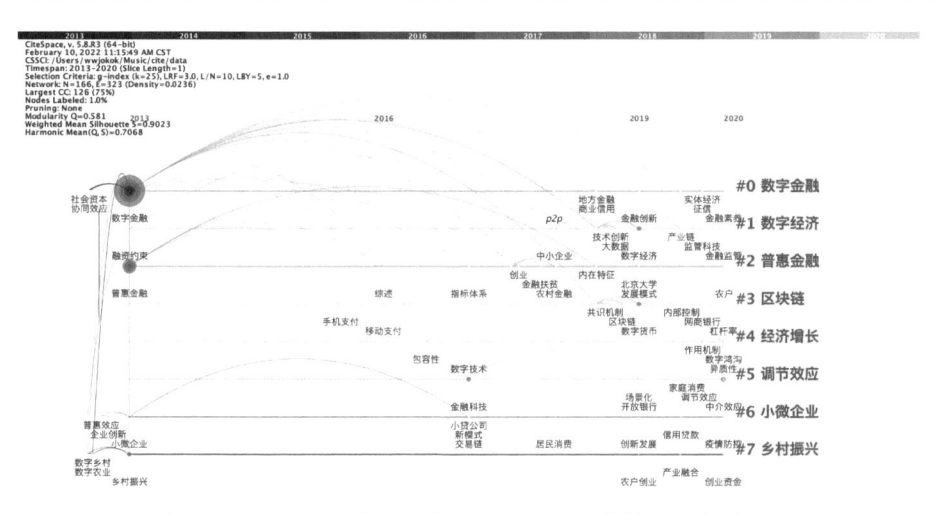

附图3　2013—2021年数字金融研究CSSCI关键词聚类时间线

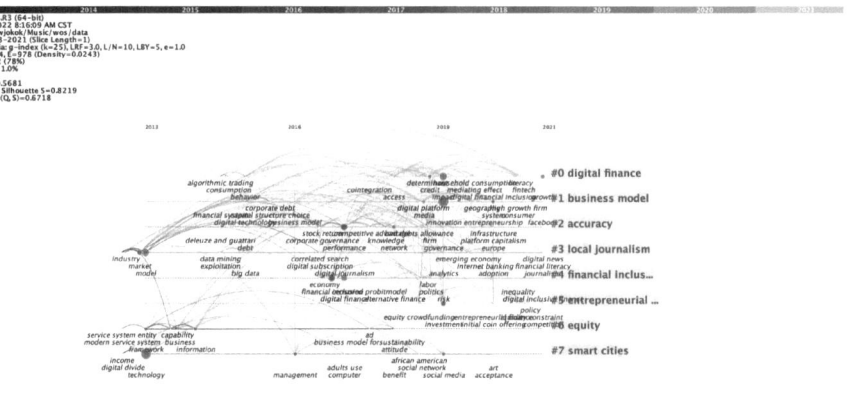

附图4 2013—2021年数字金融研究SSCI关键词聚类时间线

关于"文化消费"的Citespace文献可视化分析。依据中国知网（CNKI）学术期刊和Web of Science（WOS）核心合集数据进行数据采集。在CNKI和WOS采用主题词"文化消费"和"cultural consumption"进行检索，检索文献类型分别为"CSSCI"和"SSCI"，由于文化消费研究已经有几十年，因此积累的文献太多并不利于软件进行分析，且本书主要研究的是数字金融对文化消费的影响，故检索时间设置为2013-01-01至2021-12-31，首先得到CNKI中CSSCI 1272篇，WOS样本4188篇，由于国外对文化消费研究涉及学科比较广泛，为了使本书选择更聚焦本书所需，对WOS样本里学科精选"business""sociology""cultural studies""economics"后共获得SSCI论文1502篇。

附 录

Top 28 Keywords with the Strongest Citation Bursst

Keywords	Year	Strength	Begin	End	2013—2020
渠道竞争	2013	1.84	2013	2016	
边际效应	2013	1.84	2013	2016	
绿色创新	2013	1.84	2013	2016	
门槛模型	2013	1.84	2013	2016	
调节作用	2013	1.84	2013	2016	
非农就业	2013	1.84	2013	2016	
绿色金融	2013	1.84	2013	2016	
生育水平	2013	1.84	2013	2016	
数字乡村	2013	1.78	2013	2018	
教育水平	2013	1.78	2013	2018	
智慧农业	2013	1.78	2013	2018	
数字农业	2013	1.78	2013	2018	
风险保障	2013	1.59	2013	2015	
非农转移	2013	1.59	2013	2015	
博弈模型	2013	1.37	2013	2018	
投资决策	2013	1.37	2013	2018	
协同效应	2013	1.37	2013	2018	
感知愿景	2013	1.37	2013	2018	
社会资本	2013	1.37	2013	2016	
乡村振兴	2013	1.14	2013	2017	
消费结构	2013	1.13	2013	2016	
农户增收	2013	1.03	2013	2017	
普惠效应	2013	0.72	2013	2017	
金融科技	2013	1.38	2017	2018	
指标体系	2013	1.06	2017	2018	
农村金融	2013	0.89	2018	2020	
创业	2013	0.85	2018	2020	
影响因素	2013	0.85	2018	2020	

Top 16 Authors with the Strongest Citation Bursts

Authors	Year	Strength	Begin	End	2013—2021
digital media	2013	1.26	2013	2014	
industry	2013	1.08	2013	2014	
digital divide	2013	1.02	2013	2017	
capability	2013	1.93	2014	2018	
market	2013	1.26	2016	2017	
performance	2013	2.25	2017	2019	
corporate governance	2013	1.34	2017	2019	
network	2013	1.51	2018	2019	
attitude	2013	1.49	2018	2019	
access	2013	1.42	2018	2021	
knowledge	2013	1.4	2018	2019	
benefit	2013	0.99	2018	2019	
management	2013	2.01	2019	2021	
venture capital	2013	1.35	2019	2021	
media	2013	1.32	2019	2021	
analytics	2013	1.01	2019	2021	

附图 5　2013—2021 年数字金融研究 CSSCI 和 SSCI 关键词突现

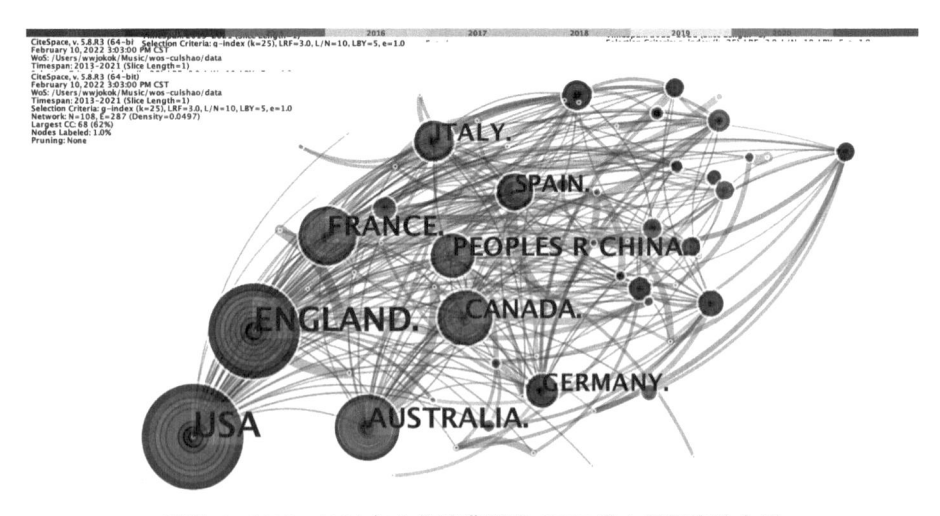

附图 6　2013—2021 年文化消费研究 SSCI 发文量国家分布图

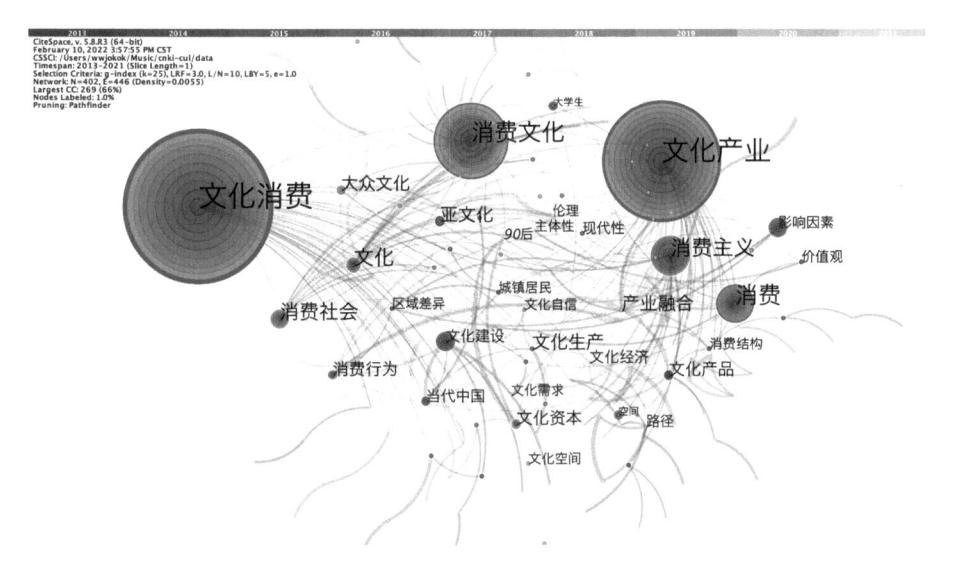

附 录

附图 7　2013—2021 年文化消费研究 CSSCI 关键词共现图谱

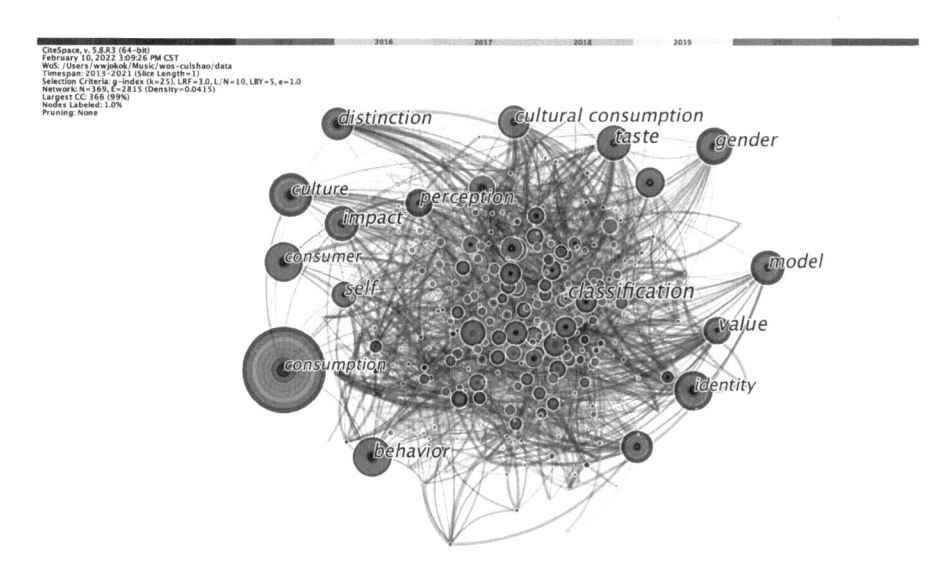

附图 8　2013—2021 年文化消费研究 SSCI 关键词共现图谱

223

附表4 2013—2021年文化消费研究CSSCI和SSCI关键词聚类表

ID	CSSCI聚类	标签词（选取前5个）	SSCI聚类	标签词（选取前5个）
0	文化消费	城乡差异；收入水平；金融发展；艺术消费品；文化产业	Cultural capital	cultural values；sustainable behavior；luxury attitudes；brand self-congruence；attitude
1	文化产业	转型升级；企业生态；产业价值；双效统一；文化消费	cultural consumption	cultural capital；multi-correspondence analysis；school expansion；conspicuous consumption；time spending
2	消费	消费主义；中国形象；商业电影；炫耀式消费；消费行为	consumer culture	consumer culture；virtual communities；football fans；stakeholder dialogue；institutional logics｜consumption；
3	消费文化	空间消费；身体审美；视觉愉悦；和谐文化；发展策略	climate chang	consumer behavior；wine consumption；planned behavior；social image；health insurance
4	文化	消费社会；意识形态；大众文化；符号消费	Cultural economy	creative industries；creative work；cultural labour；alternative economies；artistic work
5	产业融合	文化创意；创新驱动；创意经济；文化产品；文化消费	children	consumer culture theory；service-dominant logic；brand experience；relationship theory；research agenda
6	文化生产	文化商品；逻辑悖论；文化价值；文化消费者；文化自信		
7	文化建设	绿色精量消费；两型社会；文化软实力；多元融合；文化空间；		
8	绿色消费	绿色消费；生态文化；价值诉求；产业升级；消费社会学		

ID	CSSCI 聚类	标签词（选取前5个）	SSCI 聚类	标签词（选取前5个）
9	乡村振兴	数字经济；数字乡村；数字文化产业；产业模式；乡村产业		

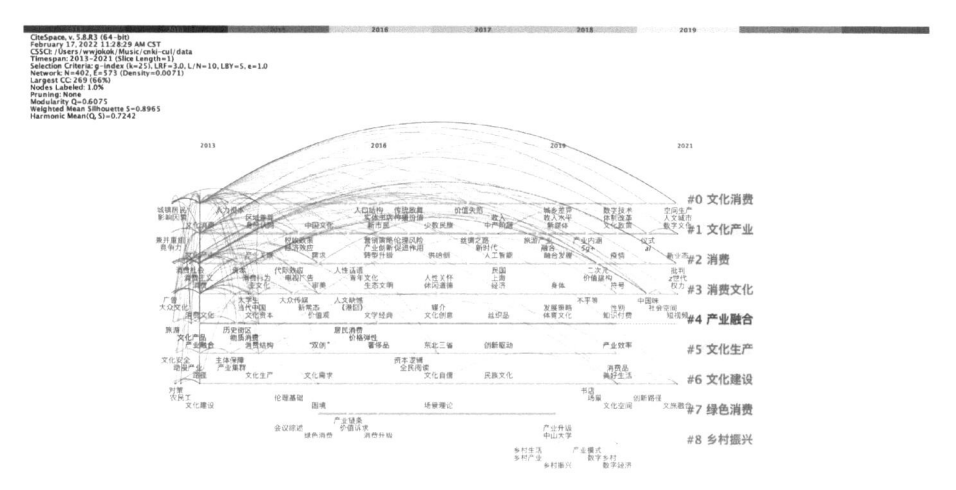

附图9　2013—2021年文化消费研究 CSSCI 关键词聚类时间线

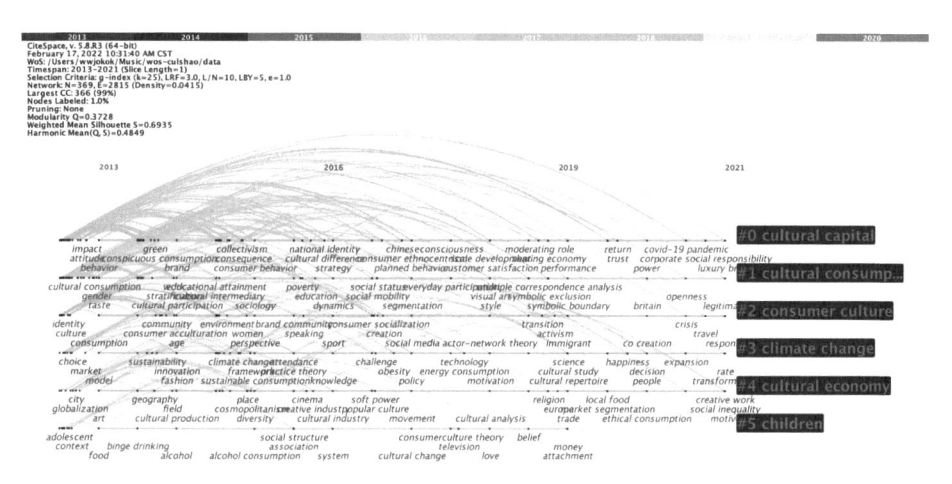

附图10　2013—2021年文化消费研究 SSCI 关键词聚类时间线

Top 20 Keywords with the Strongest Citation Bursts

Keywords	Year	Strength	Begin	End
影响因素	2013	2.56	2013	2014
文化产品	2013	2.38	2013	2014
文化建设	2013	2.13	2013	2014
农村	2013	1.67	2013	2014
竞争力	2013	1.67	2013	2014
对策	2013	1.52	2013	2015
区域差异	2013	2.22	2014	2015
当代中国	2013	2.07	2014	2017
农民工	2013	1.81	2014	2016
消费结构	2013	1.56	2014	2016
新常态	2013	2.25	2015	2016
需求	2013	1.8	2015	2016
消费行为	2013	1.8	2016	2018
消费升级	2013	1.69	2016	2019
新市民	2013	1.55	2016	2018
文化自信	2013	1.55	2017	2018
新时代	2013	1.99	2018	2019
人工智能	2013	1.8	2018	2021
乡村振兴	2013	1.96	2019	2021
消费	2013	1.56	2019	2021

Top 25 Keywords with the Strongest Citation Bursts

Keywords	Year	Strength	Begin	End	2013—2021
internet	2013	4.08	2013	2014	
consumer research	2013	3.62	2013	2015	
consumer behaviour	2013	3.35	2013	2014	
image	2013	3.21	2013	2015	
city	2013	3.18	2013	2015	
fashion	2013	3.82	2014	2016	
geography	2013	2.95	2014	2015	
field	2013	2.53	2014	2017	
scale	2013	2.53	2014	2017	
environment	2013	3.12	2015	2017	
social capital	2013	2.89	2015	2016	
consumer behavior	2013	2.86	2015	2016	
knowledge	2013	2.9	2016	2017	
country of origin	2013	2.73	2016	2017	
sport	2013	2.73	2016	2017	
system	2013	2.72	2016	2018	
social cla	2013	2.62	2016	2018	
perspective	2013	3.88	2017	2018	
movement	2013	3.28	2017	2021	
policy	2013	2.87	2017	2021	
food consumption	2013	3.48	2018	2019	
social media	2013	3.11	2018	2021	
love	2013	3.1	2018	2019	
green	2013	4.01	2019	2021	
trade	2013	2.69	2019	2021	

附图 11　2013—2021 年文化消费研究 CSSCI 和 SSCI 关键词突现

附表 5　中国金融科技监管政策汇总（截至 2022 年 1 月）

时间	文件名	重点内容
2022 年 1 月	《金融科技发展规划（2022-2025 年）》	坚持"数字驱动、智慧为民、绿色低碳、公平普惠"的发展原则，以加快金融机构数字化转型、强化金融科技审慎监管为主线，推动我国金融科技从"立柱架梁"全面迈入"积厚成势"新阶段
2021 年 2 月	《关于进一步规范商业银行互联网贷款业务的通知》	深入贯彻落实中央关于规范金融科技和平台经济发展的有关要求，坚持金融创新必须在审慎监管下进行的基本前提，充分体现了既要依法加强监管、切实防范金融风险
2020 年 12 月	《完善现代金融监管体系》	指出强化金融基础设施监管和中介服务机构管理，对金融科技巨头，在把握包容审慎原则的基础上，采取特殊的创新监管办法，在促发展中防风险、防垄断
2020 年 12 月	《互联网保险业务监管办法》	坚决贯彻落实各项防风险措施；做到互联网保险制度协调统一，做到监管制度务实管用，提高可操作性，引导新型业态健康合规成长
2020 年 11 月	《中国金融稳定报告（2020）》	要加快完善金融科技监管框架。下一步，金融管理部门将做好统筹与协同，强化监管顶层设计和整体布局，加快完善符合我国国情的金融科技监管框架
2020 年 11 月	《关于平台经济领域的反垄断指南（征求意见稿）》	针对平台经济的业务模式特点，规定差别待遇（大数据杀熟、限定交易二选一）等行为均属于滥用市场支配地位的行为
2020 年 10 月	《中华人民共和国中国人民银行法（修订草案征求意见稿）》	人民币包括实物形式和数字形式；为防范虚拟货币风险，明确任何单位和个人禁止制作和发售数字代币，为发行数字货币提供法律依据
2020 年 9 月	《关于规范发展供应链金融支持供应链产业链稳定循环和优化升级的意见》	防范金融科技应用风险。供应链金融各参与方应合理运用区块链、大数据、人工智能等新一代信息技术，持续加强供应链金融服务平台、信息系统等的安全保障、运行监控与应急处置能力，切实防范信息安全、网络安全等风险

续表

时间	文件名	重点内容
2020年5月	《中国人民银行金融科技委员会2020年第1次会议》	要强化监管科技应用实践，积极运用大数据、人工智能、云计算、区块链等技术加强数字监管能力建设，不断增强金融风险技防能力，提升监管专业性、统一性和穿透性，为坚决打赢金融风险防控攻坚战和复工复产工作贡献科技力量
2019年12月	《关于完善外贸金融服务的指导意见》	银行业和保险业自律组织应加强调研，深入了解银行保险机构外贸金融业务诉求，在推动完善法律法规、规范发展标准、运用金融科技建设贸易金融信息平台等方面发挥积极作用
2019年9月	《金融科技发展规划（2019—2021年)》	到2021年，建立健全我国金融科技发展的"四梁八柱"，进一步增强金融业科技应用能力，实现金融与科技深度融合、协调发展，明显增强人民群众对数字化、网络化、智能化金融产品和服务的满意度
2018年4月	《条码支付安全技术规范（试行)》	加强条码支付安全管理，保障人民群众财产安全和合法权益
2017年6月	《中国金融业信息技术"十三五"发展规划》	健全网络安全防护体系，增强安全生产和安全管理能力；优化金融信息技术治理体系，提升信息技术服务水平